Mille feuilles
Neue fremdsprachen-didaktische Konzepte

Ihre Umsetzung in den Lehr- und Lernmaterialien

Barbara Grossenbacher, Esther Sauer, Dieter Wolff

IMPRESSUM

Autorenschaft
Barbara Grossenbacher PH FHNW,
Esther Sauer, Dieter Wolff

Realisation
Daniela Frey

Gestaltung
raschle & kranz GmbH | www.raschlekranz.ch

Das Werk und seine Teile sind urheberrechtlich geschützt. Jede Verwertung in anderen als den gesetzlich zugelassenen Fällen bedarf der vorherigen schriftlichen Einwilligung des Verlages.

© 2012 Schulverlag plus AG
2. unveränderte Auflage 2015

Art.-Nr. 85599
ISBN 978-3-292-00658-5

Inhalt

Einleitung 5

Didaktik der Mehrsprachigkeit 6

Konstruktivistisches Lernverständnis 14

Kompetenzorientierung 24

Inhaltsorientierung 36

Handlungsorientierung 42

Progression 48

Lernerorientierung 56

Differenzierung 62

Rollen der Lehrperson 68

Evaluation und Reflexion 76

Materialien und Medien 86

Bibliographie 92

Einleitung

Die Lehr- und Lernmaterialien *Mille feuilles* wurden für den Französischunterricht an den Primarschulen der deutschschweizerischen Sprachgrenzkantone entwickelt.

Mille feuilles ist neueren fremdsprachendidaktischen, lernpsychologischen und linguistischen Konzepten verpflichtet, die zum Teil schon länger bekannt sind, für die Neuentwicklung von Lehrwerken bisher aber kaum herangezogen wurden.

Dieses Handbuch möchte den fachwissenschaftlichen und fachdidaktischen Hintergrund der wichtigsten Konzepte von *Mille feuilles* skizzieren und damit den Lehrpersonen Sicherheit für die Arbeit mit den Unterrichtsmaterialien geben. In elf Kapiteln, die sich mit den für *Mille feuilles* relevanten Themen beschäftigen, wird der Versuch unternommen, die Komplexität der wissenschaftlichen Grundlegung dieser Konzepte ein wenig herunterzubrechen und aufzuzeigen, wie diese in den Lernmaterialien umgesetzt werden.

Zu den Themen gehören grundlegende Fragestellungen wie z. B. die Didaktik der Mehrsprachigkeit, das konstruktivistische Lernverständnis und die Kompetenzorientierung, Anliegen, die generell in der Fremdsprachendidaktik diskutiert werden. Zudem werden Konzepte erläutert, die bei der Entwicklung von *Mille feuilles* eine zentrale Rolle gespielt und diesem Lehr- und Lernmaterial sein unverwechselbares Gesicht gegeben haben, also Inhaltsorientierung, Handlungsorientierung, Progression und Lernerorientierung. Im Handbuch werden ausserdem Themen wie Differenzierung, die Rolle der Lehrperson, Evaluationskonzepte sowie die Funktionen einzelner Lehrmittel-Elemente und medialer Bestandteile aufgegriffen.

In jedem Kapitel wird anhand von Beispielen aus *Mille feuilles* gezeigt, wie die theoretischen Konzepte in den Materialien umgesetzt werden.[1] So kann die Wechselbeziehung zwischen Theorie und Praxis deutlich und nachvollziehbar werden.

Um Missverständnissen vorzubeugen: Dieses Buch ist keine auf Vollständigkeit abzielende Einführung in die Fremdsprachendidaktik, sondern eine Auswahl von Themenstellungen, die für das Verständnis von *Mille feuilles* wichtig sind.

Abschliessend möchten wir allen danken, die uns bei der Erstellung dieses Handbuchs mit Rat und Tat begleitet haben. Unser Dank geht an Ida Bertschy, die an der Entwicklung des Konzeptes von *Mille feuilles* massgeblich beteiligt war. Bedanken möchten wir uns bei Andi Thommen für die vielen fundierten Anregungen und bei Stephanie Cavelti für die gründliche Lektüre des gesamten Textes. Unser ganz besonderer Dank gilt Peter Uhr, der die Voraussetzungen für die Entstehung dieses Handbuchs geschaffen und uns immer wieder zur Weiterarbeit ermuntert hat.

Bern, im August 2012   Barbara Grossenbacher
                                        Esther Sauer
                                        Dieter Wolff

---

[1] Dabei ist es durchaus gewollt, dass einige wenige Beispiele gleichzeitig in mehreren Kapiteln Verwendung finden. Sie illustrieren diese Umsetzung besonders gut.

Didaktik der Mehrsprachigkeit

Mille feuilles baut auf zwei theoretischen Grundlagen auf: der Didaktik der Mehrsprachigkeit und der Lerntheorie des Konstruktivismus. Erstere wird in diesem, letztere im nächsten Kapitel behandelt.

Didaktik der Mehrsprachigkeit

Für den Sprachenunterricht wurde die Beschäftigung mit der Mehrsprachigkeit wichtig, als man sich bewusst wurde, dass die grosse Sprachenvielfalt unserer modernen Gesellschaften ein Potenzial für das Sprachenlernen darstellt. Lange Zeit hatte man das nicht so gesehen. Die Sprachenvielfalt im Klassenzimmer wurde eher negativ beurteilt. Der Bezug zu den verschiedenen Herkunftssprachen wurde nicht hergestellt (Gogolin 1994), ebenso wenig wie man Bezüge zwischen der Schulsprache und den unterrichteten Fremdsprachen sichtbar machte. Die Sprachen wurden strikt voneinander getrennt unterrichtet, weil man der Meinung war, dass sie sich sonst untereinander vermischen würden. Dieser Erkenntnisstand hat sich geändert: In immer stärkerem Masse wird deutlich, dass die in ganz Europa latent vorhandene individuelle Mehrsprachigkeit eine wichtige Basis für das Fremdsprachenlernen darstellt, welche bisher nicht angemessen genutzt wurde. Heute weiss man, dass das vernetzte Lernen von Sprachen – der Schulsprache, der Herkunftssprachen und der unterrichteten Fremdsprachen – bewusst angeregt werden soll.

Im Rahmen einer Didaktik der Mehrsprachigkeit wird individuelle Mehrsprachigkeit folgendermassen definiert:

> Mehrsprachigkeit (Plurilingualismus) wird in Abgrenzung zur Vielsprachigkeit (Multilingualismus) definiert als mehrsprachige Kompetenz, die nicht einfach die einsprachigen Kompetenzen addiert, sondern diese kombiniert und vielfältig transversal vernetzt.

Mehrsprachigkeit: Ein schillerndes Konzept

In den sprachwissenschaftlichen Disziplinen, insbesondere der Sozio- und der Psycholinguistik, gibt es seit langer Zeit ein grosses Interesse an der Mehrsprachigkeit, also am Gebrauch zweier oder mehrerer Sprachen durch ein Individuum oder innerhalb einer Gesellschaft. Das wissenschaftliche Interesse an der Mehrsprachigkeit erwuchs aus politischen Erwägungen im Kontext von Migration und Globalisierung, die sich sprachenpolitisch in der Forderung der EU-Kommission, jeder Bürger Europas solle neben seiner Erstsprache wenigstens zwei weitere Sprachen gebrauchen können, niederschlug. In der Terminologie der Europäischen Kommission und des Europarates unterscheidet man gemeinhin zwischen individueller (eng. «plurilingualism») und gesellschaftlicher (eng. «multilingualism») Mehrsprachigkeit.

Untersuchungen zur gesellschaftlichen Mehrsprachigkeit beschäftigen sich mit der Verwendung verschiedener Sprachen und Dialekte in einer mehrsprachigen Gesellschaft, z. B. der Verwendung des Deutschen und des Schweizerdeutschen in der Deutschschweiz oder des Deutschen, Französischen und Luxemburgischen in Luxemburg. In vielen multilingualen Ländern wird die Mehrsprachigkeit vom Prinzip der Diglossie geleitet, d. h. es ist durch gesellschaftliche Konventionen festgelegt, welche der jeweiligen Sprachen in welchem Kontext gebraucht wird. Diglossische Situationen verändern sich; in der Deutschschweiz erstreckte sich der Gebrauch des Hochdeutschen noch vor zwanzig Jahren auf weitaus mehr Kontexte als heute, so wurde z. B. in allen Radio- und Fernsehsendungen fast ausschliesslich Hochdeutsch und nicht Schweizerdeutsch gesprochen.

Die Soziolinguistik, die sich mit der gesellschaftlichen Mehrsprachigkeit beschäftigt, ist auch sprachplanerisch tätig. Sie regt die Standardisierung von Sprachen an, vereinheitlicht Terminologien der Fachsprachen in den verschiedenen Ländern, reformiert die Rechtschreibung und begründet die Sprachenfolge im schulischen Fremdsprachenunterricht.

Für die Fremdsprachendidaktik ist die individuelle Mehrsprachigkeit (also der Plurilingualismus) von grösserem Interesse. Hier wird die Zwei- und Mehrsprachigkeit von Individuen untersucht. Die Bilingualismusforschung hat Erkenntnisse über den natürlichen Zweitsprachenerwerb vorschulischer Kinder gewonnen und das sprachliche Verhalten von Menschen, die zwei Sprachen gebrauchen, untersucht, so z. B. den bei bilingualen Menschen zu beobachtenden Wechsel zwischen den beiden Sprachen («code-switching») oder die Trennung der beiden Sprachen bei bilingualen Kindern. In der Bilingualismusforschung wurden auch Transfer und Interferenz näher untersucht, d. h. warum und auf welche Weise grammatische Regeln und andere sprachliche Erscheinungen von der einen auf die andere Sprache übertragen werden. Hier grenzt die Bilingualismusforschung an die Zweitsprachenerwerbsforschung an und wird auch für die Fremdsprachendidaktik relevant.

Beispiele für Interferenzerscheinungen: Schülerinnen und Schüler mit Erstsprache Deutsch sagen im Französischunterricht häufig *demande ton professeur* anstatt *demande à ton professeur*. Sie übertragen die deutsche Konstruktion *frage deinen Lehrer* auf die französische Sprache.
Im Deutschunterricht übertragen französischsprachige Lernende häufig die französische Syntax auf deutsche Nebensätze, zum Beispiel *ich freue mich, weil morgen wir haben keine Schule*.

Ähnlich der Bilingualismusforschung geht die Fremdsprachendidaktik davon aus, dass sprachliche Kompetenzen beim Kontakt mit weiteren Sprachen nicht nur erweitert sondern auch neue Kompetenzen entwickelt werden, die durch Kombination oder Vernetzung mit den vorhandenen Kompetenzen entstehen. Das mehrsprachige Individuum besitzt besondere, aus der Mehrsprachigkeit entstehende Kompetenzen, die es möglich machen, unterschiedliche Sprachen effektiv zu nutzen. Aufgabe der Didaktik der Mehrsprachigkeit muss es sein, diese mehrsprachigen Kompetenzen im Sprachlernprozess zu entwickeln.

Auf diesen Überlegungen baut die Definition der Didaktik der Mehrsprachigkeit auf, wie sie von Wiater (2006) entwickelt wurde:

« Die Didaktik der Mehrsprachigkeit ist die Wissenschaft vom kombinierten und koordinierten Unterrichten und Lernen mehrerer Fremdsprachen innerhalb und ausserhalb der Schule. Ihr primäres Ziel ist die Förderung der Mehrsprachigkeit durch Erarbeitung sprachenübergreifender Konzepte zur Optimierung und Effektivierung des Lernens von Fremdsprachen sowie durch die Erfahrung des Reichtums der Sprachen und Kulturen. (Wiater 2006: 60)

Von zentraler Bedeutung in dieser Definition ist die Überlegung, dass Erfahrungen mit Sprache und mit dem Lernen von Sprache, wie man sie als Kind mit der eigenen Erstsprache oder später mit dem schulischen oder nichtschulischen Erwerb einer zweiten Sprache gemacht hat, auf den Erwerb einer weiteren Sprache übertragen werden können. Dies kann sich dann vor allem im strategischen Verhalten der Lernenden beim Verarbeiten und auch beim Lernen der neuen Sprache niederschlagen. (Mißler)

Die Didaktik der Mehrsprachigkeit stellt Konzepte zur Verfügung, welche das koordinierte und kombinierte Unterrichten von Sprachen in der Schule ermöglichen. Damit können die Lernenden ihr Lernen der verschiedenen Sprachen miteinander vernetzen.

Wer fremde Sprachen nicht kennt, weiss nichts von seiner eigenen (Johann Wolfgang von Goethe).

So sensibilisiert die Didaktik der Mehrsprachigkeit die Lernenden für Sprachen, die innerhalb und ausserhalb der Schule gesprochen werden. Neben der Schulsprache und den unterrichteten Fremdsprachen können dies die Erstsprachen von Kindern mit Migrationshintergrund sein, aber auch andere Sprachen, die in der Umgebung der Lernenden gesprochen werden. Auf diese Weise wird das Wissen der Schülerinnen und Schüler über Sprache erweitert und ihre Sprachbewusstheit entwickelt. Gerade im schulischen Fremdsprachenunterricht ist die Herausbildung von Sprachbewusstheit von grosser Bedeutung, weil diese das Verständnis der Lernenden nicht nur für die erste Fremdsprache Französisch schärft, sondern sich auch für den Erwerb weiterer Fremdsprachen, wie z.B. Englisch, als nützlich erweist.

Im Rahmen einer Didaktik der Mehrsprachigkeit reflektieren die Lernenden über ihre Sprachlernerfahrungen. Sie erkennen, dass das Lernen von Sprachen ein ähnlich ablaufender Prozess ist. Diese Erkenntnis erlaubt es, bereits gemachte Lernerfahrungen auf die neu zu lernenden Sprachen zu übertragen.

Ein weiteres Ziel der Didaktik der Mehrsprachigkeit ist es, das Interesse der Lernenden für andere Kulturen zu wecken. Dieses sollte nicht nur auf die Gesellschaften der zielsprachigen Länder ausgerichtet sein, sondern auch solche einbeziehen, deren Sprachen in der Umgebung der Lernenden gesprochen werden. Die Lernenden entwickeln auf diese Weise eine interkulturelle Bewusstheit, die Teil der Kompetenz eines mehrsprachigen Menschen ist.

Es kann kein Zweifel daran bestehen, dass die Didaktik der Mehrsprachigkeit dazu beiträgt, dass beim Sprachenlernen verstärkt Synergien genutzt werden können, welche auf der Übertragbarkeit bereits gemachter Sprach(lern)erfahrungen basieren und den Lernprozess effizienter machen. Im Lehrplan «Passepartout» und in *Mille feuilles* wird dieser Erkenntnis Rechnung getragen, indem die Bewusstheit für Sprachen und Kulturen als eigener Kompetenzbereich ausgewiesen wird und die Sprachlernreflexion als Handlungsfeld der lernstrategischen Kompetenzen erscheint.

Methodische Zugänge

Methodisch stehen in der Didaktik der Mehrsprachigkeit die Prinzipien des Vergleichens und des Kontrastierens im Vordergrund. Diese ermöglichen es, dass die angestrebte Vernetzung der erworbenen Wissens- und Strategienbestände gelingt. Vergleiche lassen sich auf verschiedenen Ebenen anstellen: auf der Ebene der Sprachsysteme, der Kulturen oder des unterschiedlichen Kommunikationsverhaltens.

Die Entwicklung von mehrsprachigen Kompetenzen als übergeordnetes Lernziel der Didaktik der Mehrsprachigkeit kann nur dann gelingen, wenn das fremdsprachliche Lernen so in den Lernraum Schule eingebettet wird, dass es dort als bedeutsam verstanden und mit allen der Schule zugänglichen Mitteln unterstützt wird. Dazu gehören die Betonung des internationalen Charakters der Schule, die Ausbildung von Partnerschaften mit Schulen, in welchen die Zielsprache gesprochen wird, Klassenreisen in zielsprachige Regionen, ebenso die Einbindung der Eltern und die Zusammenarbeit mit Sprecherinnen und Sprechern der Zielsprache vor Ort. Mehrsprachigkeit kann sich nur herausbilden, wenn der Gebrauch verschiedener Sprachen in der Schule zu einer Selbstverständlichkeit wird.

Didaktik der Mehrsprachigkeit in *Mille feuilles*

Die Lehr- und Lernmaterialien von *Mille feuilles* bieten Inhalte an, die den Aufbau von kommunikativen Kompetenzen in der französischen Sprache anlegen und das Entwickeln von Mehrsprachigkeitskompetenzen unterstützen.

Die Förderung von Mehrsprachigkeitskompetenzen bedingt, dass zwischen den verschiedenen Unterrichtsbereichen einer Schulstufe, in denen Sprachförderung und Sprachenlernen stattfindet, ein innerer Zusammenhang hergestellt wird, d. h. dass – im Sinne einer horizontalen didaktischen Kohärenz – bisher häufig getrennte Unterrichtsbereiche oder -sequenzen derselben Stufe systematisch genutzt werden.

Nebst der Kohärenz zwischen den Sprachen (sprachenübergreifende Didaktik) sind auch die Kohärenz zwischen Sprach- und Nichtsprachfächern, zwischen inner- und ausserschulischem Lernen, zwischen Lehrplan, Lehrmittel und Bewertungspraxis und zwischen inhaltszentrierten und sprachreflektierenden Sequenzen gemeint. (vgl. «Passepartout»: Aspekte einer Didaktik der Mehrsprachigkeit)

Die einzelnen didaktischen Konzepte und Methoden zur Umsetzung einer Didaktik der Mehrsprachigkeit, welche sich wie Puzzleteile in ein Gesamtkonzept einfügen, sind folgende:

Die Lehr- und Lernmaterialien von *Mille feuilles* stellen ein Element unter vielen dar, welches einen Beitrag zur Umsetzung der Didaktik der Mehrsprachigkeit leisten kann. Insbesondere in den Bereichen «Sprachenübergreifender Unterricht», «Bewusstheit für Sprachen und Kulturen» und «Inhalts- und Handlungsorientierung» kann *Mille feuilles* aus der Perspektive der ersten unterrichteten Fremdsprache Lernprozesse anregen, welche der Entwicklung von Mehrsprachigkeitskompetenzen förderlich sind.

Die drei Bereiche können folgendermassen beschrieben werden:

» Sprachenübergreifender Unterricht
In einem sprachenübergreifenden Unterricht wird die Zielsprache L2 mit anderen Sprachen wie der L1, der L3 und weiteren Sprachen verbunden. Dies geschieht einerseits im Wissen darum, dass im Erwerbsprozess die L1 kontinuierlich mit der L2 interagiert, andererseits im Sinne einer kognitiven und didaktischen Ökonomie. Im Mittelpunkt der didaktischen Überlegungen stehen folgende Aspekte: Bauen von Transferbrücken zwischen den Sprachen, Bewusstmachen von Gemeinsamkeiten und Unterschieden von Sprachen mittels Sprachvergleich, Nutzen der Spracherfahrungen und der Sprachlernerfahrungen. Ziel ist ein wirksameres Fremdsprachenlernen. (vgl. «Passepartout»: Aspekte einer Didaktik der Mehrsprachigkeit)

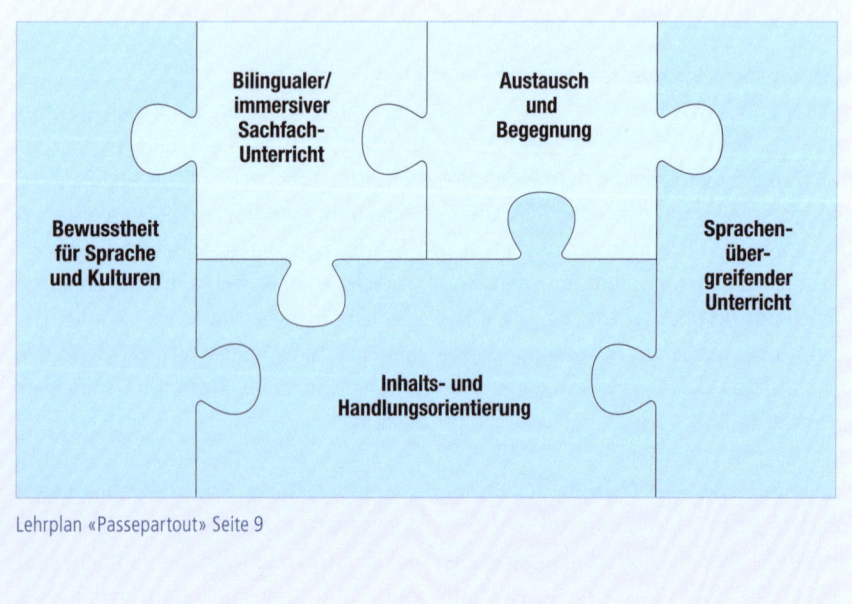

Lehrplan «Passepartout» Seite 9

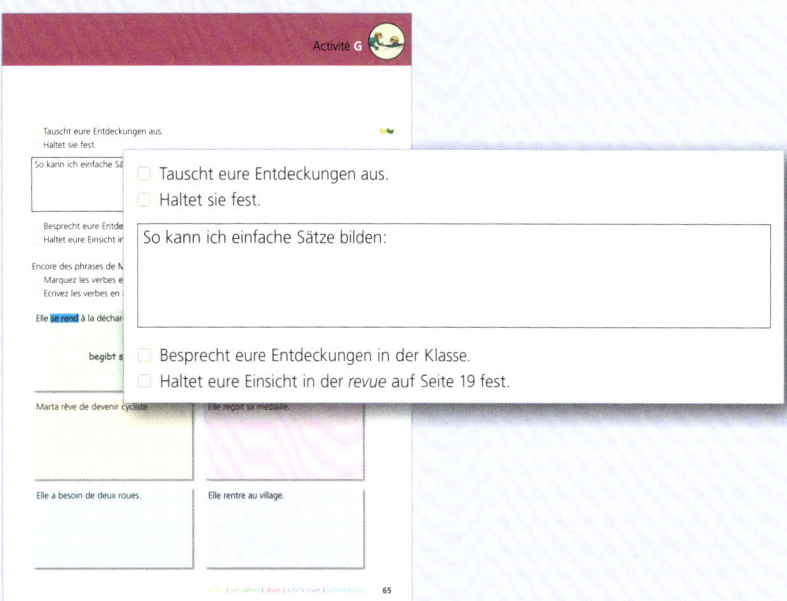

Bezüge zwischen der Schulsprache Deutsch und der französischen Sprache herstellen: Die Syntax von einfachen Sätzen

Die Lernenden wissen, wie ein Hauptsatz in der deutschen Sprache aufgebaut ist. Beim Vergleich von deutschen und französischen Sätzen erkennen sie, dass sie die Grundstruktur eines einfachen deutschen Satzes auf die neue Sprache übertragen können. Durch diese Einsicht sind sie bereits im Anfangsunterricht in der Lage, eigene Sätze in der Zielsprache zu konstruieren und damit kurze Geschichten zu erfinden. Indem die Lernenden ihr Sprachwissen über die Schulsprache in Bereichen wie Wortschatz, Grammatik, Textsorten … mobilisieren, können sie identische oder ähnliche Grundmuster auf die französische Sprache übertragen und die beiden Sprachen miteinander vernetzen. (*magazine* 4.2)

» Inhalts- und Handlungsorientierung
Inhalts- und handlungsorientierter Fremdsprachenunterricht ist ein Unterricht, in dem neue Inhalte, die zu sprachlichem Handeln anregen, mit Hilfe der Fremdsprache erschlossen werden und in dem die Fremdsprache anhand von neuen Inhalten gelernt wird. Dabei spielt die Arbeit mit den Sprachmitteln eine wichtige Rolle. (vgl. Kapitel Inhalts-, Handlungs- und Kompetenzorientierung)

» Bewusstheit für Sprachen und Kulturen
Der Förderung der Sprachbewusstheit, der Sprachlernbewusstheit sowie der interkulturellen Bewusstheit kommt im Kontext einer Didaktik der Mehrsprachigkeit eine besonders wichtige Bedeutung zu.

Im Folgenden wird gezeigt, wie *Mille feuilles* die Lernenden dazu anleitet, im Bereich «Sprachen und Kulturen» Bewusstheit zu entwickeln.

Förderung der Sprachbewusstheit

Sprachbewusstheit wird dann gefördert, wenn verschiedene Sprachen mit Hilfe von Sprachvergleichen miteinander verbunden werden. Dabei kann einerseits die Schulsprache Deutsch Ausgangspunkt eines Sprachvergleichs im Französischunterricht sein, andererseits können auch Herkunfts- und weitere Sprachen wie auch die nächste unterrichtete Fremdsprache Englisch einbezogen werden.

Förderung der Sprachbewusstheit durch das Herstellen von Bezügen zwischen der Schulsprache Deutsch und der französischen Sprache

In *Mille feuilles* werden die Lernenden öfters angeregt, ihr Sprachwissen aus der deutschen auf die neu zu erlernende Sprache zu übertragen. Durch solche Übertragungen wird ihnen der Aufbau beider Sprachen bewusst. Dabei kann implizites Wissen über die Schulsprache zu explizitem Wissen werden, was sich positiv auf das Lernen der Schulsprache auswirken kann, und gleichzeitig werden die zielsprachlichen Kompetenzen gefördert. Das Wissen über das Funktionieren von Sprache wird in solchen Lernprozessen vernetzt, was einen wichtigen Beitrag zur Entwicklung einer Mehrsprachigkeitskompetenz leisten kann.

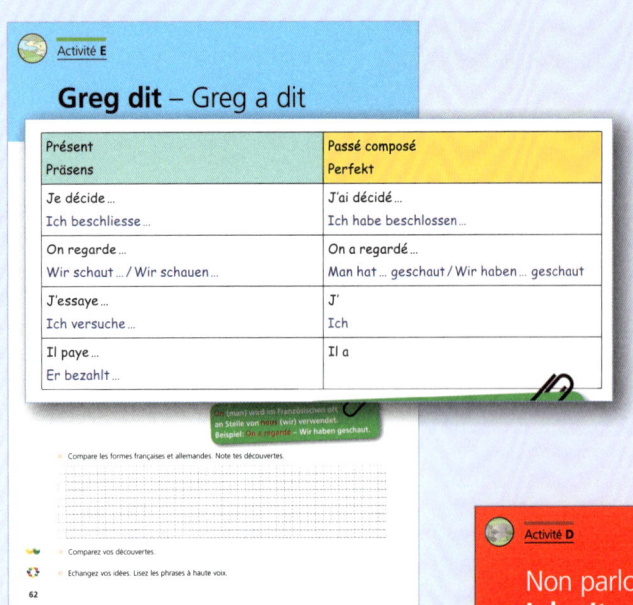

Bezüge zwischen der Schulsprache Deutsch und der französischen Sprache herstellen: Die Struktur des Perfekts

Im Vergleich zwischen deutschen und französischen Sätzen erkennen die Lernenden, wie das Perfekt in den beiden Sprachen gebildet wird. Das Übertragen der analogen Struktur ermöglicht ihnen, mit vielen französischen Verben das *passé composé* mit *avoir* zu bilden und damit eine Geschichte in der Vergangenheit zu erzählen. (*magazine* 5.2 Erprobungsfassung)

Förderung der Sprachbewusstheit: Vergleich der Negation von mehreren Sprachen

Die Lernenden untersuchen und beschreiben, wie ein einfacher Aussagesatz in verschiedenen Sprachen verneint wird. Sie entdecken, dass es Sprachen gibt, welche die Negation durch je ein Wort vor und nach dem Verb markieren (ne … pas / na … betg), andere mit einem Wort zum Satzbeginn (non, no, ne), weitere durch das Zufügen eines Wortes mitten im Satz (kein, don't, nuk, ni, ikke, không, bù, en, geen) oder durch eine angehängte Endsilbe (en). Die Lernenden gewinnen die Einsicht, dass viele Sprachen ähnlich funktionieren, dass es aber auch Unterschiede geben kann.
Beim Schulen der Wahrnehmung entwickeln sie Fähigkeiten der Sprachanalyse, was sie beim Sprachenlernen unterstützt.
(*magazine* 5.2 Erprobungsfassung)

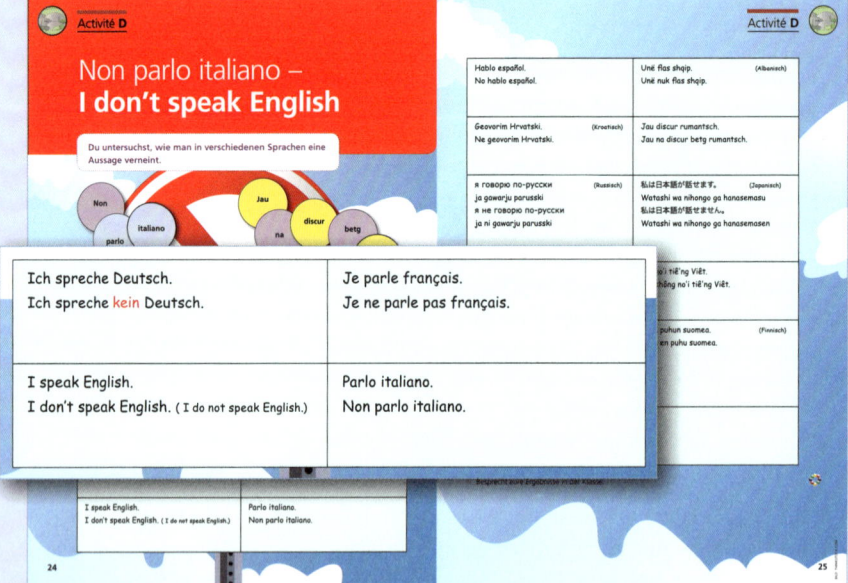

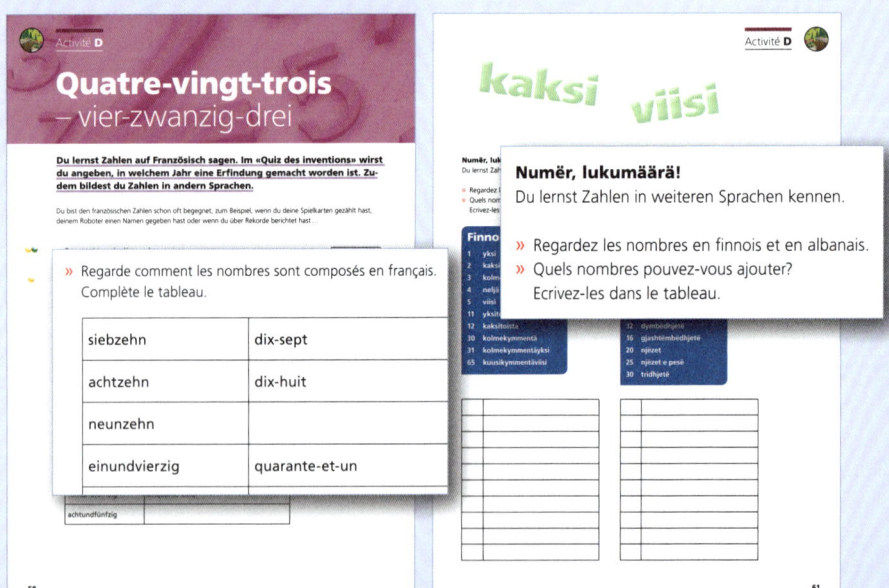

Förderung der Sprachbewusstheit: Vergleich der Zahlen in mehreren Sprachen

Die Lernenden entdecken, dass die zweistelligen Zahlen in der französischen und deutschen Sprache unterschiedlich gebildet werden. Wahrnehmen, wie eine andere Sprache funktioniert, sensibilisiert für die eigene Sprache.
Im Sinne der Didaktik der Mehrsprachigkeit werden in die Reflexion über die Bildung von Zahlen nebst der französischen und deutschen auch weitere Sprachen wie Finnisch, Albanisch und die in der Klasse vertretenen Sprachen einbezogen. Indem die Lernenden das Modell der eigenen Sprache als eines unter vielen wahrnehmen können, wird ein Beitrag zur aktiven Akzeptanz sprachlicher Vielfalt geleistet.
(*magazine* 6.1 Erprobungsfassung)

Mille feuilles | Didaktik der Mehrsprachigkeit

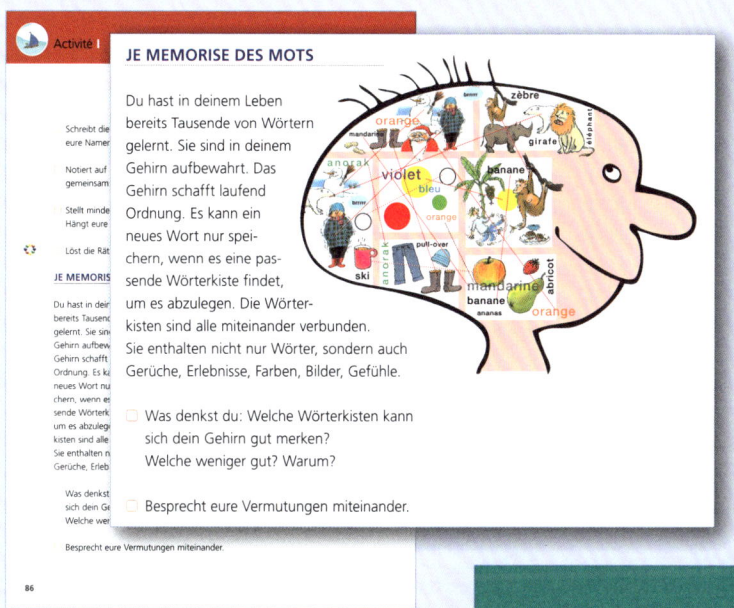

Förderung der Sprachlernbewusstheit: Reflexion über das Wortschatzlernen

Die Lernenden setzen sich mit der Frage auseinander, wie das mentale Lexikon aufgebaut ist. Sie erkennen, dass der Wortschatz im Gehirn geordnet ist, dass ein neues Wort nur gespeichert werden kann, wenn sich Anknüpfungspunkte zu bereits bekanntem Wortschatz finden und dass Wortinformationen auch mit Gerüchen, Erlebnissen, Farben, Bildern und Gefühlen verbunden sind. Aus dieser Reflexion können die Lernenden Schlüsse ziehen, welche sie beim Memorieren von Wortschatz – welcher Sprache auch immer – unterstützen können. (*magazine* 3.1)

Förderung der Sprachlernbewusstheit: Einsicht in die Übertragbarkeit von Sprachlernstrategien

Viele Strategien, welche die Lernenden aus dem Deutschunterricht kennen, lassen sich beim Lernen einer neuen Sprache wieder anwenden. Beispielsweise unterstützen W-Fragen (wer?, was?, mit wem?, womit?, wo?, wann?) die Lernenden dabei, einen Überblick über den Inhalt eines Textes zu gewinnen oder einen eigenen Text zu strukturieren. Dieses Vorgehen ist in allen Sprachen hilfreich. (*magazine* 4.2)

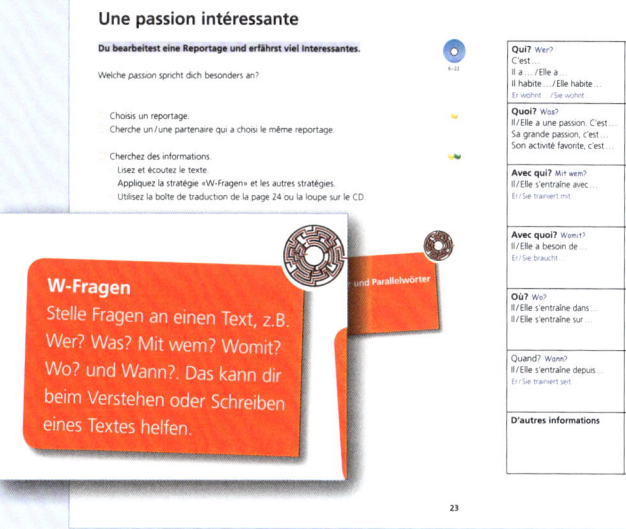

Förderung der Sprachbewusstheit durch das Vergleichen mehrerer Sprachen

Eine weitere Möglichkeit, Sprachbewusstheit zu fördern, liegt im Vergleich eines bestimmten Sprachphänomens in verschiedenen Sprachen. In *Mille feuilles* werden die Lernenden verschiedentlich zu Sprachvergleichen angeregt, was ihre Wahrnehmung der Schulsprache Deutsch, der Zielsprache Französisch und weiterer Sprachen stärkt und die Fertigkeit der Sprachanalyse fördert. Damit wird eine Grundlage für ein vernetztes Lernen von Sprachen und für das Nutzen von Synergien beim Sprachenlernen gelegt.

Förderung der Sprachlernbewusstheit

Ein wesentliches Element des Konzepts der Didaktik der Mehrsprachigkeit ist die Anknüpfung an schon vorhandene Sprachlernerfahrungen, welche alle Lernenden durch das Erlernen der Schriftsprache Deutsch mitbringen, sei dies als Variante der eigenen Mundart oder als Zweitsprache. Beim Erlernen der ersten Fremdsprache eröffnen sich ihnen zudem neue Dimensionen von Spracherfahrungen und Sprachlernerfahrungen.

Damit Erfahrungen auf neue Lernsituationen übertragen werden können, müssen sie den Lernenden bewusst werden. Es gilt also, Verarbeitungsprozesse beim Fremdsprachenlernen (z. B. Lerntechniken und Lernstrategien) zu thematisieren, darüber zu reflektieren und so Sprachlernbewusstheit zu entwickeln.

Der bewusste Umgang mit Lerntechniken, Lern- und Kommunikationsstrategien führt zu einer grösseren Effizienz beim Fremdsprachenlernen und beim Anwenden des Gelernten in schulischen und ausserschulischen Situationen. Der Entwicklung von Sprachlernbewusstheit ist beim Sprachenlernen viel Platz einzuräumen.

Die Beispiele illustrieren, wie Lernende in den Lehr- und Lernmaterialien *Mille feuilles* angeregt werden, über das Lernen nachzudenken und Sprachlernerfahrungen auf neue Lernsituationen zu übertragen.

Mille feuilles | Didaktik der Mehrsprachigkeit

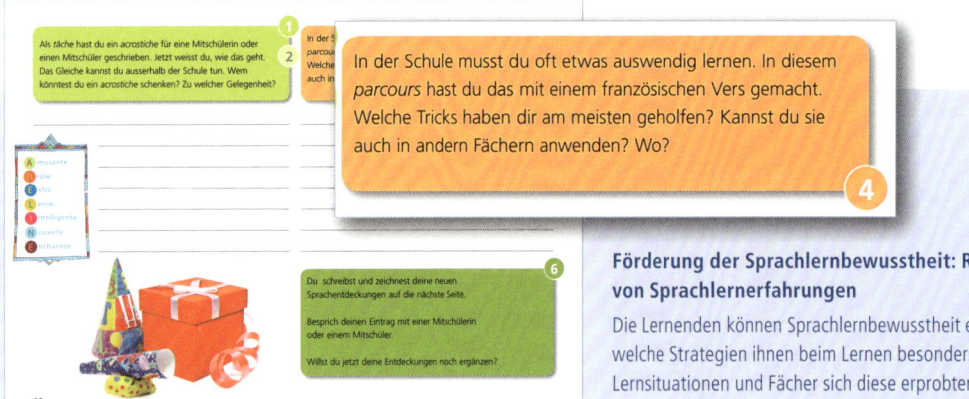

Förderung der Sprachlernbewusstheit: Reflexion über die Übertragbarkeit von Sprachlernerfahrungen

Die Lernenden können Sprachlernbewusstheit entwickeln, wenn sie darüber nachdenken, welche Strategien ihnen beim Lernen besonders hilfreich waren und auf welche andern Lernsituationen und Fächer sich diese erprobten Strategien übertragen lassen. Mit entsprechenden Fragestellungen in ihrer *revue* werden sie zur Reflexion angeleitet. (*revue* 3)

Die Gemeinsamkeiten verschiedener Kulturen betonen

In *magazine* 3.3 wird ein alltäglicher Erfahrungsraum von Schulkindern thematisiert – der Pausenplatz.

Die Lernenden erkennen, dass ihnen bekannte Spiele rund um den Globus gespielt werden. Zudem kommen sie in Kontakt mit der zielsprachigen Kultur. Sie lernen bekannte Spiele auf die Art und Weise spielen, wie es Kinder auf den Pausenplätzen in der Suisse romande und in Frankreich tun.

Förderung der interkulturellen Bewusstheit

Die Förderung der interkulturellen Bewusstheit gehört zu den im Lehrplan explizit ausgewiesenen Lernzielbereichen. Dabei geht es darum, Bewusstheit für die eigene und für andere Kulturen zu entwickeln und kulturelle Erscheinungen des Zielsprachgebiets kennen zu lernen. Die Lernenden erweitern ihre Kenntnisse über Kulturen und begegnen dabei Vertrautem und Unvertrautem. Ziel ist es, Offenheit, Neugierde und Wertschätzung zu wecken und zu erhalten, zudem zu erkennen, dass es zwischen dem Vertrauten und dem Unvertrauten Brücken gibt. Durch die Förderung der interkulturellen Bewusstheit erweitert und differenziert sich der Blick der Lernenden auf die Welt, die eigenen Standpunkte werden relativiert und die Grundlage für eine kritische kulturelle Bewusstheit wird gelegt. (vgl. Kapitel Progression)

Die Gemeinsamkeiten verschiedener Kulturen betonen

Die kulturellen Inhalte in *Mille feuilles* beziehen sich einerseits auf verschiedene Kulturen auf der ganzen Welt, andererseits auf die frankophone Kultur. Sie betreffen zunächst die Erfahrungswelt der Lernenden und betonen das Gemeinsame. Die Lernenden entdecken also, dass es Dinge gibt, die überall auf der Welt vorkommen. Gleichzeitig erkennen sie, dass es auch Unterschiede geben kann.

Eigenheiten der frankophonen Kulturen wahrnehmen

Sprache und Kultur sind untrennbar miteinander verbunden. So geht es im Fremdsprachenunterricht auch darum, beim Erlernen einer neuen Sprache das Wissen über die Welt zu erweitern und kulturelle Eigenheiten der zielsprachlichen Kultur kennenzulernen. Die Lernenden sollen dabei Neuem und möglicherweise Ungewohntem mit Offenheit, Interesse, Neugierde und Wertschätzung begegnen.

Eigenheiten der zielsprachlichen mit der eigenen Kultur vergleichen

In der Didaktik der Mehrsprachigkeit spielen die Prinzipien des Vergleichens und Kontrastierens eine wichtige Rolle. Ausgehend von der eigenen Erfahrungswelt betrachten die Lernenden kulturelle Eigenheiten der frankophonen Kultur, stellen Vergleiche an und nehmen dabei Gleiches und Unterschiede wahr. So können sie ihre Wissensbestände und Erfahrungen mit neu erworbenem Wissen vernetzen. Interkulturalität meint die Fähigkeit, neue Kulturen mit einer offenen Haltung zu entdecken, die eigene neu zu sehen und Verschiedenheit aktiv zu akzeptieren.

Mille feuilles | **Didaktik der Mehrsprachigkeit** 13

Eigenheiten der frankophonen Kultur wahrnehmen: Feste und Brauchtum

Ein übergeordnetes Ziel des Französischunterrichts ist es, Neugier und Interesse für die frankophonen Kulturen zu entwickeln und kulturelle Gegebenheiten kennen zu lernen. In *magazine* 5.3 (Erprobungsfassung) wird den Lernenden Einblick in Feste und Brauchtum der französischsprachigen Nachbarschaft gegeben. Einige der vorgestellten Veranstaltungen sind als Kulturgut einer Region zu sehen, andere haben internationales Renommée. Ziele sind, das Weltwissen der Lernenden zu erweitern und in ihnen den Wunsch zu wecken, den zielsprachlichen Kulturraum in direkter Begegnung kennen zu lernen, indem die Filme, Fotos und Texte zum Besuch der einen oder andern Veranstaltung motivieren können, sei es als Klassenexkursion oder Familienausflug.

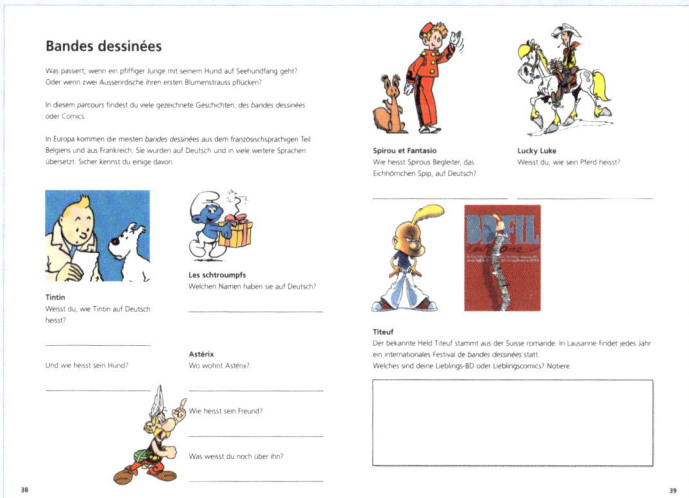

Eigenheiten der frankophonen Kultur wahrnehmen: BD

Die Lernenden erfahren, dass viele bekannte BD aus französischsprachigen Gebieten stammen und in der frankophonen Welt weit verbreitet sind. BD haben speziell in Belgien und Frankreich eine lange Tradition und gelten im Kanon der bildenden Künste als neunte Kunst. Die Lernenden erwerben hier Wissen, das im Bereich «Bewusstheit für Kulturen» als Lernziel ausgewiesen ist. (*magazine* 4.3)

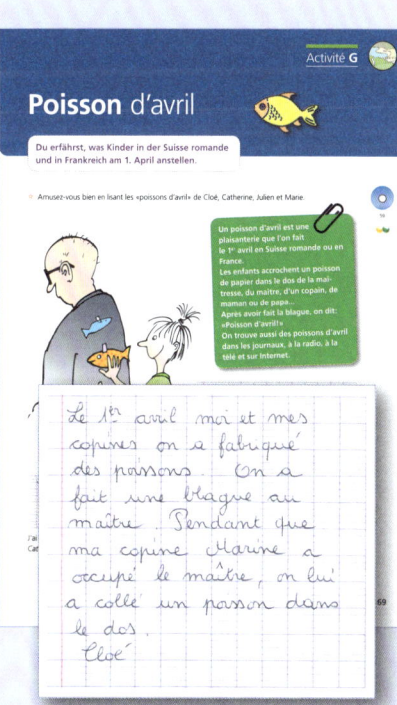

Eigenheiten der zielsprachlichen mit der eigenen Kultur vergleichen: Ein bekannter Brauch

Den Lernenden ist der Brauch des Aprilscherzes bekannt. Sie haben am 1. April entweder Streiche ausgeheckt, um jemanden hinters Licht zu führen, wurden selber reingelegt oder haben von andern erfahren, wie sie zum Narren gehalten worden sind. Auch im frankophonen Sprachraum ist der Brauch verbreitet. Allerdings gibt es einen kulturellen Unterschied. In der Suisse romande und in Frankreich besteht der Aprilscherz auch darin, jemandem unbemerkt einen Papierfisch – einen *poisson d'avril* – an den Rücken zu heften. Die Lernenden vergleichen hier ihre eigenen Aprilscherze mit denjenigen von Kindern aus dem frankophonen Sprachraum, nehmen die Gemeinsamkeiten und Unterschiede wahr und erfahren, auf welches geschichtliche Ereignis aus dem Jahre 1564 der Brauch des *poisson d'avril* vermutlich zurückgeht. (*magazine* 5.2 Erprobungsfassung)

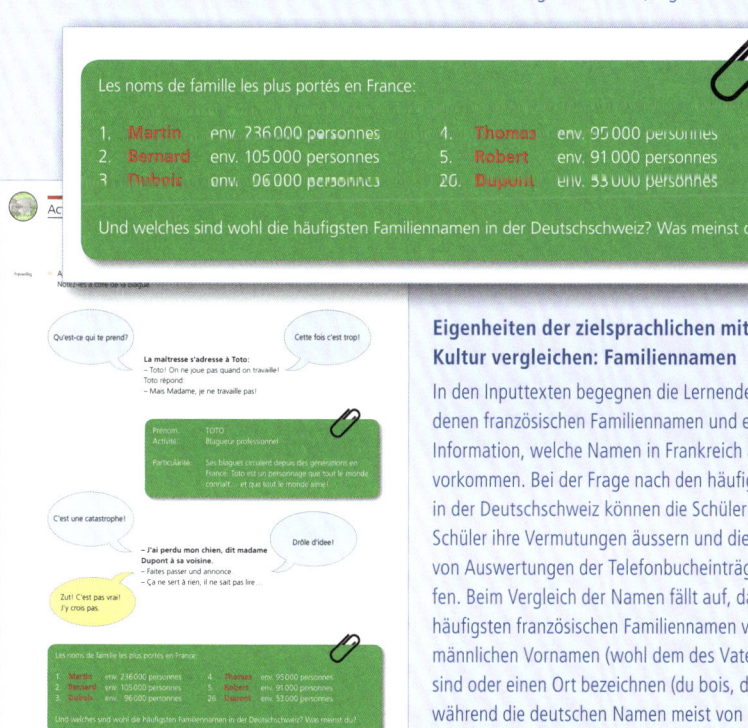

Eigenheiten der zielsprachlichen mit der eigenen Kultur vergleichen: Familiennamen

In den Inputtexten begegnen die Lernenden verschiedenen französischen Familiennamen und erhalten die Information, welche Namen in Frankreich am häufigsten vorkommen. Bei der Frage nach den häufigsten Namen in der Deutschschweiz können die Schülerinnen und Schüler ihre Vermutungen äussern und diese anhand von Auswertungen der Telefonbucheinträge überprüfen. Beim Vergleich der Namen fällt auf, dass viele der häufigsten französischen Familiennamen von einem männlichen Vornamen (wohl dem des Vaters) abgeleitet sind oder einen Ort bezeichnen (du bois, du pont), während die deutschen Namen meist von einer Berufsbezeichnung stammen (Müller, Meier, Schmid, Weber, Schneider, Fischer). (*magazine* 5.2 Erprobungsfassung)

Konstruktivistisches Lernverständnis

Die Begriffe Konstruktivismus und konstruktivistisches Lernen spielen in der fremdsprachendidaktischen Diskussion seit einem Jahrzehnt eine wichtige Rolle. Auch die Entwicklung von *Mille feuilles* ist in hohem Masse dem konstruktivistischen Verständnis von Lernen verpflichtet. Der Konstruktivismus ist die eigentliche theoretische Grundlage dieses Unterrichtsmaterials; deshalb ist eine intensive Beschäftigung mit dem Gedankengut dieses philosophischen, psychologischen und lerntheoretischen Ansatzes wichtig.

Zum Verständnis des Begriffs Konstruktion

Das Wort Konstruktion und das Wortfeld, dem es angehört, haben in der Alltagssprache und insbesondere in der Sprache der Medien Hochkonjunktur: da wird von «konstruktivem» Denken gesprochen, etwas wirkt «konstruiert», eine gedankliche «Konstruktion» ist nicht überzeugend usw. Die Begriffe werden nicht präzis verwendet und sagen somit nicht viel aus. Im Gegensatz dazu ist der wissenschaftliche Konstruktionsbegriff, wie er vor allem in der Philosophie und Psychologie verwendet wird, eindeutig. Er definiert sich durch die Annahme, dass menschliches Erkennen, menschliches Denken und Lernen auf Prozessen des Konstruierens basieren. Konstruieren bedeutet, dass Menschen kontinuierlich mit der Umwelt interagieren und aus dem Zusammenspiel zwischen dem bereits vorhandenen Erfahrungswissen und den von aussen herangetragenen Sinnesreizen neues Wissen hervorbringen. Das klingt komplizierter als es ist und kann an einem Beispiel leicht verdeutlicht werden.

> Beispiel: Man blickt aus einem Fenster auf ein Haus, das zum Teil durch Bäume verdeckt wird. Trotzdem kann man das ganze Haus sehen, d.h. man kann es aus dem vorhandenen Wissen über Häuser und aus dem, was man sieht, konstruieren.

Solche Konstruktionsprozesse finden auch in komplexeren Zusammenhängen statt, die z.B. die Sprache einschliessen.

> Beispiel: Kinder, die mit Schweizerdeutsch aufwachsen, versuchen mit fünf bis sechs Jahren mit viel Eifer hochdeutsch zu sprechen. In diesem Zusammenhang sagt ein fünfjähriger Junge, dass er sich zu Weihnachten eine «*Auer*» wünsche.
> Mit «*Auer*» meint er *Uhr*. Er hat gemerkt, dass Mundartwörter mit einem langen «u» wie zum Beispiel *Muur*, *Huus* in der Hochsprache zu *Mauer* resp. *Haus* werden. Spontan wendet er die gleiche, von ihm entdeckte Regel, auf *Uur* an und bildet die Form *Auer*.
> Das Beispiel zeigt, dass sich Kinder die Sprache aufgrund von entdeckten Gesetzmässigkeiten selber konstruieren. Dabei kann es – wie in diesem Beispiel – zu Fehlern kommen. Diese sind aber ein Indiz dafür, dass sich das Kind intensiv mit der Sprache und mit ihren Regeln auseinandersetzt. Es wird die von ihm konstruierte Form **Auer** spontan wieder verwerfen, wenn es bei Gelegenheit die Form *Uhr* hören wird. [1]

Konstruktion hat also etwas mit menschlicher Erkenntnis zu tun, ist ein Begriff der Erkenntnistheorie, der Epistemologie. Der Mensch wird im erkenntnistheoretischen Modell des Konstruktivismus als ein Wesen verstanden, das beständig Wahrnehmungen (Informationen) verarbeitet und kontinuierlich neue Wissensstrukturen aufbaut, d.h. immer damit beschäftigt ist, neue Erkenntnisse zu gewinnen. Dabei ist die Interaktion zwischen vorhandenem Wissen und den eingehenden Reizen von entscheidender Bedeutung. Diese Interaktion soll hier auch an einem Beispiel erläutert werden.

> Beispiel: Beim Lesen eines Textes erschliesst die Leserin/der Leser häufig den Zusammenhang nicht nur zwischen Wörtern sondern auch zwischen ganzen Sätzen. Sie/er liest z.B. «Peter trat in den Raum. Die Fenster waren offen». Sie/er erschliesst aus dem eigenem Erfahrungswissen, dass die Fenster in dem Raum, den Peter betritt, geöffnet sind, obwohl dies nirgendwo im Text steht. Man nennt diesen Prozess auch Inferieren; er ist Teil des Konstruktionsprozesses.

Das Erfahrungs- oder Weltwissen, das der Mensch bei seinen Konstruktionsprozessen benutzt, ist so gespeichert, dass es sofort herangezogen werden kann. Man kann allerdings davon ausgehen, dass es auf eine subjektive Weise gespeichert, also für die einzelnen Menschen unterschiedlich organisiert ist. Das hängt damit zusammen, dass Menschen beim Konstruieren auf unterschiedliches Wissen zurückgreifen. Die Unterschiede im Wissen stehen oft in Zusammenhang mit dem sozialen Hintergrund.

---

[1] Übrigens trifft seine Regel in diesem Fall nicht zu, weil die Form *Uur* erst nach der so genannten Diphtongierung, die die mittelhochdeutschen langen «u» zu «au» machte, in die heutige Hochsprache gelangt ist. Wäre das Wort Uur früher in dieser Form bekannt gewesen, würde es tatsächlich – wie in westmitteldeutschen Mundarten – auch in der Schriftsprache *Auer* heissen.

> **Zusammenfassung**
> Für die weiteren Überlegungen sind die folgenden Punkte wichtig:
> » Konstruktion und die ihr unterliegenden Prozesse ermöglichen das Erkennen und Verstehen der Welt.
> » Konstruieren ist Interaktion zwischen bereits vorhandenem Wissen und den Umweltreizen, die der Mensch aufgreift.
> » Der Konstruktionsprozess lässt sich durch bestimmte Verhaltensweisen des Menschen charakterisieren; sehr häufig ist z. B. das Inferieren.

Verschiedene Ansätze konstruktivistischen Denkens

Bevor auf das konstruktivistische Lernverständnis eingegangen wird, sollen verschiedene Ansätze konstruktivistischen Denkens angesprochen werden. Dies ist erforderlich, um die unterschiedlichen Facetten zu verstehen, die sich im konstruktivistischen Lernverständnis widerspiegeln.

Obwohl es in der Philosophie und Psychologie eine Vielzahl von erkenntnistheoretischen Modellen gibt, taucht der Begriff der Konstruktion erst bei Piaget (z. B. 1974) auf. Der von ihm begründete **epistemische Konstruktivismus** ist ein entwicklungspsychologischer Ansatz, bei dem es um die zentrale Frage geht, wie der heranwachsende Mensch sein Denkvermögen (d.h. seine Kognition) entwickelt. Piaget formuliert als erster das Grundprinzip des Konstruktivismus: Die Entwicklung der menschlichen Kognition erklärt sich durch die Interaktionen, die zwischen dem sich immer weiter ausfächernden eigenen Wissen und den Umwelterfahrungen vonstatten gehen. Auf dem Wege zum Erwachsenensein erweitert und verdichtet das Kind die bei der Geburt rudimentär ausgebildeten kognitiven Strukturen und konstruiert sich so sein Kognitionssystem.

📌 Beispiel: In der ersten Phase der kindlichen Entwicklung lernt das Kind z. B., dass seine Hand zu seinem Körper gehört, oder dass es, wenn es an einer Schnur zieht, eine Spieluhr zum Erklingen bringt. Es lernt die Objektpermanenz zu verstehen, d. h. dass ein Objekt auch dann noch existiert, wenn es nicht mehr gesehen oder berührt werden kann. Es lernt dies, weil es sein bisheriges Wissen mit dem, was es sieht in Verbindung bringt, und fächert so seine Kognition aus.

Der radikale Konstruktivismus als Schule der Philosophie hat viele Vorläufer. Schon 1710 hat der italienische Philosoph Giambattista Vico das Grundprinzip dieser Philosophie in seinem berühmten Satz: «Wie Gott die Welt genau kennt, weil er sie geschaffen hat, kann der Mensch nur das wissen, was er selbst konstruiert hat.» zum Ausdruck gebracht. Die neuen Philosophen sind noch radikaler; von Glasersfeld formuliert die Grundthese des radikalen Konstruktivismus:

« Es kann keine objektive Realität «draussen» geben. Realität wird immer subjektiv von uns konstruiert. Wir konstruieren Ideen, Hypothesen, Theorien und Modelle, und so lange unsere Erfahrung erfolgreich in sie eingepasst werden kann, sind sie viabel (d. h. funktionstüchtig). (von Glasersfeld 1987: 140)

Der radikale Konstruktivismus gibt dem Konstruktionsbegriff eine neue Qualität. Der Mensch konstruiert die Welt, in der er lebt, als seine eigene. Die Welt ist kein sinnliches Abbild seiner Umgebung, sondern eine konstruktive Grösse, die er erzeugt und durch Erfahrungsaustausch mit anderen erprobt. Dabei spielt das Gedächtnis eine ganz wichtige Rolle: Es wird von den Konstruktivisten als wichtigstes Sinnesorgan bezeichnet.

📌 Beispiel: «Wir sehen nur das, was wir bereits wissen.» (Werbespruch eines bekannten Reiseführers)

Der soziale Konstruktivismus versteht zwar auch die Konstruktion als zentrales Konzept der menschlichen Erkenntnis, sieht aber die Interaktionen, die während des Konstruktionsprozesses ablaufen, nicht auf das einzelne Individuum beschränkt. Konstruktionen finden auch statt, wenn Menschen mit anderen Menschen interagieren: Die anderen, d.h. die Kommunikationspartner, stehen für die Umwelterfahrungen und liefern diese bereits in verdichteter sprachlicher Form. Der russische Psychologe Vygotsky, der als Begründer aller sozialkonstruktivistischen Strömungen gilt, sieht in der Interaktion mit anderen eine starke Motivation für Konstruktionen. Sozialkonstruktivistisch orientierte Pädagogen sind der Auffassung, dass in der Interaktion zwischen Menschen das grösste Potenzial für das Lernen liegt.

In der Interaktion zwischen Menschen liegt das grösste Potenzial für das Lernen.

>> The social dimension is more than a safe, supportive environment: it is the area within which learning actually occurs. (Moate 2010: 39)
Die soziale Dimension ist mehr als eine sichere und unterstützende Lernumgebung: Es ist der Bereich, in welchem das Lernen eigentlich stattfindet.

Jede Alltagsinteraktion, jedes Gespräch über die Ladentheke hinweg ist ein Prozess, bei dem die Kommunikationspartner Wissen konstruieren. Es ist ein kollaboratives Unterfangen: Die an der Interaktion Beteiligten handeln gemeinsam die Bedeutung ihrer Interaktion aus und erzielen dadurch einen Lerngewinn.

> Beispiel: Die Dialoge von Plato, bei welchen allerdings der Philosoph selbst als Lenker des Gesprächs fungiert und den Konstruktionsprozess steuert.

Von den drei skizzierten Strömungen sind zweifellos der soziale und der epistemische Konstruktivismus für die Entwicklung eines konstruktivistischen Lernverständnisses von grösserer Bedeutung. Der radikale Konstruktivismus liefert zwar wichtige Überlegungen zu einer Lerntheorie; es erscheint allerdings nicht möglich, auf einer philosophischen Theorie, welche die Existenz einer objektiven Wirklichkeit verneint, eine gültige Lern- und Sprachlerntheorie aufzubauen. Ein eher pragmatisch operierender Konstruktivismus, der Grundüberlegungen aus allen drei Ansätzen übernimmt und sie auf seine lerntheoretische Relevanz überprüft, ist hierfür besser geeignet. Auf ihn und seine Relevanz für *Mille feuilles* soll im Folgenden eingegangen werden.

Das konstruktivistische Lernverständnis

Eine eigentliche konstruktivistische Lerntheorie gibt es bisher nicht. Deshalb wurde für den Titel dieses Kapitels auch der Begriff Lernverständnis gewählt, der darauf verweisen soll, dass in neuen lerntheoretischen und fachdidaktischen Überlegungen viel konstruktivistisches Gedankengut eingegangen ist, dass sich aber auch viele Konzepte der modernen Pädagogik und Didaktik, obwohl sie unabhängig vom Konstruktivismus entwickelt wurden, auf seine Erkenntnisse berufen und stützen können. Die im Folgenden zusammengestellten Grundgedanken zeichnen sich nicht durch Vollständigkeit aus; sie sind vor allem im Hinblick auf ihre Relevanz für *Mille feuilles* ausgewählt worden.

Alle dem Konstruktivismus verpflichteten Pädagogen und Didaktiker verstehen das Lernen als aktiven Prozess der Konstruktion von Wissen. Entscheidend für die lerntheoretische Perspektive ist der Begriff «aktiv». Er macht deutlich, dass Lernprozesse vom Lerner ausgehen müssen und nicht vom Lehrer. Papert kleidet dies in die Formel: «Knowledge is built by the learner and not supplied by the teacher». (Papert 1990: 3) *Das Wissen wird vom Lerner konstruiert und nicht vom Lehrer bereitgestellt.*

>> Lernen ist Entwicklung subjektiver Erfahrungsbereiche. (von Aufschnaiter, Fischer und Schwedes 1992: 387)

Die zweite Grundaussage im konstruktivistischen Lernverständnis gehört seit langem zu den Grundthesen pädagogischen Denkens. Es kann nur verstanden und gelernt werden, was sich mit bereits früher gemachten Erfahrungen verbinden lässt. Lernende können Sinnesreize (Informationen) nur auf der Basis der eigenen Erfahrungen deuten, die wiederum das Ergebnis früherer Konstruktionen sind.

« Worte, Handlungen und Gesten eines Lehrers können also nicht die Bedeutungen in die Köpfe der Kinder transportieren, die sie für den Lehrer haben. (von Aufschnaiter, Fischer und Schwedes 1992: 388)

Eng verbunden mit der gerade diskutierten ist eine weitere Grundaussage im konstruktivistischen Lernverständnis. Das Wissen des Menschen, seine Erfahrungen sind **subjektiv**, deshalb sind auch die Ergebnisse von Lernprozessen individuell verschieden. Je nach seinem bereits vorhandenen Erfahrungsinventar interpretiert der Mensch die eingehenden Informationen unterschiedlich. Wenn individuelle Erfahrungen Lernprozesse so unterschiedlich beeinflussen, dann ist es auch schwierig, die Ergebnisse von Lernprozessen curricular vorauszuplanen. Unterricht ist nicht berechenbar, denn Unterrichtsinhalte werden in den Köpfen der Lernenden unterschiedlich interpretiert. Das hat auch Auswirkungen auf die Leistungsbewertung, denn Leistung ist ja dann nicht nur von dem eigentlichen Lernvorgang abhängig, sondern auch vom sozialen und kulturellen Hintergrund des Lernenden.

Konstruktivistisch orientierte Lerntheoretiker leiten aus den Überlegungen der Konstruktivisten zur nicht objektiven Interpretierbarkeit der Welt und zur Notwendigkeit, das eigene Überleben zu sichern, das Erfordernis ab, Verantwortung für das eigene Lernen zu übernehmen. Lernprozesse können nur gelingen, wenn die Lernenden bereit sind, das eigene Lernen verantwortlich in die Hand zu nehmen. Mit der Eigenverantwortlichkeit verbindet sich die Selbstorganisation. Lernprozesse können nur dann erfolgreich sein, wenn sie von den Lernenden selbstständig organisiert werden. Die konstruktivistisch orientierte Pädagogik fordert, die Fähigkeit zur Selbstorganisation im Unterricht zu thematisieren und die Schülerinnen und Schüler damit autonomer zu machen.

In der konstruktivistisch orientierten Pädagogik wird immer wieder auf einen Grundgedanken der sozialkonstruktivistisch orientierten Psychologie verwiesen, nämlich dass der soziale Kontext und die soziale Interaktion als entscheidende Aspekte bei allen Lernvorgängen gesehen werden müssen. Dabei werden zwei Punkte besonders hervorgehoben: Die Lernenden gelangen in der Zusammenarbeit zu einer Angleichung ihrer subjektiven Wissenskonstrukte, und durch das gemeinsame Arbeiten an Wissensinhalten wird der Lernprozess für die einzelnen Lernenden erleichtert.

Eine letzte zentrale Überlegung, die aus dem Gedankengut der Konstruktivisten abgeleitet wurde, bezieht sich auf das, was man heute in der Pädagogik als reiche Lernumgebung bezeichnet. In reichen Lernumgebungen wird am besten gewährleistet, dass Lernende die Inhalte vorfinden, die sie mit den eigenen Erfahrungen, mit dem eigenen Wissen verbinden können. Reiche Lernumgebungen sind der Kern einer konstruktivistischen Lernkultur, sie führen zu einer neuen Form des schulischen Klassenzimmers und stellen auch die Entwicklerinnen und Entwickler von Lehrmitteln vor neue Aufgaben. Denn um eine reiche Lernumgebung im Klassenzimmer aufzubauen, sind unterschiedliche Lernangebote erforderlich, die neben Texten auch Bilder, Audio und Video anbieten und durch Internetzugänge das eigene Recherchieren ermöglichen.

Zusammenfassung
» **Lernen ist ein aktiver Prozess der Konstruktion von Wissen.**
» **Es kann nur gelernt werden, was sich mit bereits früher gemachten Erfahrungen verbindet.**
» **Das Wissen des Menschen, seine Erfahrungen sind subjektiv, deshalb sind auch die Ergebnisse von Lernprozessen individuell verschieden.**
» **Lernprozesse können nur gelingen, wenn die Lernenden bereit sind, das eigene Lernen verantwortungsvoll in die Hand zu nehmen.**
» **Lernprozesse können nur erfolgreich sein, wenn sie von den Lernenden selbstständig organisiert werden.**
» **Der soziale Kontext und die soziale Interaktion sind entscheidende Aspekte bei allen Lernprozessen.**
» **Reiche Lernumgebungen sind der Kern einer konstruktivistischen Lernkultur.**

Konstruktivistisches Lernverständnis in *Mille feuilles*

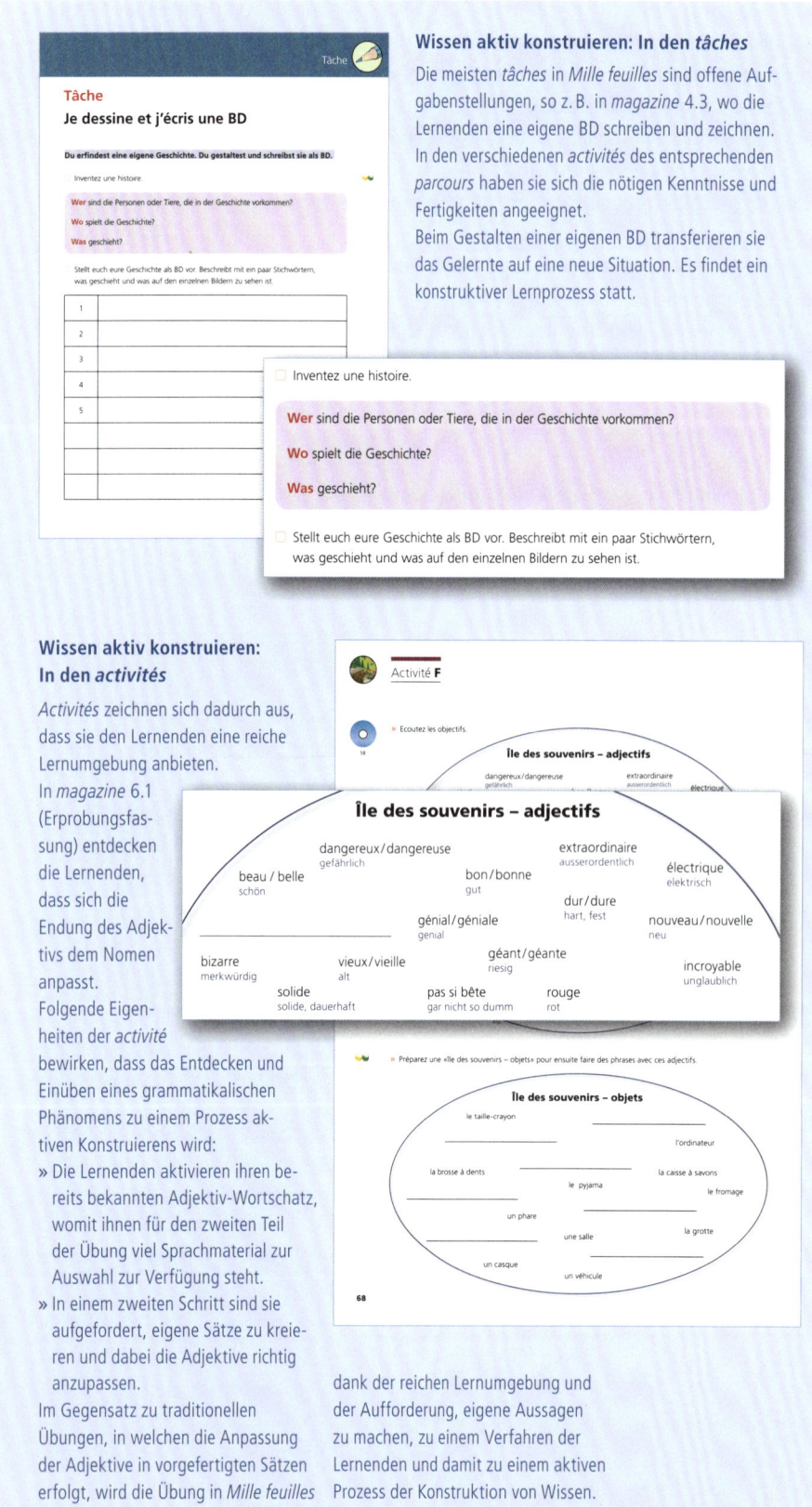

Wissen aktiv konstruieren: In den *tâches*

Die meisten *tâches* in *Mille feuilles* sind offene Aufgabenstellungen, so z. B. in *magazine* 4.3, wo die Lernenden eine eigene BD schreiben und zeichnen. In den verschiedenen *activités* des entsprechenden *parcours* haben sie sich die nötigen Kenntnisse und Fertigkeiten angeeignet.
Beim Gestalten einer eigenen BD transferieren sie das Gelernte auf eine neue Situation. Es findet ein konstruktiver Lernprozess statt.

**Wissen aktiv konstruieren:
In den *activités***

Activités zeichnen sich dadurch aus, dass sie den Lernenden eine reiche Lernumgebung anbieten.
In *magazine* 6.1 (Erprobungsfassung) entdecken die Lernenden, dass sich die Endung des Adjektivs dem Nomen anpasst.
Folgende Eigenheiten der *activité* bewirken, dass das Entdecken und Einüben eines grammatikalischen Phänomens zu einem Prozess aktiven Konstruierens wird:
» Die Lernenden aktivieren ihren bereits bekannten Adjektiv-Wortschatz, womit ihnen für den zweiten Teil der Übung viel Sprachmaterial zur Auswahl zur Verfügung steht.
» In einem zweiten Schritt sind sie aufgefordert, eigene Sätze zu kreieren und dabei die Adjektive richtig anzupassen.
Im Gegensatz zu traditionellen Übungen, in welchen die Anpassung der Adjektive in vorgefertigten Sätzen erfolgt, wird die Übung in *Mille feuilles* dank der reichen Lernumgebung und der Aufforderung, eigene Aussagen zu machen, zu einem Verfahren der Lernenden und damit zu einem aktiven Prozess der Konstruktion von Wissen.

Mille feuilles ist einem konstruktivistischen Lernverständnis verpflichtet. Die in den theoretischen Ausführungen erläuterten Aspekte scheinen deshalb – aus unterschiedlichem Blickwinkel und mehr oder weniger ausführlich erläutert – in allen Kapiteln des Handbuchs auf. So wird z. B. im Kapitel Didaktik der Mehrsprachigkeit die Verbindung mit früheren Erfahrungen beim Sprachenlernen thematisiert, der Aspekt einer reichen Lernumgebung wird in den Kapiteln Inhaltsorientierung, Differenzierung, Materialien und Medien beleuchtet. Der Lernerorientierung ist ein eigenes Kapitel gewidmet. Im Kapitel Evaluation wird dargelegt, wie in *Mille feuilles* der Erkenntnis Rechnung getragen wird, dass die Ergebnisse von Lernprozessen individuell verschieden sind und wie die Lernenden befähigt werden, ihr Lernen zunehmend differenzierter einzuschätzen. Im Folgenden werden die einzelnen Aspekte eines konstruktivistischen Lernverständnisses – ergänzend zu den andern Kapiteln – kurz in einem Überblick erläutert.

Wissen aktiv konstruieren

In einem konstruktivistischen Lernverständnis wird Lernen als aktiver Konstruktionsprozess verstanden. Lehr- und Lernmaterialien, die diesem Lernverständnis verpflichtet sind, bieten den Lernenden Materialien an, die es ihnen ermöglichen, sich entsprechend ihren individuellen Ressourcen und Kompetenzen aktiv in den Lernprozess einzubringen und diesen mitgestalten zu können. Das kann u. a. durch Aufgabenstellungen mit offenen Formaten erreicht werden, welche den Lernenden viel Gestaltungsfreiraum lassen (vgl. Kapitel Differenzierung). *Mille feuilles* zeichnet sich dadurch aus, dass in den *tâches* und *activités* viele offene Aufgabenstellungen angeboten werden.

Mille feuilles | **Konstruktivistisches Lernverständnis**

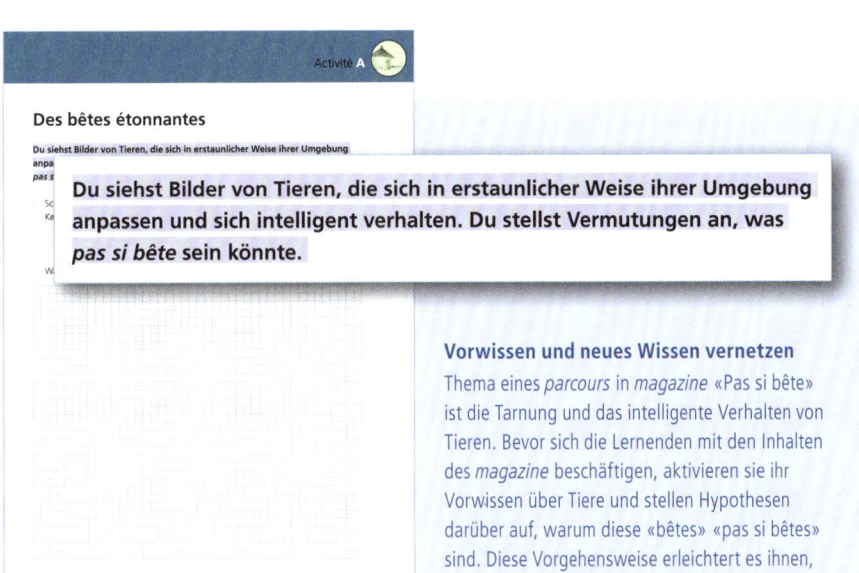

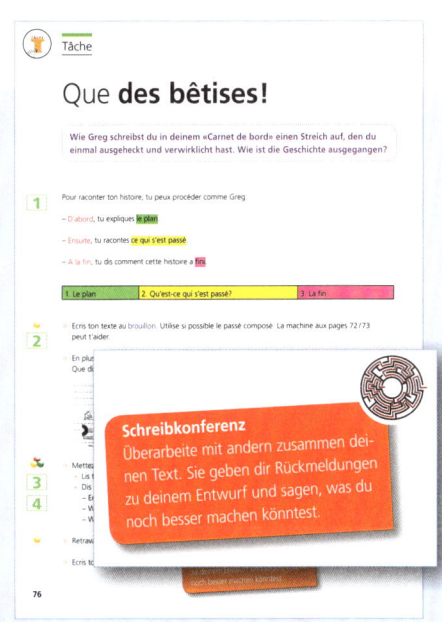

Vorwissen und neues Wissen vernetzen
Thema eines *parcours* in *magazine* «Pas si bête» ist die Tarnung und das intelligente Verhalten von Tieren. Bevor sich die Lernenden mit den Inhalten des *magazine* beschäftigen, aktivieren sie ihr Vorwissen über Tiere und stellen Hypothesen darüber auf, warum diese «bêtes» «pas si bêtes» sind. Diese Vorgehensweise erleichtert es ihnen, das neue Wissen mit ihrem bestehenden Wissen zu vernetzen. (*magazine* 4.1)

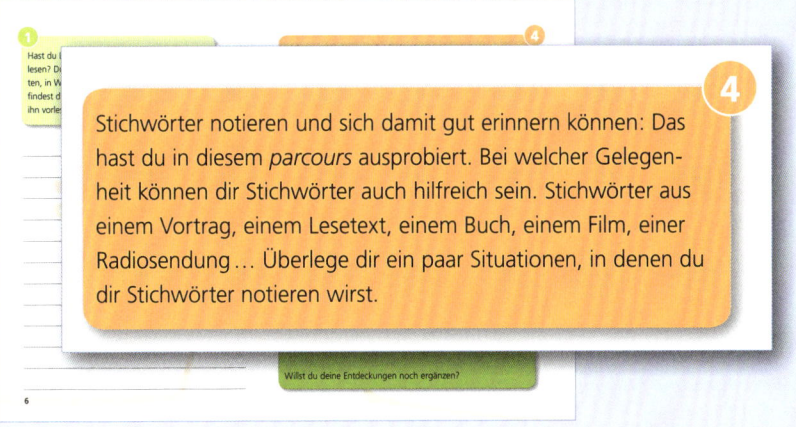

Lernerfahrungen vernetzen
Im Französischunterricht können Lernende häufig auf Sprachlernerfahrungen aus dem Deutschunterricht zurückgreifen. Deshalb werden in *Mille feuilles* immer wieder Hinweise auf den Deutschunterricht gegeben.

Im *fil rouge* von *magazine* 5.2 (Erprobungsfassung) werden die Lehrpersonen darauf aufmerksam gemacht, dass die Lernenden die Strategie der «Schreibkonferenz» vielleicht schon aus dem Deutschunterricht kennen und nun auf die Situation des Fremdsprachenunterrichts transferieren können. Falls die Strategie noch nicht bekannt ist, wird sie an dieser Stelle eingeführt. Später kann im Deutschunterricht darauf zurückgegriffen werden. So werden Lernerfahrungen miteinander vernetzt und damit Synergien beim Sprachenlernen genutzt. (*magazine* 5.2 Erprobungsfassung)

Über das Vernetzen von Lernerfahrungen reflektieren
In der *revue* denken die Lernenden darüber nach, auf welche neuen Lernsituationen sich einzelne Strategien übertragen lassen.
Nur wenn sie Bewusstheit für die Übertragbarkeit erlangen, können sie dieses Potenzial für das Sprachenlernen nutzen. (*revue* 5.2 Erprobungsfassung)

Vernetzen

Es kann nur gelernt werden, was sich mit bereits bestehendem Wissen und gemachten Erfahrungen vernetzen kann. In *Mille feuilles* werden die Lernenden immer wieder dazu angeleitet, auf ihr bestehendes Wissen zurückzugreifen, sich ihrer bereits gemachten Lernerfahrungen bewusst zu werden und darüber nachzudenken, wie sie schulische und ausserschulische Situationen miteinander verbinden können.

Die verschiedenen Inputs in *Mille feuilles* enthalten Informationen, die für die Lernenden neu sind, denn mit der neuen Sprache wird auch neues Weltwissen erworben. Vor der Entschlüsselung der Texte werden die Lernenden nach ihrem Vorwissen zum entsprechenden Thema gefragt und – um eine Erwartungshaltung aufzubauen – ermuntert, Hypothesen über den Inhalt aufzustellen. Anschliessend setzen sich die Lernenden aktiv und intensiv mit den neuen Inhalten auseinander und können während des Entschlüsselungsprozesses ihre Hypothesen verifizieren oder falsifizieren. Die drei Phasen – Vorwissen aktivieren, Hypothesen bilden, Input entschlüsseln – unterstützen die Lernenden dabei, das neue Wissen in bereits bestehende Wissensbestände zu integrieren.

Nicht nur Wissen, sondern auch Lernerfahrungen werden in den verschiedenen Lernsituationen aktiviert, damit Verknüpfungen gemacht werden können (vgl. Kapitel Didaktik der Mehrsprachigkeit).

Mille feuilles regt die Lernenden auch immer dazu an, darüber nachzudenken, wie sie schulisches und ausserschulisches Lernen miteinander verbinden können.

Schulische und ausserschulische Situationen vernetzen

In der *revue* überlegen die Lernenden, in welchen schulischen und ausserschulischen Situationen sie in der Schule Gelerntes anwenden können oder auf welche ausserschulischen Erfahrungen sie zurückgreifen können. (*revue* 4 und 5.1 Erprobungsfassung)

Individuell unterschiedliche Ergebnisse

In *magazine* 3.2 kreieren die Lernenden eigene Ein-Satz-Geschichten mit der Grundstruktur Vorname – Nomen – Adjektiv – Verb. Sie schlagen dazu das Wörterbuch unter einem bestimmten Buchstaben auf und wählen ihre Wörter aus. Durch die offene Aufgabenstellung ergeben sich bereits im Anfangsunterricht unterschiedlich komplexe Geschichten.

Individuell unterschiedliche Ergebnisse

Wissen ist immer subjektives Wissen und folglich bei den Lernenden unterschiedlich ausgebildet. *Mille feuilles* trägt dieser Tatsache Rechnung, indem Aufgaben gestellt werden, welche nicht auf einen «Durchschnittsschüler» ausgerichtet sind, sondern durch ihre Offenheit viel Gestaltungsraum zulassen. Dies ermöglicht den Lernenden, sich entsprechend ihren Kompetenzen und Ressourcen in den Lernprozess einzubringen. Dementsprechend sind auch die Lernergebnisse individuell unterschiedlich. (vgl. Kapitel Differenzierung)

Verantwortung übernehmen

Damit Lernprozesse erfolgreich sein können, müssen die Lernenden Verantwortung für das Lernen übernehmen. *Mille feuilles* unterstützt sie dabei, sowohl das eigene Lernen verantwortungsvoll mitzugestalten als auch Verantwortung für das Lernen in der Gruppe zu übernehmen.

Beispiele:
» Die Lernenden korrigieren ihre Texte oder ihre Aussprache gegenseitig. Damit übernehmen sie eine Aufgabe, welche bis anhin mehrheitlich der Lehrperson vorbehalten war. Der Blick auf die Ergebnisse der andern schärft auch die eigene Wahrnehmung der neuen Sprache.
» Die Lernenden halten ihre Einsichten in das Sprachsystem in der *revue* fest und besprechen anschliessend ihre Einträge. Damit übernehmen sie gemeinsam Verantwortung für die Lernergebnisse. Gleichzeitig führt dieses Vorgehen zu einer vertiefteren Auseinandersetzung mit der Sprache.
» Die Lernenden unterstützen sich gegenseitig beim Erarbeiten neuer Inhalte.
» Häufig ist ein *parcours* so angelegt, dass sich die Lernenden in Gruppen neues Wissen erarbeiten und dieses ihren Mitschülerinnen und Mitschülern in der *tâche* in Form einer Präsentation zugänglich machen. Dadurch leisten sie einen Beitrag zur Erweiterung des Weltwissens der Gruppe.

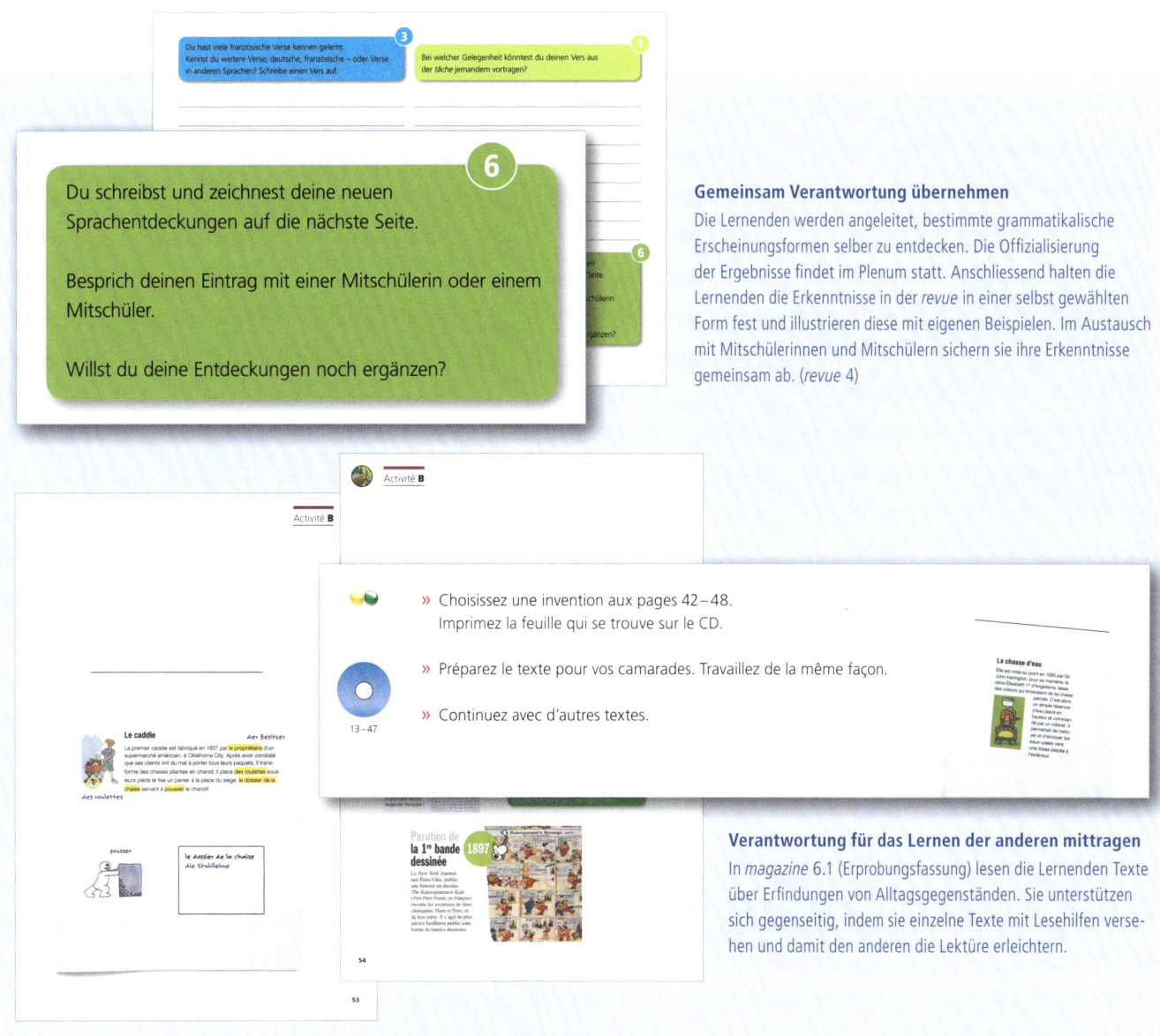

Gemeinsam Verantwortung übernehmen
Die Lernenden werden angeleitet, bestimmte grammatikalische Erscheinungsformen selber zu entdecken. Die Offizialisierung der Ergebnisse findet im Plenum statt. Anschliessend halten die Lernenden die Erkenntnisse in der *revue* in einer selbst gewählten Form fest und illustrieren diese mit eigenen Beispielen. Im Austausch mit Mitschülerinnen und Mitschülern sichern sie ihre Erkenntnisse gemeinsam ab. (*revue* 4)

Verantwortung für das Lernen der anderen mittragen
In *magazine* 6.1 (Erprobungsfassung) lesen die Lernenden Texte über Erfindungen von Alltagsgegenständen. Sie unterstützen sich gegenseitig, indem sie einzelne Texte mit Lesehilfen versehen und damit den anderen die Lektüre erleichtern.

» Die Lernenden werden immer wieder dazu angeleitet, über ihr Lernen nachzudenken und Schlüsse für das weitere Lernen zu ziehen. Damit wird eine Grundlage für das Übernehmen von Verantwortung für das eigene Lernen gelegt. (vgl. Kapitel Evaluation)

Selbstständig organisieren

Lernprozesse können nur gelingen, wenn sie vom Lernenden selbstständig organisiert werden.
Das Befähigen zu selbstständigem Organisieren des Lernens ist ein langer Prozess, aber eine der wesentlichsten Aufgaben der Schule. Voraussetzungen, um das Lernen selbstständig organisieren zu können, sind u.a. Transparenz in Bezug auf die Lernziele, Hilfestellung für die Planung der Lernprozesse und Anleitung zur Reflexion über Lernergebnisse und -erfahrungen. *Mille feuilles* stellt den Lernenden die entsprechenden Informationen und Instrumente zur Verfügung.

» Transparenz in Bezug auf die angelegten Lernprozesse
Eigenverantwortung und Selbstorganisation ergeben sich aus der Einsicht in die Sinnhaftigkeit, welche einzelne Lernschritte für die Lernenden haben. Die Lernenden sollen deshalb wissen, warum sie etwas lernen und was von ihnen erwartet wird. *Mille feuilles* zeigt ihnen zu Beginn jedes *parcours* anhand der *objectifs*, welche Kompetenzen und Ressourcen sie in dieser Lerneinheit erwerben sollen. In der *aperçu de la tâche* werten sie einen Blick auf die grosse Aufgabe, die sie am Ende des *parcours* lösen werden.

» Ein Planungsinstrument in Form einer didaktischen Landkarte
Die didaktische Landkarte, die zu Beginn jedes *parcours* abgedruckt ist, gibt einen Überblick über die ganze Lerneinheit. (vgl. Kapitel Kompetenzorientierung) Nach und nach sollen die Lernenden in der Lage sein, dieses Instrument für das selbstständige Planen zu nutzen. Sie werden zunehmend – mit Blick auf die *tâche* – aufgefordert, selber zu entscheiden, in welcher Reihenfolge und in welchem Vertiefungsgrad sie die *activités* bearbeiten wollen.

Mille feuilles | Konstruktivistisches Lernverständnis

» In der *revue* denken die Lernenden über die Organisation ihres Lernens und die Zusammenarbeit mit den andern nach.

Soziale Interaktion

Die soziale Interaktion ist ein entscheidender Aspekt bei allen Lernprozessen, denn Lernen ist ein Prozess, der in Gruppen besonders erfolgreich stattfinden kann. *Mille feuilles* trägt dieser Tatsache Rechnung, indem sehr viele Lernmomente als Partner- oder Gruppenarbeiten angelegt sind.
Dabei werden von den Lernenden unterschiedliche Rollen eingenommen. Sie sind z. B.:

» Lernpartner oder Lernpartnerin
» Spielpartner oder Spielpartnerin
» Lehrperson (z. B. im Lernarrangement des Lernens durch Lehren)
» Instanz, die Rückmeldungen gibt
» Instanz, die korrigiert
» Wissensvermittler oder Wissensvermittlerin

Ebenso wie die einzelnen Lernenden, übernimmt auch die Gruppe als Ganzes unterschiedliche Funktionen.

Reiche Lernumgebungen

Reiche Lernumgebungen sind eine Voraussetzung für ein aktives, konstruktives Lernen. Die Unterrichtsinhalte sollen in ihrer ganzen Komplexität repräsentiert sein. Eine Reduktion der Inhalte oder eine zu stark vorgegebene Systematisierung ver-

Mille feuilles | **Konstruktivistisches Lernverständnis** 23

Reiche Lernumgebung bereits im Anfangsunterricht
Die konstruktivistische Vorgabe einer reichen Lernumgebung wird schon in den ersten Lektionen mit *Mille feuilles* sichtbar:
Die Lernenden hören eine ganze Geschichte, die Geschichte «Le monstre de l'alphabet» auf Französisch. So tauchen sie in die neue Sprache ein und versuchen, mit Hilfe von Strategien, so viel wie möglich zu verstehen. Auch machen sie erste Zuordnungsversuche zwischen Hörtext und geschriebenem Text. Dabei ist die Zuordnung nicht auf einzelne, isolierte Wörter reduziert. (*magazine* 3.1)

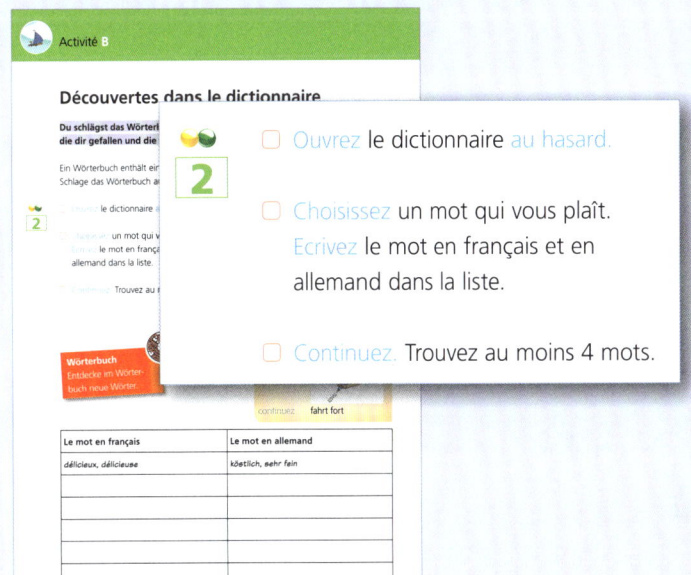

Reiche Lernumgebung im Bereich des Wortschatzes
In *magazine* 3.2 entdecken die Lernenden, dass das Wörterbuch eine eigentliche Fundgrube für Wörter ist. Sie suchen Wörter heraus, die ihnen gefallen. Damit erschliessen sie sich einen eigenen Zugang zur Sprache. Gleichzeitig beginnen sie, sich einen persönlichen Wortschatz anzulegen, den sie in der Folge immer weiter ausbauen werden.

ringern die Möglichkeiten, dass die Lernenden ihr bereits vorhandenes subjektives Wissen einbringen und neues Wissen konstruieren können.
Es gehört zum Credo von *Mille feuilles*, den Lernenden eine reiche Lernumgebung anzubieten, was an folgenden Beispielen sichtbar wird:

» Die Inputs sind authentisch; die Sprache ist nicht reduziert oder didaktisiert.
» Häufig steht den Lernenden bei den Inputs ein Wahlangebot zur Verfügung.
» Auf der CD-ROM finden sich viele Zusatzmaterialien.
» Die Lernenden arbeiten seit Beginn mit Prozessmaterialien, wie z.B. mit Wörterbüchern oder der *revue*.
» Die Übungsangebote sind reich und beschränken sich nicht auf einfache Zuordnungsübungen.

Kompetenzorientierung

In diesem Kapitel soll dargestellt werden, was man in der Sprachwissenschaft und in der Fremdsprachendidaktik unter dem Begriff Kompetenz versteht, und dann gezeigt werden, wie Kompetenzorientierung in *Mille feuilles* verwirklicht wurde.

Zum Verständnis des allgemeinen Kompetenzbegriffs

Seit etwa zehn Jahren hat es sich in der didaktischen Diskussion eingebürgert, Lernziele in den schulischen Lehrplänen als Kompetenzen zu definieren. (vgl. z. B. «Passepartout» 2010) Während die Lernziele früher wissensorientiert waren, sind sie heute weitgehend fähigkeitsorientiert, d. h. an die Stelle des Wissens ist das Können getreten. Dazu hat neben einer Reihe anderer Faktoren ein neues Verständnis für das, was Kompetenz ist, beigetragen, wie es z. B. von Weinert formuliert wird:

> Unter Kompetenz verstehen wir die bei Individuen verfügbaren oder von ihnen erlernten kognitiven Fähigkeiten und Fertigkeiten, bestimmte Probleme zu lösen, sowie die damit verbundenen motivationalen, volitionalen (d. h. durch den Willen bestimmten) und sozialen Bereitschaften und Fähigkeiten, die Probleme in variablen Situationen erfolgreich und verantwortungsvoll nutzen zu können. (Weinert 2001: 27)

Dieser allgemeine Kompetenzbegriff schliesst auch die sprachliche Kompetenz mit ein, denn auch mit Hilfe von Sprache können Menschen Probleme lösen: Sie tun dies sogar häufiger als ohne Einbeziehung von Sprache. Das menschliche Sprachvermögen ist also keine isolierte Kompetenz, sondern wichtiger Bestandteil der allgemeinen Problemlösungskompetenz des Menschen.

Der sprachliche Kompetenzbegriff

Das Interesse an der sprachlichen Kompetenz wird schon in den siebziger Jahren des vergangenen Jahrhunderts deutlich, lange bevor der allgemeine Kompetenzbegriff in den Mittelpunkt des Interesses rückte. Chomsky prägte den Kompetenzbegriff, indem er eine Unterscheidung zwischen sprachlicher Kompetenz und Performanz vornahm. Jeder Sprecher verfügt über eine sprachliche Kompetenz, die aber nur in seiner Performanz, d. h. in seinen konkreten sprachlichen Äusserungen erkennbar wird; Chomsky trennt also zwischen dem potentiellen Sprachvermögen eines Sprechers und der Realisierung von Sprache in seinen Äusserungen.

> Chomsky: Die sprachliche, d. h. die grammatische Kompetenz eines Sprechers/Hörers wird sichtbar in seinen sprachlichen Äusserungen, seiner Performanz.

Habermas erweitert diesen eingeschränkten, nur auf das Sprachsystem bezogenen Kompetenzbegriff; er verwendet als erster den Begriff kommunikative Kompetenz. In seinen Schriften hebt er die Bedeutung von Sprache als einem politischem Faktor hervor und macht deutlich, dass kommunikative Kompetenz vor allem die Fähigkeit bedeutet, sich in dem Geflecht sozialer Beziehungen, in welchem Menschen beständig interagieren, angemessen zurecht zu finden und durchzusetzen.

> Habermas: Kompetenz beinhaltet mehr als den richtigen Gebrauch der Grammatik: Sie schliesst die Fähigkeit zu kommunizieren mit ein und hat eine politische Dimension.

Die Diskussion um die kommunikative Kompetenz wurde von der Sprachdidaktik schon in den siebziger Jahren aufgegriffen; das Konzept wurde für mehr als zwanzig Jahre übergeordnetes Lernziel im erst- und fremdsprachlichen Unterricht (Piepho 1974). Die Fähigkeit zum angemessenen Gebrauch von Sprache in unterschiedlichen Kommunikationssituationen wurde in den Mittelpunkt gerückt. Dabei spielten auch die Überlegungen von Habermas eine wichtige Rolle: Die Entwicklung von kommunikativer Kompetenz sollte nach seiner Auffassung zu einem demokratischen, herrschaftsfreien Umgang miteinander führen.

> Piepho: Die kommunikative Kompetenz ist übergeordnetes Lernziel im Unterricht. Es ist ein emanzipatorisches Lernziel; die Entwicklung von kommunikativer Kompetenz führt zu einem demokratischen, herrschaftsfreien Umgang miteinander.

Sprachliche Kompetenz in der fachdidaktischen Diskussion heute

Die Diskussion um den sprachlichen Kompetenzbegriff wurde durch das im Gemeinsamen Europäischen Referenzrahmen (GER) entwickelte Kompetenzmodell einer breiteren Öffentlichkeit bekannt gemacht, die neben Fachdidaktikerinnen, Lehrplanerstellern und Lehrbuchentwicklern auch Institutionen einschliesst, die mit der Überprüfung sprachlicher Kompetenzen befasst sind. Das Modell des GER stellt gegenüber dem älteren Kompetenzmodell, wie es von Piepho entwickelt worden war, aus zwei Gründen eine wichtige Neuerung dar:

1. Der Kompetenzbegriff wird umfassender gesehen. Neben der kommunikativen umfasst das menschliche Sprachvermögen eine soziale, eine interkulturelle, eine professionelle und eine strategische Kompetenz.
2. Die komplexen sprachlichen Kompetenzen, auf die gleich genauer eingegangen wird, werden im Referenzrahmen in unterschiedlichen Stufen ausgewiesen, die von A1 über A2, B1, B2, C1 bis nach C2 reichen. A1 ist jeweils die niedrigste Kompetenzstufe, C2 die höchste. Die Kompetenzabstufung wird im Referenzrahmen nicht nur, wie das landläufig angenommen wird, für die kommunikative Kompetenz beschrieben, sondern auch für die meisten anderen in (1) genannten Kompetenzen.
3. Die in den älteren Kompetenzmodellen (z. B. bei Chomsky) noch im Vordergrund stehende grammatische Kompetenz verliert ihren hohen Stellenwert. Grammatik und Wortschatz werden zu den so genannten sprachlichen Mitteln zusammengefasst, auf die während des produktiven und rezeptiven Gebrauchs einer Sprache immer wieder zurückgegriffen wird und die deshalb unerlässlich sind. Sie werden aber der allgemeinen sprachlichen Kompetenz untergeordnet.

Teilkompetenzen der allgemeinen sprachlichen Kompetenz

Die **kommunikative Kompetenz** (Piepho 1974) wird im GER in ihrer Begrifflichkeit differenziert und erweitert. Die Teilkompetenzen, die die kommunikative Kompetenz ausmachen, werden ausgewiesen, also die produktiven Fähigkeiten Sprechen und Schreiben und die rezeptiven Fähigkeiten Hörverstehen und Lesen. Insbesondere die Psycholinguistik interessiert sich für die kognitiven Prozesse, die bei der Sprachproduktion und der Sprachrezeption ablaufen und gibt der Sprachdidaktik Hinweise zur Förderung dieser Fähigkeiten. Es wird auch darauf abgehoben, dass die Erfahrung mit Sprache, der Gebrauch von Sprache zu Erfahrungen mit Kommunikation führt und die kommunikative Kompetenz eines Sprechers entwickelt. Dies bedeutet, dass Sprachbewusstheit auch eine Grundlage der kommunikativen Kompetenz ist.

Sprachvermögen als **soziale Kompetenz** wurde Ende der neunziger Jahre von H.H. Clark (1996) in die Diskussion eingebracht. Eine Sprache gebrauchen heisst sowohl individuelle als auch soziale Prozesse einsetzen. Die individuellen Prozesse beziehen sich auf die Anwendung der kommunikativen Teilkompetenzen, die sozialen Prozesse hingegen auf das gemeinsame Handeln als Teilhaber in den sozialen Kontexten, in welchen Menschen miteinander kommunizieren. Soziale Kompetenz ist die Fähigkeit, nichtsprachlich aber auch sprachlich gemeinsam so agieren zu können, dass Kommunikation gelingt. Auch hier spielt Sprachbewusstheit als soziale Bewusstheit eine wichtige Rolle.

Die **interkulturelle Kompetenz** wird heute nicht mehr nur als fremd-, sondern auch als erstsprachliche Kompetenz verstanden. Denn in jeder Kultur finden sich eine Vielzahl von Subkulturen, die zu verstehen das Zusammenleben erst ermöglicht. Im Zeitalter der Globalisierung ist es für jeden Menschen erforderlich, auch über die eigene Gesellschaft hinaus interkulturell kompetent zu agieren. Dazu benötigt er eine Reihe von Kompetenzen (Byram 1997), zu welchen eine positive Haltung gegenüber der anderen Kultur, die Fähigkeit, neues Wissen über eine andere Kultur und ihre Praktiken erwerben zu können, die Fähigkeit zum Vergleich der eigenen mit der fremden Kultur, und schliesslich eine kritische kulturelle Bewusstheit gehören.

> Interkulturelle Kompetenzen nach Byram:
> » Haltungen (Neugier auf die andere Kultur, Bereitschaft Vorurteile abzulegen)
> » Kenntnisse (von sozialen Gruppen, ihren kulturellen Erscheinungen)
> » Interpretationsfähigkeiten (von Erscheinungen der anderen Kultur)
> » Erwerbsfähigkeiten (von neuem Wissen aus der anderen Kultur)
> » Kritische kulturelle Bewusstheit (kritische Bewertung der Erscheinungen und Errungenschaften der anderen Kultur)

Schliesslich meint man mit **professioneller Kompetenz** die Fähigkeit, im Berufsleben professionell mit einer Sprache umgehen zu können. Die Entwicklung einer solchen Kompetenz spielt schon in der Schule eine wichtige Rolle. Denn in einem modernen aufgabenorientierten Unterricht, in welchem Selbstverantwortung und Eigentätigkeit im Mittelpunkt stehen, ist das, was der Schüler/die Schülerin tut, auf gleiche Weise Profession wie dann im späteren Berufsleben. Diese Kompetenz für den Beruf des Schülers/der Schülerin ist zu entwickeln, die Fähigkeit, Aufgaben zu bearbeiten und Probleme zu lösen. Dies trägt vor allem dazu bei, dass das Lernen effizienter wird, schafft aber auch schon die Grundlagen für die Herausbildung einer professionellen Kompetenz für das spätere Berufsleben.

In der Sprachwissenschaft wurde auch darüber nachgedacht, wie Sprachkompetenzen abgerufen und gesteuert werden können: das Konzept der Strategie wurde zur Erklärung herangezogen. Menschen steuern auf der Grundlage von Strategien ihr Verhalten, das heisst auch ihr sprachliches Verhalten und ihr Lernverhalten, sie besitzen **strategische Kompetenzen**.

> Faerch/Kasper: Strategien sind Pläne zur Kontrolle der Abfolgen von kognitiven Operationen beim Lernen (und Kommunizieren); die Operationen selbst sind die Prozesse. Strategien und Prozesse laufen unbewusst ab, können aber auch bewusst gemacht werden.

Die Erfahrungen, die der Mensch mit dem Sprachgebrauch und mit dem Lernen von Sprache macht, werden von ihm als strategische Verhaltensweisen gespeichert; dieses Strategienrepertoire ist deshalb auch ein Teilbereich der sprachlichen Kompetenz.

Beispiel: Ein auf den Erwerb von Sprachmitteln gerichteter Unterricht wird sich damit zufrieden geben, wenn Lernende z. B. die Teile eines Fahrrads in der Fremdsprache benennen können. Sie werden diese vielleicht in einem Rollenspiel einüben, um kommunikative Prozesse in die Wege zu leiten. Ein Unterricht hingegen, dem es auf Kompetenzentwicklung ankommt, wird darauf abheben, dass die Schülerinnen und Schüler diese Sprachmittel in einen grösseren kommunikativen Kontext einbetten können, d. h. dass sie darüber berichten können, wie sie gelernt haben, Fahrrad zu fahren, dass sie beschreiben können, was sie sich für ein Fahrrad wünschen, dass sie erklären können, wie man ein Fahrrad repariert.

Das bedeutet also, dass kommunikative Handlungsfähigkeit nicht gleichgesetzt werden kann mit sprachlichen Wissensbeständen (Grammatik und Wortschatz). Sprachwissen ist zwar ein zentraler Bestandteil kommunikativen Handelns, aber in einem kompetenzorientierten Unterricht ist es der sprachlichen Handlungsfähigkeit untergeordnet und sollte daher auch nicht isoliert vermittelt bzw. überprüft werden. Damit werden die sprachlichen Mittel aber keineswegs vernachlässigt. Ihre Bewusstmachung im Unterricht und ihre beständige Verwendung in unterschiedlichen Kommunikationssituationen führt dazu, dass sie immer wieder umgewälzt, d. h. geübt werden. Spracharbeit im Sinne des Lehrplans «Passepartout» wird auf diese Weise gewährleistet.

> **Zusammenfassung**
> Wenn man heute im Kontext des Sprachenlernens von Kompetenz spricht, so meint man damit ein komplexes Bündel von Fähigkeiten und Fertigkeiten, über die ein Sprachbenutzer verfügt, um seinen Sprachgebrauch und sein Sprachlernen zu steuern. Die wichtigsten Elemente sind:
> » Die Fähigkeit angemessen kommunizieren zu können, d. h. eine Sprache produktiv und rezeptiv gemäss den sprachlichen und kommunikativen Regeln gebrauchen zu können.
> » Die Fähigkeit, sich so in eine Kommunikation einzubringen, dass sie als erfolgreich angesehen werden kann. Dies bezieht sich auf die Kenntnis der sozialen Regeln einer Sprache.
> » Die Fähigkeit, die Besonderheiten einer Kultur zu kennen und bei der Kommunikation mit Mitgliedern dieser Kultur zu berücksichtigen.
> » Die Fähigkeit, Sprache professional angemessen gebrauchen zu können, d. h. sich des beruflich adäquaten sprachlichen Repertoires zu bedienen, in der Schule der Schulsprache und später im Beruf der Sprache der Profession.
> » Die Fähigkeit, diese Teilfähigkeiten angemessen aufzurufen und einzusetzen, d. h. strategisch kompetent zu sein.

Wortschatz und Grammatik sind zwar zentrale Bestandteile kommunikativen Handelns, aber in einem kompetenzorientierten Unterricht stehen sie im Dienste der sprachlichen Handlungsfähigkeit und sind dieser somit untergeordnet.

Kompetenzorientierung in *Mille feuilles*

Der Sprachunterricht mit *Mille feuilles* orientiert sich am ganzheitlichen Kompetenzmodell des Gemeinsamen Europäischen Referenzrahmens (GER). Sprachkompetenz wird also als Sprachverwendungskompetenz verstanden.

Das vom GER entwickelte sprachliche Kompetenzmodell umfasst fünf Bereiche. Im Lehrplan «Passepartout» werden drei dieser Bereiche als Kompetenzbereiche ausgewiesen.

Es sind dies:
» Kompetenzbereich I: Sprachhandeln (Kommunikative Handlungsfähigkeit)
» Kompetenzbereich II: Bewusstheit für Sprache und Kulturen
» Kompetenzbereich III: Lernstrategische Kompetenzen

Die soziale und professionelle Kompetenz sind für den Fremdsprachenunterricht auf der Primarstufe noch nicht relevant und deshalb im Lehrplan nicht aufgenommen.

Mille feuilles ist darauf ausgerichtet, dass die Lernenden Kompetenzen aufbauen können. Entsprechend dem Lehrplan «Passepartout» wird dabei an den Kompetenzbereichen I bis III gearbeitet.

Kompetenzorientierte Lernziele

Die Lernziele zu Beginn jedes *parcours* zeigen den Lernenden, über welche Kompetenzen sie am Ende verfügen werden. Sie erscheinen geordnet nach den drei Kompetenzbereichen. In jedem *parcours* wird an allen drei Bereichen gearbeitet.

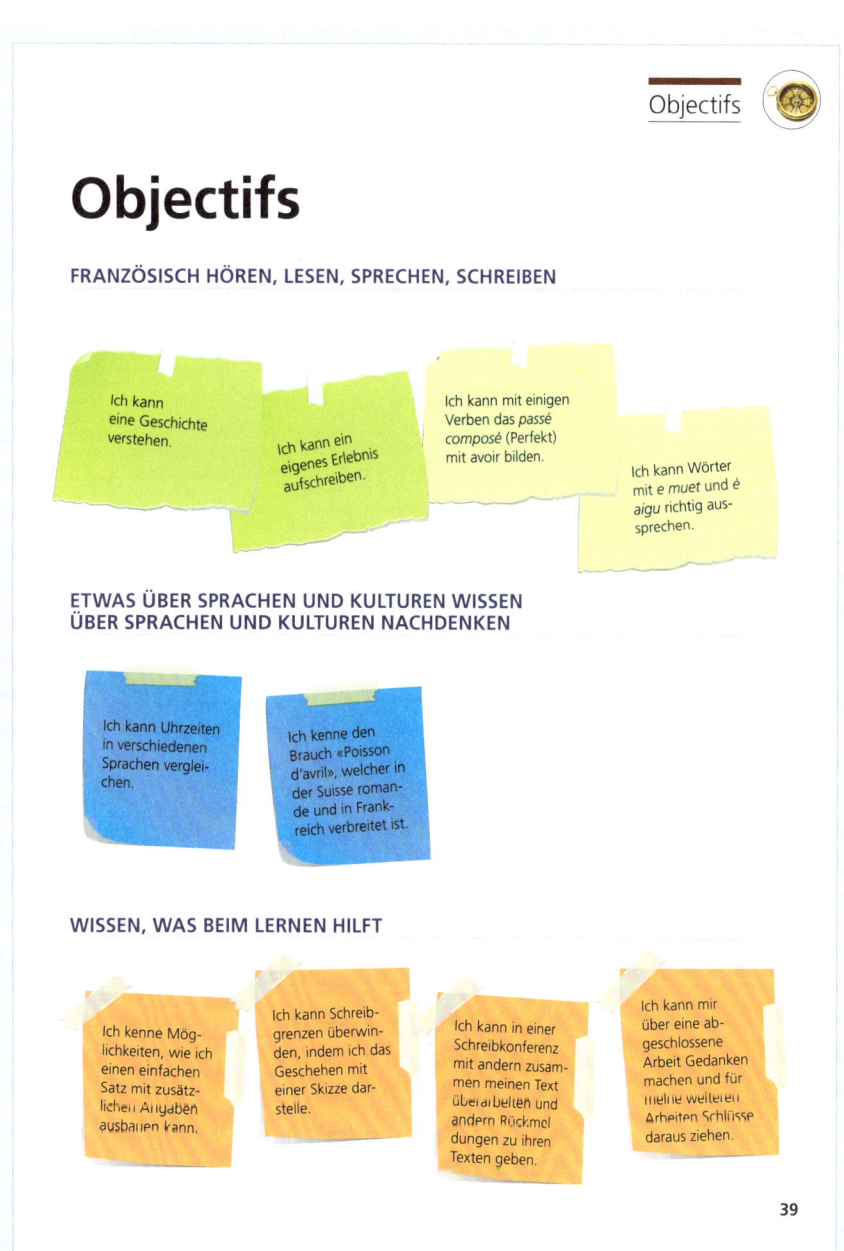

Die drei Kompetenzbereiche in *Mille feuilles*

In *Mille feuilles* werden die drei Kompetenzbereiche unter folgenden Bezeichnungen aufgeführt:
» Kompetenzbereich I: Französisch hören, lesen, sprechen, schreiben
» Kompetenzbereich II: Etwas über Sprachen und Kulturen wissen, Über Sprachen und Kulturen nachdenken
» Kompetenzbereich III: Wissen, was beim Lernen hilft

Kompetenzorientiertes Sprachhandeln (Bereich I) bedingt den vorgängigen Aufbau von Ressourcen. Kompetenzziele werden auf sattgrünen Zetteln ausgewiesen, Ressourcenziele auf hellgrünen. (*magazine* 5.2 Erprobungsfassung)

28 Mille feuilles | Kompetenzorientierung

Visualisierung des kompetenzorientierten Aufbaus einer Lerneinheit auf der didaktischen Landkarte

Auf der didaktischen Landkarte erhalten die Lernenden einen Überblick über eine Lerneinheit. Sie sehen verschiedene Lernwege, die vom Input über die *activités* zur *tâche* führen und wissen, dass sie in den *activités* Ressourcen und Kompetenzen aufbauen werden, um diese am Ziel beim Bearbeiten der *tâche* anwenden zu können. Das Beispiel zeigt einen *parcours* aus *magazine* 4.2. Der Input ist eine animierte Version der Bilderbuchgeschichte «Marta et la bicyclette»; als *tâche* erfinden die Lernenden ein neues Abenteuer der aussergewöhnlichen Kuh. (*magazine* 4.2)

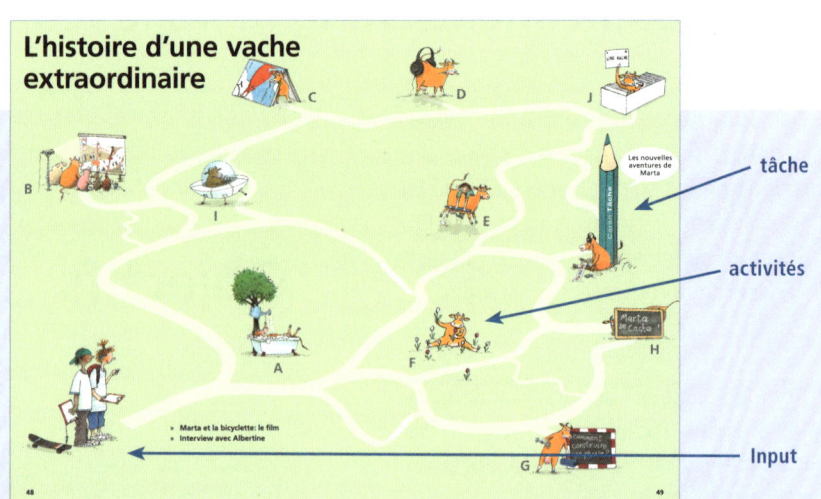

Kompetenzorientiertes Handeln in der *tâche*

In dieser *tâche* präsentieren die Lernenden den anderen einen Dokumentarfilm über eine Veranstaltung in der Suisse romande bzw. im angrenzenden Frankreich. Dabei sind alle drei Kompetenzbereiche berücksichtigt: In einer eigenen Sprachproduktion (Kompetenzbereich I) vermitteln die Lernenden den anderen Wissen über die Zielsprachkultur (Kompetenzbereich II). Bei der Präsentation setzen sie bewusst strategische Kompetenzen ein (Kompetenzbereich III). (*magazine* 5.3 Erprobungsfassung CD-ROM)

Kompetenzorientierter Aufbau der einzelnen Lerneinheiten

Die kompetenzorientierte Ausrichtung von *Mille feuilles* zeigt sich u. a. in der Struktur einer einzelnen Lerneinheit, eines so genannten *parcours*. Auf der didaktischen Landkarte, die am Anfang eines *parcours* abgedruckt ist, ist diese Lerneinheit als Reise abgebildet. Jede Reise führt vom Start (authentische Inputs) über verschiedene *activités* zur grossen Aufgabe – der *tâche*.

Kompetenzorientiertes Handeln in der *tâche*

Die *tâche* charakterisiert sich dadurch, dass sie komplex und mehrschrittig ist. In der *tâche* werden die in den *activités* vorgängig erworbenen Ressourcen und Kompetenzen aktiviert, in einem neuen Kontext angewendet und somit transferiert.

Beim Bearbeiten der *tâche* wenden die Lernenden nebst sprachlichen auch lernstrategische Kompetenzen an. Wenn sie den anderen neu erworbenes Wissen über Ereignisse oder Sehenswürdigkeiten der Zielsprachkultur zugänglich machen, greifen sie auch auf Kompetenzen aus dem Kompetenzbereich II zurück.

Da die Lernenden am Anfang des *parcours* erfahren, welche «grosse Aufgabe» sie am Ende des *parcours* lösen werden (*aperçu de la tâche*), wird die *tâche* zum Lernmotor. Die Aussicht auf die *tâche* motiviert zur Arbeit in den *activités*.

Aufbau von Ressourcen und Kompetenzen in den *activités*

In den verschiedenen *activités* bauen die Lernenden Ressourcen und Kompetenzen zum Sprachhandeln auf und erweitern ihr Wissen über Sprachen und Kulturen.

Die einzelnen *activités* zeichnen sich u.a. durch folgende Merkmale aus:
» Die Inhaltsorientierung, welcher *Mille feuilles* verpflichtet ist, ist auch in den *activités* sichtbar. Die *activités* sind in einen bedeutungsvollen Kontext eingebunden.
» Die Bedeutung für den Aufbau der sprachlichen und lernstrategischen Kompetenzen oder die Bewusstheit für Sprachen und Kulturen wird den Lernenden immer deutlich gemacht.
» *Activités* sind grundsätzlich weniger komplex als die *tâche*. Beim Bearbeiten der *activités* wird nicht, wie bei der *tâche*, auf eine Vielzahl kognitiver Prozesse zurückgegriffen. So können die *activités* im Gegensatz zur *tâche* auch formorientiert sein, d.h. sie können sich auf bestimmte formale sprachliche Phänomene beziehen.
» Die *activités* zeichnen sich durch viele offene Aufgabenstellungen aus, womit sie dem konstruktivistischen Lernverständnis entsprechen. (vgl. Kapitel Konstruktivistisches Lernverständnis)
» Wie die *tâches* sind auch die *activités* prozess- und produktorientiert. Am Ende einer *activité* steht ein Ergebnis, das der Zielsetzung der *activité* gerecht wird.

Kompetenzorientierung in den drei Kompetenzbereichen

Kompetenzbereich I: Französisch hören, lesen, sprechen, schreiben

Damit man im Bereich des Sprachhandelns eine Kompetenz entwickeln kann, müssen verschiedene Ressourcen, d.h. Wortschatz, Strukturen, grammatikalische Erscheinungsformen, Aussprache, Orthographie aufgebaut werden.

In *Mille feuilles* leiten sich die sprachlichen Mittel aus den authentischen Inputmaterialien ab. Sie werden dann fokussiert, wenn sie entweder für das Verstehen des Inputs oder für das Lösen der *tâche* nötig sind.

Beim Aufbau der sprachlichen Handlungskompetenzen können innerhalb einer Lerneinheit grundsätzlich zwei Phasen unterschieden werden: die Phase der Inputerschliessung und diejenige der Vorbereitung der *tâche*. (vgl. Kapitel Inhaltsorientierung)

Phase der Inputerschliessung

Die Lernenden entschlüsseln mit Hilfe von Strategien die Inputtexte.
In dieser Phase finden sich u.a. folgende Aufgabenformate:
Mit Hilfe des eigenen Weltwissens und bestimmten Textentschlüsselungsstrategien Hypothesen zum Textinhalt formulieren und zu einem Globalverständnis gelangen / Einzelne Informationen im Text finden / Bekannte Strukturen anwenden, um über neue Inhalte zu sprechen / Textausschnitte dem Originaltext zuordnen / Jedem Textausschnitt eine passenden Zusammenfassung zuordnen / Sprachliche Mittel in verschiedenen Sprachen miteinander vergleichen.

Eine erste Systematisierung der sprachlichen Mittel geschieht in dieser Phase durch die Lernenden selbst: Sie werden sich bestimmter sprachlicher Phänomene bewusst.

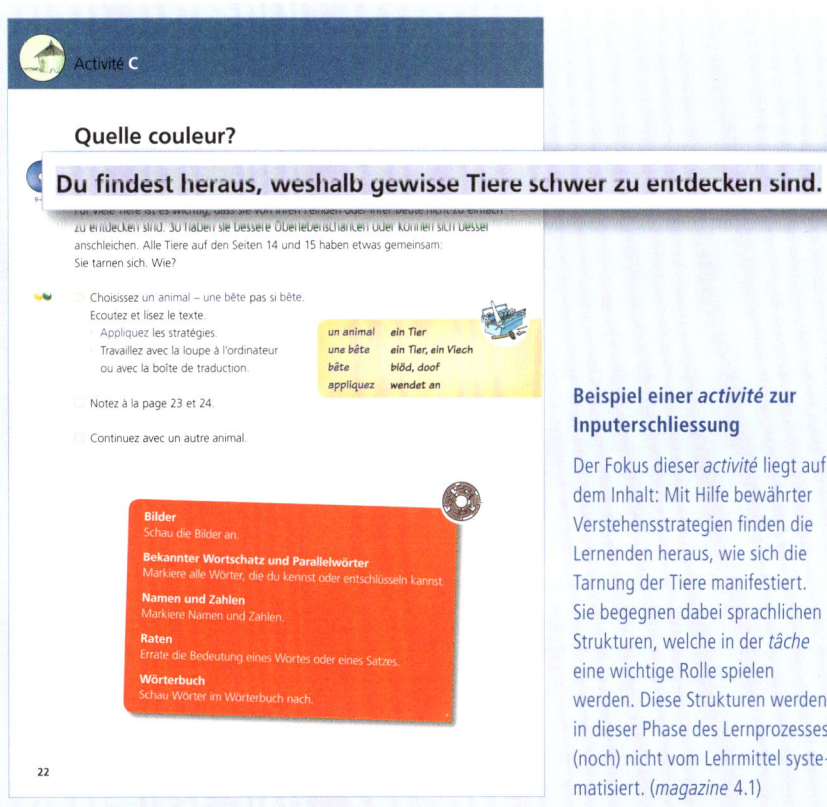

Beispiel einer *activité* zur Inputerschliessung

Der Fokus dieser *activité* liegt auf dem Inhalt: Mit Hilfe bewährter Verstehensstrategien finden die Lernenden heraus, wie sich die Tarnung der Tiere manifestiert. Sie begegnen dabei sprachlichen Strukturen, welche in der *tâche* eine wichtige Rolle spielen werden. Diese Strukturen werden in dieser Phase des Lernprozesses (noch) nicht vom Lehrmittel systematisiert. (*magazine* 4.1)

Mille feuilles | Kompetenzorientierung

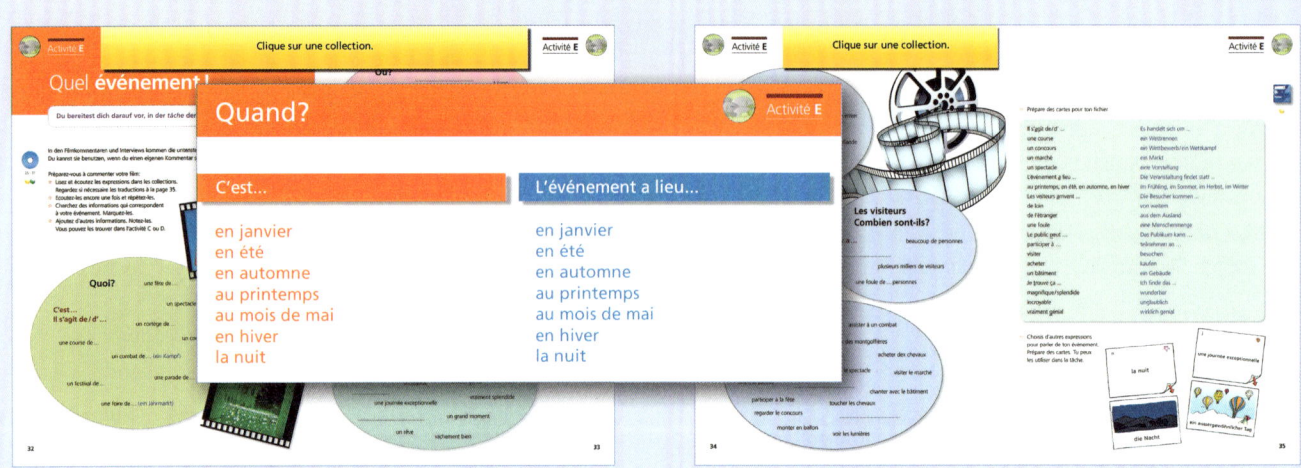

Aufbau von Wortschatz in einer *tâche*-vorbereitenden *activité*
Die Lernenden üben den Wortschatz ein, den sie in der *tâche* brauchen werden, um einen Film zu kommentieren. Sie können ihn auf der CD-ROM oder auf der Audio-CD anhören. Der Wortschatz ist nach W-Fragen geordnet. (*magazine* 5.3 Erprobungsfassung CD-ROM)

Phase der Vorbereitung der *tâche*
Im Hinblick auf die *tâche* üben die Lernenden, fokussierte Sprachmittel anzuwenden, dies mit dem Ziel, sie in der *tâche* transferieren zu können. Dabei werden Produktionsstrategien und Gedächtnisstrategien aufgebaut und eingeübt.

In dieser Phase finden sich u.a. folgende Aufgabenformate:
Wortschatz umwälzen und mit Hilfe von Strategien memorieren / eine Grammatikregel entdecken und aufschreiben / eine grammatikalische Struktur einüben / die Aussprache von Lauten wahrnehmen und einüben / Sätze formulieren.

Zum Aufbau von Wortschatz
Aus den Inputtexten werden Wortschatz und sprachliche Strukturen herausgelöst. Ein Teil davon wird als so genannter Klassenwortschatz ausgewiesen. Er charakterisiert sich dadurch, dass er für das Bearbeiten der *tâche* nötig sein wird. Weiterer verbindlicher Wortschatz kann in der Klasse ausgehandelt werden. Eine Auswahl an spielerischen Übungsformaten wird in den *activités* «Mon ficher» angeboten. Zudem können die Lernenden ihren individuellen Wortschatz auswählen, mit dem sie ihre persönlichen Mitteilungsabsichten verwirklichen können.

Zum Umgang mit Grammatik
Das Bewusstmachen und Einüben von grammatikalischen Gesetzmässigkeiten erfolgt grundsätzlich in folgenden Phasen:
1. Die Lernenden entdecken bestimmte sprachliche Gesetzmässigkeiten. Sie werden dabei durch das Lehrmittel unterstützt, indem diese fokussiert werden.
2. Im Rahmen einer Reflexion über die Entdeckungen lernen sie, diese bewusst wahrzunehmen und zu formulieren.
3. Die individuell formulierten Gesetzmässigkeiten werden klassenöffentlich diskutiert und offizialisiert.
4. In der Anwendung üben die Lernenden die neu entdeckte Regel ein. Dabei ist das Üben ein Verfahren der Lernenden. Im Gegensatz zu Übungsformaten wie Lückentexte oder Zuordnungen, wie sie in herkömmlichen Lehrwerken häufig vorkommen, sind die Schülerinnen und Schüler selber aktiv und wenden die Gesetzmässigkeiten in eigenen Formulierungen an. Gleichzeitig repetieren sie dabei Wortschatz. So wird eine grössere Verarbeitungstiefe erreicht.

Kompetenzbereich II: Etwas über Sprachen und Kulturen wissen / Über Sprachen und Kulturen nachdenken
Im Lehrplan «Passepartout» werden für den Kompetenzbereich der Sprachbewusstheit und des interkulturellen Lernens die drei Handlungsfelder «Savoir», «Savoir-être» und «Savoir-faire» unterschieden. In *Mille feuilles* arbeiten die Lernenden an allen drei Handlungsfeldern.

Im Handlungsfeld «Savoir» erwerben die Lernenden grundsätzliche Kenntnisse über sprachliche und kulturelle Eigenheiten und über die Vielfalt von Sprachen und Kulturen.

Im Bereich «Wissen über Sprache» erfahren sie beispielsweise, warum die französische und englische Sprache viele gemeinsame Wörter haben, wie bestimmte französische Redensarten entstanden sind oder dass Tierlaute in verschiedenen Sprachen unterschiedlich imitiert werden.

Mille feuilles | **Kompetenzorientierung** 31

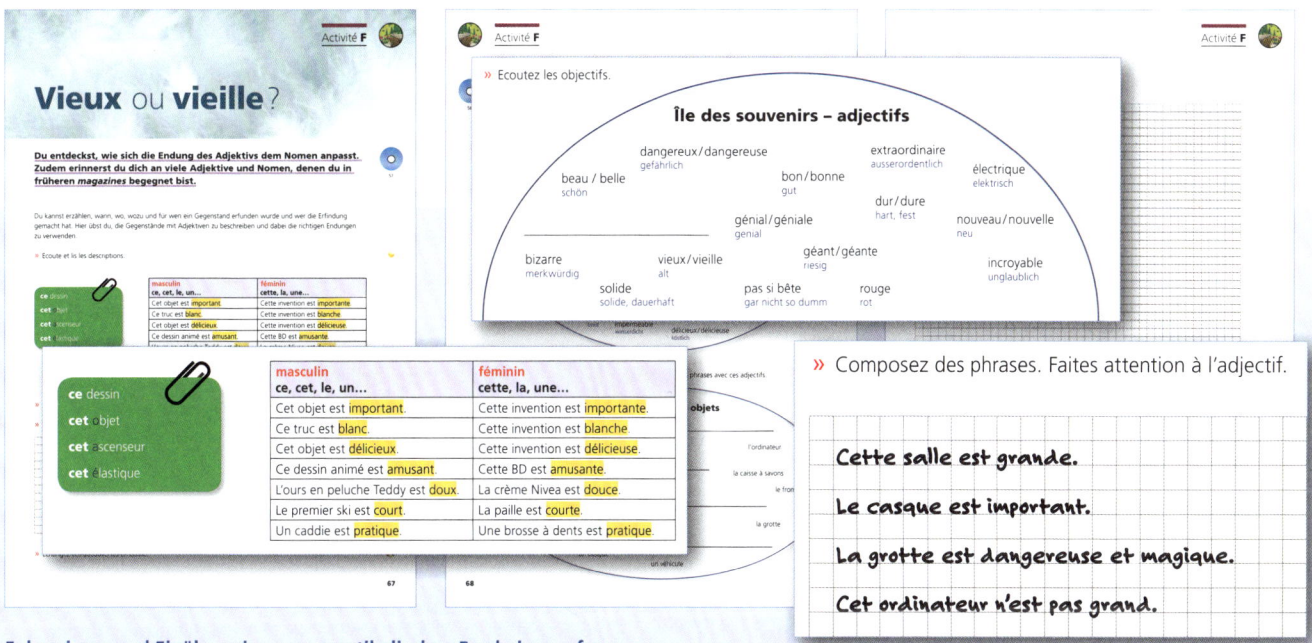

Fokussieren und Einüben einer grammatikalischen Erscheinungsform

In der *tâche* dieses *parcours* spielen die Lernenden ein selbst erstelltes Quiz über die Erfindung von Alltagsgegenständen. Für die Beschreibung der Erfindungen benötigen sie unter anderem Adjektive. Sie sollen sich dabei bewusst sein, dass sich Adjektive dem Geschlecht der Nomen anpassen. Das Bewusstmachen und Einüben erfolgt in vier Phasen.

Die *activité* zeichnet sich durch folgende Merkmale aus:
» Die Lernenden entdecken, dass sich die Adjektive je nach Geschlecht des Nomens verändern.
» Sie notieren die entdeckten Gesetzmässigkeiten.
» Sie tauschen sich in der Klasse über ihre Entdeckungen aus. Die Gesetzmässigkeiten werden offizialisiert.
» Die Lernenden wenden die neu entdeckte Regel an, indem sie eigene Sätze bilden. Dabei wird ihr bereits erworbener Wortschatz aktiviert und umgewälzt.
» Die Korrektur der Sätze erfolgt in der Gruppe. Die Lernenden übernehmen so Verantwortung für ihr Lernen. (*magazine* 6.1 Erprobungsfassung)

Etwas über Sprachen wissen

Den Lernenden wird in diesem *parcours* bewusst, dass es in der französischen und englischen Sprache viele verwandte Wörter gibt. Hier wird ihnen ein kurzer Abriss über die Geschichte von Frankreich und England gegeben, der erklärt, wie es zu dieser Sprachverwandtschaft kam. (*magazine* 5.1 Erprobungsfassung)

Im Bereich «Wissen über Kulturen» erfahren die Lernenden unter anderem, dass es in der Schweiz eine Region gibt, in der man französisch spricht. Sie lernen Eigenheiten aus der frankophonen Kultur wie Veranstaltungen, Sehenswürdigkeiten, Figuren wie Toto oder Bräuche wie den *poisson d'avril* kennen, werfen einen Blick auf einzelne geografische Gegebenheiten der Suisse romande und des angrenzenden Frankreichs oder erfahren, dass viele bekannte BD aus französischsprachigen Gebieten stammen.

Im Handlungsfeld «Savoir-faire» beobachten, analysieren, beschreiben und vergleichen die Lernenden sprachliche und kulturelle Eigenheiten.

Sie erkennen zum Beispiel Gemeinsamkeiten und Unterschiede von deutschen und französischen Begleitern, entdecken in einem französischen Text englische Wörter, vergleichen die Negation in verschiedenen Sprachen oder analysieren wie die Zahlen in verschiedenen Sprachen aufgebaut sind.

Die Art und Weise, wie diese verschiedenen Inhalte unterrichtet werden, soll es ermöglichen, dass die Lernenden ein «Savoir-être» entwickeln, das sich durch Offenheit und Wertschätzung dem Neuen gegenüber charakterisiert und das ihnen ermöglicht, mit fremden Kulturen in Kontakt zu kommen.

Etwas über Kulturen wissen

In *magazine* 5.3 (Erprobungsfassung) erweitern die Lernenden ihr kulturelles Wissen, indem sie Veranstaltungen in der Suisse romande und im angrenzenden Frankreich kennen lernen. Die Bilder und Filme über die verschiedenen Anlässe können die Lernenden motivieren, selber teilzunehmen.

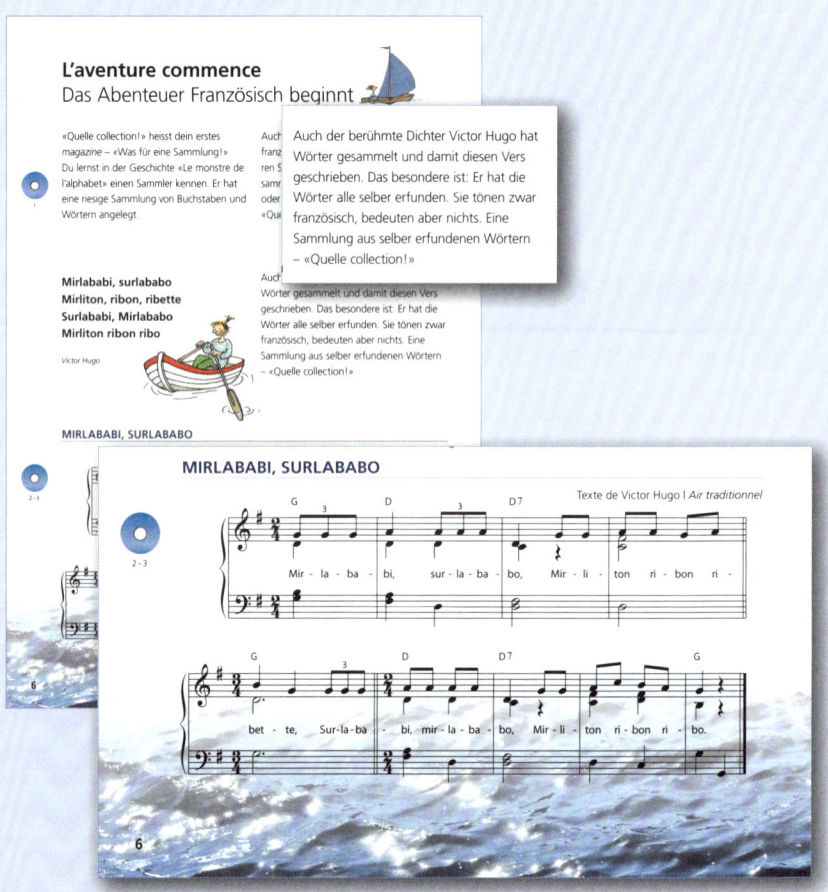

Kulturgut aus der frankophonen Welt

In Liedern, Versen und Gedichten begegnen die Lernenden traditionellem und zeitgenössischem Kulturgut aus der frankophonen Welt. Durch wiederholtes Singen und Rezitieren eignen sie sich die künstlerischen Schöpfungen an. Zudem erhalten sie wissenswerte Informationen über Künstlerinnen und Künstler aus der Suisse romande, aus Frankreich und aus weiteren frankophonen Regionen. (*magazine* 3.1)

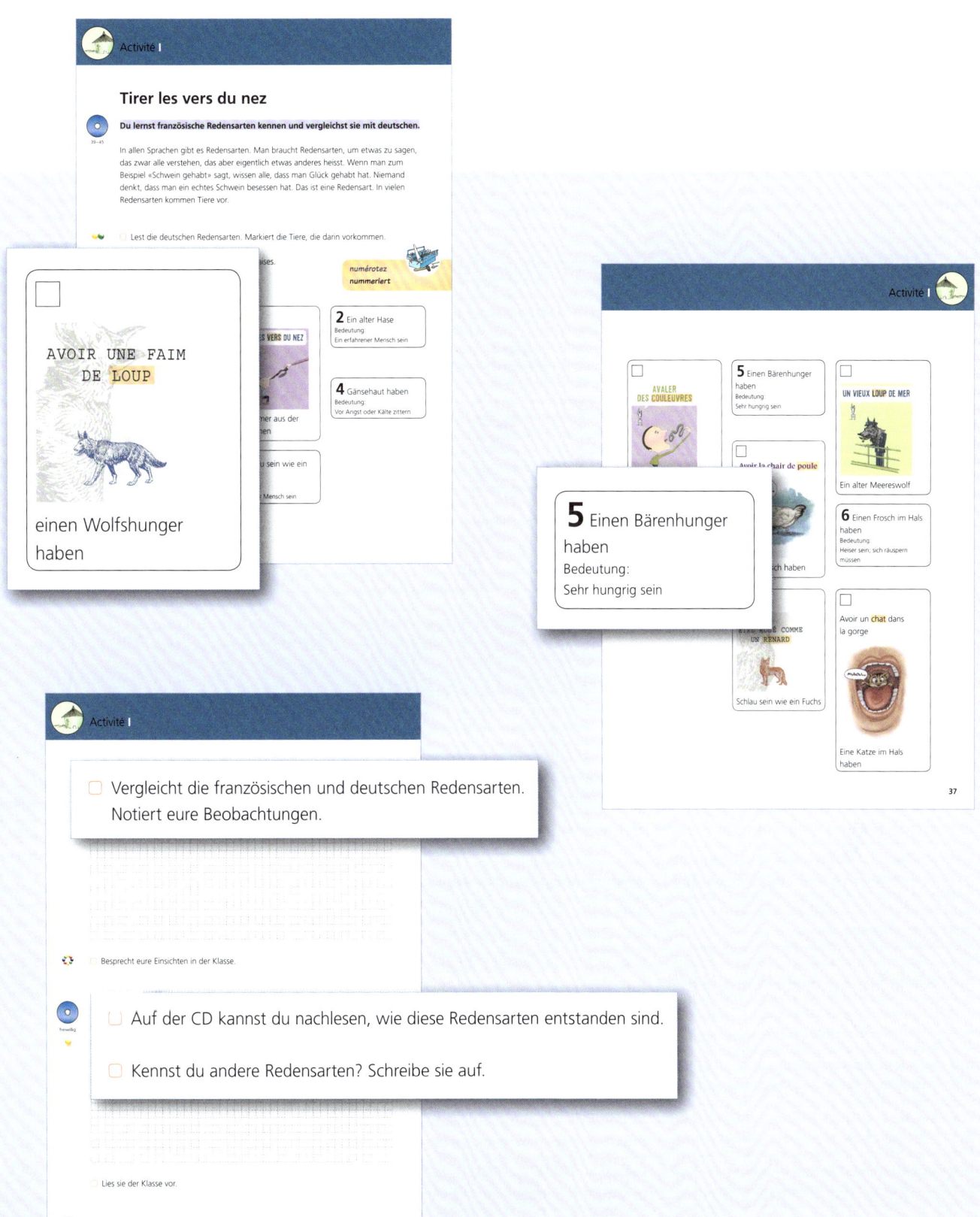

Über Sprachen nachdenken

In dieser *activité* vergleichen die Lernenden sieben deutsche Redensarten mit der französischen Entsprechung. Die Beschäftigung mit deutschen Redensarten kann im Sinne einer integrierten Sprachförderung zur Erweiterung der Deutschkompetenzen beitragen. Im Bereich des interkulturellen Lernens gewinnen die Lernenden Einsichten in symbolische Bedeutungen in den Sprachen Deutsch und Französisch. Zudem erfahren sie Interessantes über die Entstehung der französischen Redensarten. (*magazine* 4.1)

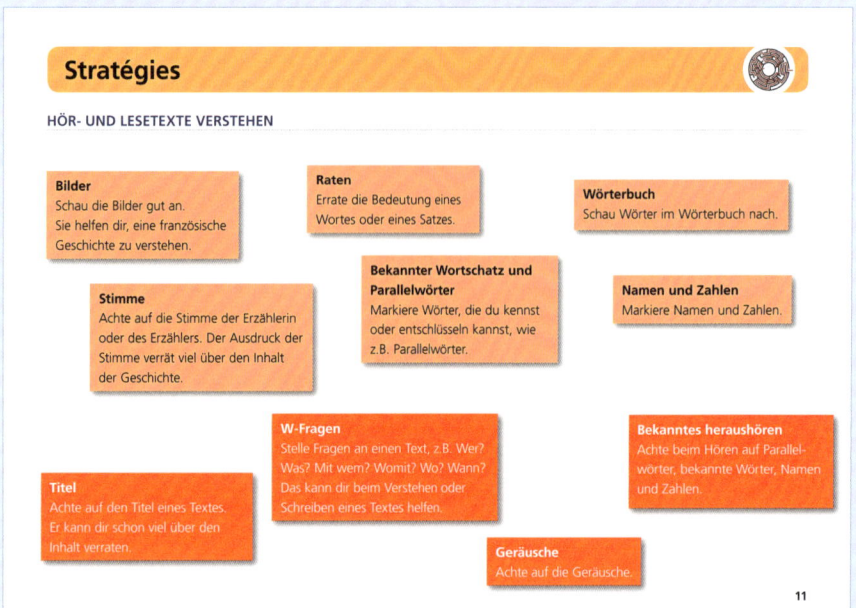

Sprachlernen

In *Mille feuilles* lernen die Schülerinnen und Schüler von Beginn an, mit Lernstrategien zu arbeiten. Damit ihnen die bereits erworbenen Strategien für die Arbeit jederzeit zur Verfügung stehen, ist in der *revue* eine Zusammenstellung abgedruckt. Beispiel von Strategien aus dem Handlungsfeld «Sprachlernen». (*revue* 4)

Kompetenzbereich III: Lernstrategische Kompetenzen

Der Lehrplan «Passepartout» gruppiert die Lernstrategien in drei Handlungsfelder: «Sprachlernen», «Sprachemotion» und «Sprachlernreflexion».

Im Handlungsfeld «Sprachlernen» werden Strategien zusammengefasst, die das Sprachlernen möglichst effizient gestalten, der Bereich «Sprachemotion» umfasst Strategien, die eine positive Einstellung zum Sprachenlernen fördern und dem Bereich «Sprachlernreflexion» werden Strategien zugewiesen, die das Reflektieren über die eigenen Lernfortschritte anregen. In der Arbeit mit *Mille feuilles* erwerben die Lernenden Strategien in allen drei Handlungsfeldern.

Aufbau der Kompetenzen in den drei Bereichen in enger Verknüpfung

Die verschiedenen Kompetenzen aus den drei Kompetenzbereichen bauen sich im Rahmen eines *parcours* in enger Verknüpfung auf: Sie haben alle einen Bezug zum gleichen Input oder zur gleichen *tâche*.

Beispiel: Input des zweiten *parcours* von *magazine* 5.2 (Erprobungsfassung) ist die Geschichte von zwei Jungen, welche einen Streich aushecken und spielen. Als *tâche* schreiben die Lernenden einen eigenen Streich auf. (vgl. *objectifs* S. 27)

Die Ziele aus Kompetenzbereich I sind durch Input und *tâche* bestimmt. Es sind dies: eine Geschichte verstehen und ein eigenes Erlebnis aufschreiben können. In enger Verknüpfung zu diesen beiden Kompetenzzielen stehen die beiden Ressourcenziele, in denen Bildung und Aussprache des *passé-composé* fokussiert werden.

Die Ziele aus Kompetenzbereich II ergeben sich aus dem Material und Thema dieses *parcours*: Eine Abbildung in der Geschichte zeigt eine französisch formulierte Zeitangabe. Die Übersetzung der Geschichte in verschiedene Sprachen regt zu einem Sprachvergleich der Zeitangaben an.

Wenn das Thema «Streiche spielen» heisst, so ist es naheliegend, an den 1. April zu denken und den Lernenden die je nach Sprachregionen unterschiedliche Ausgestaltung des Brauchs aufzuzeigen.

Die Ziele aus Kompetenzbereich III sind eng mit dem Kompetenzbereich I verknüpft: Es werden Strategien eingeführt, die dem Schreiben eines Textes förderlich sind.

Die enge inhaltliche Verschränkung der verschiedenen Kompetenzbereiche soll eine Vernetzung der verschiedenen Inhalte erleichtern.

Sprachemotion: An den positiven Einstellungen zum Lernen arbeiten

Strategien aus dem Handlungsfeld «Sprachemotion» lassen sich nur schwer in überprüfbare Ziele fassen. In den *magazines* werden die Lernenden immer wieder ermutigt, eine positive Einstellung zum Lernen zu finden. Damit im Unterricht an den positiven Einstellungen gearbeitet wird und diese für den Lernprozess nutzbar gemacht werden, findet sich in der *revue* eine Übersicht der entsprechenden Strategien. (*revue* 3)

Sprachreflexion: Über die eigenen Lernfortschritte reflektieren

Für das Nachdenken über das Lernen stehen den Schülerinnen und Schülern verschiedene Instrumente zur Verfügung. (vgl. Kapitel Evaluation und Reflexion) In der *revue* sind unterschiedliche Möglichkeiten, über das Lernen nachzudenken, in einer Übersicht dargestellt. (*revue* 3)

Inhaltsorientierung

Dieses und das folgende Kapitel beschäftigen sich mit der Frage, wie moderner Fremdsprachenunterricht im Hinblick auf seine Inhalte und die Interaktion im Klassenzimmer gestaltet werden soll und wie sich Inhalts- und Handlungsorientierung in *Mille feuilles* widerspiegeln.

Begriffsklärung

Menschen benutzen Sprache, um Inhalte zu transportieren, um diese an andere weiterzugeben oder um sie von anderen zu übernehmen, d.h. zu verstehen und zu lernen. Sprache ist das wichtigste Instrument zum Verstehen der Welt und zum Lernen.

Der Begriff Inhaltsorientierung besagt, dass die Lernenden im Fremdsprachenunterricht neues Weltwissen erwerben. Dabei hat die Bedeutung der Inhalte den Vorrang vor der Form der neuen Sprache. Die Grammatik wird überwiegend als Mittel zum Verstehen und Hervorbringen fremdsprachlicher Äusserungen und Materialien, nicht aber um ihrer selbst willen vermittelt. Der Begriff impliziert auch, dass die Inhalte, mit welchen gearbeitet wird, motivierend, interessant und deshalb, wenn möglich, authentisch sein sollen.

> Die zentralen Komponenten (im Klassenzimmer) sind somit ein hohes Mass an Inhaltsorientierung («focus on meaning») und an Involviertheit bzw. Identifikation des Lernenden mit der kommunikativen Aktivität («personal involvement»). (Zydatiß 2006: 256)

Authentische Materialien

Fremdsprachliche Unterrichtsmaterialien, mit welchen Lernende heute arbeiten, sind weitgehend Materialien, die von Lehrbuchautorinnen und -autoren für ein Lehrwerk geschrieben wurden (didaktische Materialien), oder modifizierte authentische Ma-

Theoretischer Hintergrund

Inhaltsorientierung ist theoretisch in der Zweitsprachenerwerbsforschung (L2-Forschung), in der kognitiven Psychologie und im konstruktivistischen Gedankengut verankert.

Erstaunlicherweise hat die L2-Forschung nur wenig dazu beigetragen, die für das Sprachenlernen erforderlichen Inhalte und ihre Funktion transparent zu machen. Sie hat zwar schon sehr früh den Begriff Input verwendet, aber unter ihm weitgehend die Äusserungen des Muttersprachlers oder der Lehrperson in den Interaktionen mit L2-Lernenden verstanden. Das Interesse lag dabei auf der Sprache, die der Muttersprachler oder die Lehrperson in solchen Interaktionen verwendet. Die Relevanz des durch die Sprache vermittelten Inhalts für das Lernen wurde nicht gesehen.

In der sprachlichen Verständlichkeitsforschung, die eine Teildisziplin der kognitiven Psychologie ist und sich vor allem für die Schwierigkeit von Texten interessiert, wurden u.a. auch muttersprachliche und fremdsprachliche Unterrichtsmaterialien untersucht, um sie auf ihre Geeignetheit für das Sprachlernen zu überprüfen. Ausgangspunkt war zunächst auch hier die sprachliche Form der Texte. Es wurden Verständlichkeitsformeln entwickelt, die aus der Anzahl von Silben, Wörtern und Sätzen in einem Text Auskunft über die Schwierigkeit dieses Textes geben sollten. Später, z.B. in der Hamburger Verständlichkeitskonzeption bzw. im Verständlichkeitskonzept von Groeben (1982), wurden andere Faktoren einbezogen. Besonders wichtig war, dass die Leser des Textes in den Mittelpunkt des Interesses gerückt wurden. Textverständlichkeit kann nur gemessen werden, wenn man die Textverarbeitenden mit in die Analyse einbezieht. Natürlich spielen auch in diesen Ansätzen sprachliche und textstrukturelle Merkmale eine Rolle, sie können aber nur in Verbindung mit den Lesern, ihrem Vorwissen, ihren Interessen und ihrer Motivation, den Text zu lesen, zu einer aussagekräftigen Analyse führen.

In den konstruktivistischen Überlegungen zum Lernen wurde ein weiterer Aspekt unterstrichen. Insbesondere die Sozialkonstruktivisten machen darauf aufmerksam, dass Materialien dann auf besonderes Interesse stossen, wenn sie authentisch sind. Authentische Materialien involvieren Lernende stärker als didaktische Materialien, wie sie gemeinhin in der Schule verwendet werden. Die Involviertheit, die Identifikation mit den Inhalten lässt die Lernenden die Materialien im Hinblick auf eben diese und nicht auf die Sprache verarbeiten; dadurch dass sie sich mit den Inhalten beschäftigen, wird Sprache gelernt. Besonders betont wird von den Sozialkonstruktivisten auch, dass nur durch die Authentizität der Materialien gewährleistet wird, dass Schülerinnen und Schüler selbstverantwortlich an den Lernprozess herangehen. Denn die Arbeit mit authentischen Materialien erscheint den Lernenden sinnvoller als die Arbeit mit Materialien, die für didaktische Zwecke entwickelt wurden.

Inhaltsorientierung ist also in hohem Masse mit den Begriffen Relevanz und Authentizität verbunden. Beide lassen sich am besten durch die Verwendung authentischer Materialien in den Unterricht einbringen.

Beispiele von authentischen Materialien
In Mille feuilles werden als Input Materialien verwendet, welche nicht eigens für das Französischlernen verfasst worden sind. Sie stammen aus der frankophonen Kinder- und Jugendliteratur und werden ganz oder ausschnittweise übernommen. Unter anderem sind dies Bilderbücher, Sachbücher, Comics, Kinder- und Jugendschriften, Filme, Chansons und Gedichte, Theaterstücke, Geschichten …

terialien, die für das Lehrbuch gekürzt und grammatisch vereinfacht wurden. Erst für die höheren Jahrgangsstufen finden sich Lehrwerke und Lektüren mit wirklich authentischen Texten. Begründet wird dies damit, dass authentische fremdsprachliche Materialien für jüngere Lernende zu schwierig sind und nicht der sprachlichen Progression entsprechen, die dem fremdsprachlichen Lernprozess angemessen ist. Mille feuilles unterscheidet sich grundsätzlich von diesen Konzepten. Es enthält ausschliesslich authentische Materialien.

In der Fremdsprachendidaktik ist die Diskussion um die Authentizität der Inhalte und Materialien noch nicht abgeschlossen. Wichtig für das Verständnis von Authentizität ist, wie man den Begriff interpretiert. Unter authentischen Materialien versteht man Materialien, die nicht explizit zum Zwecke des Fremdsprachenlernens entstanden sind (Widdowson 1990). Didaktische Materialien sind hingegen solche, die von Lehrwerkautorinnen und -autoren auf der Grundlage fremdsprachendidaktischer Kriterien entwickelt wurden.

Das Problem bei didaktischen Texten liegt darin, dass Inhalte um grammatische Strukturen herum konstruiert werden müssen: Die Form bestimmt den Inhalt, die Inhalte sind den grammatischen Zwängen untergeordnet. Das wichtigste Kriterium ist hier die Progression, d.h. die fremdsprachlichen Texte sind auf ständig wachsenden grammatischen Schwierigkeiten aufgebaut. Dazu kommt der lexikalische Steilheitsgrad, durch den Anzahl und Komplexität der neu einzuführenden Wörter bestimmt wird. Didaktische Texte widersprechen daher dem Prinzip der Inhaltsorientierung.

Beispiel: In französischen Unterrichtsmaterialien für deutschsprachige Lernende werden zuerst der unbestimmte Artikel, der Singular des Substantivs und die Präsensformen des Verbums eingeführt. Im Hinblick auf den Wortschatz beschränkt man sich zunächst auf Wörter, bei welchen formal eine Verbindung mit dem Deutschen erkennbar ist (Parallelwörter).

Demgegenüber sind authentische Materialien keinen formalen Zwängen ausgesetzt. Sie bestimmen sich einzig und allein aus ihrem Interesse für die Lernenden, aus ihrem Motivations- und Identifikationspotenzial. Bei der Auswahl authentischer Materialien ist zwar auf ihren Schwierigkeitsgrad zu achten, meinst aber ist es so, dass das Alter der Lernenden und damit ihre Interessenlage den Schwierigkeitsgrad eines Textes insoweit definieren, dass er im Unterricht Verwendung finden kann. Seit der Beginn des Fremdsprachenunterrichts weiter nach vorne verlegt wurde, sind auch Lebensalter und Interessenlage der Lernenden in weitaus stärkerem Masse kompatibel und lassen das Arbeiten mit den fremdsprachlichen Texten generell weniger zu einem Prozess der Infantilisierung werden.

In der konstruktivistischen Lerntheorie wird auf einen weiteren Aspekt hingewiesen, der mit authentischen Materialien in engem Zusammenhang steht. Damit Lernende ihr eigenes Erfahrungswissen gut in den Prozess der Konstruktion von neuem Sprach- und Weltwissen einbringen können, sollten

Inhaltsorientierung in *Mille feuilles*

die verwendeten Texte möglichst reich sein, und zwar in Bezug auf die Inhalte und die Sprache. So ist gewährleistet, dass die Lernenden an ihr Vorwissen anknüpfen, sich neues Weltwissen aneignen und sich mit der neuen Sprache auseinandersetzen können. Mit authentischen Materialien lassen sich reiche Lernumgebungen besser herstellen als mit didaktischen Materialien, die meist nur wenig Material zu einer Thematik beibringen.

Mit seiner Unterscheidung in Authentizität der Materialien («authenticity of materials») und Authentizität der Interaktion («authenticity of interaction») hat Widdowson (1990) einen wichtigen Beitrag zur Diskussion um die Authentizität geleistet. Nur die Authentizität der Materialien gewährleistet, dass, wie er sagt, im schulischen Klassenzimmer authentische Interaktion gelingt. Und authentische Interaktion ist der eigentliche Schlüssel zum Sprachenlernen.

Im nächsten Kapitel wird das Verständnis von authentischen Materialien auch auf so genannte authentische Aufgabenstellungen erweitert, mit welchen handlungsorientiert gearbeitet werden kann und die in *Mille feuilles* eine wichtige Rolle spielen.

> *Nur die Authentizität der Materialien gewährleistet, dass im schulischen Klassenzimmer authentische Interaktion gelingt. Und authentische Interaktion ist der eigentliche Schlüssel zum Sprachenlernen.*

Mille feuilles ist von seiner Konzeption her so angelegt, dass es dem Prinzip der Inhaltsorientierung entspricht. Dies wird vor allem dadurch gewährleistet, dass von Anfang an authentische Materialien eingebracht werden. Es sind Texte oder Video- und Audiomaterialien, die aus der zielsprachlichen Kinder- und Jugendliteratur, aus Magazinen oder aus dem Internet stammen und sich an französischsprachige Kinder der gleichen Altersstufe richten.

Inhalte, die interessieren

Entscheidendes Kriterium bei der Auswahl der Materialien ist nicht der jeweilige Grad an sprachlicher Schwierigkeit, sondern ihr Potenzial, Motivation zu wecken und Involviertheit zu ermöglichen. Um den Interessen der Lernenden entgegenzukommen, steht häufig ein Wahlangebot an Inputtexten zur gleichen Thematik zur Verfügung.

Authentizität der Zielsprache

Die Hör- und Lesetexte in *Mille feuilles* sind nicht didaktisiert oder reduziert. Obwohl sie sprachlich über dem Kenntnisniveau der Lernenden sind, können sie von ihnen entschlüsselt werden.
Für das Verstehen sind folgende Vorgehensweisen wichtig:
» Die Lernenden aktivieren ihr Vorwissen und bilden Hypothesen über den Inhalt.
» Sie bauen – auch im Austausch mit den andern – mit Hilfe von Strategien zuerst ein globales und zunehmend auch ein detaillierteres Verstehen des Inputs auf.

Durch die Arbeit mit authentischen Texten begegnen die Lernenden einem reichen Wortschatz und der Sprache in ihrer natürlichen Form. Damit werden Lernprozesse in Gang gesetzt, wie sie auch im ungesteuerten Spracherwerb vorkommen. Die Lernenden haben die Möglichkeit, sich implizit Sprachwissen anzueignen. Ein sprachlich reicher Input bietet den Lernenden die Möglichkeit, die neue Sprache individuell aufzubauen. Damit wird *Mille feuilles* einem konstruktivistischen Lernverständnis gerecht.

Aufbau von Sprachmitteln auf der Grundlage von authentischen Inputmaterialien

Der Aufbau der sprachlichen Mittel geschieht im Wesentlichen in zwei Phasen. In der ersten Phase erschliessen die Lernenden den Input, in der zweiten üben sie Sprachmittel ein, um sie in der *tâche* in einem neuen Kontext anwenden zu können und für den weiteren Sprachlernprozess zur Verfügung haben. (vgl. Kapitel Kompetenzorientierung)
Am Beispiel «Une passion intéressante» (S. 40) können folgende typische Merkmale für die Arbeit mit authentischen Materialien aufgezeigt werden:
» Der Fokus liegt auf dem Inhalt. Die Sprache ist primär Trägerin neuer, interessanter Inhalte.
» Die Aufgabenstellung ist offen: Je nach Vermögen lösen die Lernenden unterschiedlich viele Informationen aus dem Text heraus. Damit wird das Material dem Anspruch nach Differenzierung gerecht.
» Im Rahmen der gleichen Aufgabe werden mehrere Kompetenzen geschult (Hörverstehen, Leseverstehen, Schreiben). So werden die verschiedenen Sprachkompetenzen in enger Verknüpfung aufgebaut.
» Die Spracharbeit erfolgt mit Hilfe von Strategien.
» Wenn die Sprache nicht in reduzierter Form vorliegt, arbeiten die Lernenden in einer reichen Lernumgebung. Dies ermöglicht ihnen, die Zielsprache individuell zu «konstruieren». Damit wird eine Prämisse des konstruktivistischen Lernverständnisses eingelöst.

Mille feuilles | **Inhaltsorientierung** 39

Inhalte, die interessieren: Wahlangebot an Inputtexten

Thema dieses parcours aus *magazine* 4.2 sind *passions*. Als Input werden fünf verschiedene Reportagen über Freizeitbeschäftigungen von Kindern aus der Jugendzeitschrift «Astrapi» angeboten. Die Lernenden wählen nach eigenem Interesse eine der Reportagen zum Bearbeiten aus.

» Die Texte stehen den Lernenden als Hörtexte auf der eigenen CD-ROM zur Verfügung. Sie können individuell arbeiten und den Text so oft hören, wie sie wollen oder wie sie es brauchen. So wird eine Vorgabe der Lernerorientierung eingelöst.

In einer zweiten Phase werden in Mille feuilles bestimmte Sprachmittel fokussiert. Die Auswahl ergibt sich aus den verwendeten Inputtexten und betrifft den spezifischen Wortschatz, typische Strukturen, charakteristische grammatikalische Erscheinungsformen oder wesentliche Einsichten in Aussprache und Orthographie. Damit wird zusätzlich ein geführter Aufbau der Sprachmittel gewährleistet und eine gemeinsame Basis an Sprachmitteln angelegt.

Die individuell wahrgenommenen Sprachmittel spielen aber auch weiterhin eine wichtige Rolle. Die Lernenden werden aufgefordert, ihren eigenen Wortschatz aufzubauen und in der *tâche* ein inhaltlich und sprachlich individuell geprägtes Produkt zu realisieren. Damit werden auch in dieser Phase Prämissen eines konstruktivistischen Lernverständnisses, eines lernerorientierten und differenzierenden Unterrichts eingelöst.

Authentische Interaktion

Authentische Inputs ermöglichen authentische sprachliche Interaktion. Aus den neuen Inhalten ergeben sich echte Fragestellungen. Da die Lernenden zudem häufig unterschiedliche Texte bearbeiten, entstehen echte Situationen des Wissensaustausches.

Damit die Interaktionen mehr und mehr in der Zielsprache geführt werden können, wird systematisch eine «Klassenzimmersprache», eine so genannte *langage de classe* aufgebaut. (vgl. Kapitel Handlungsorientierung)

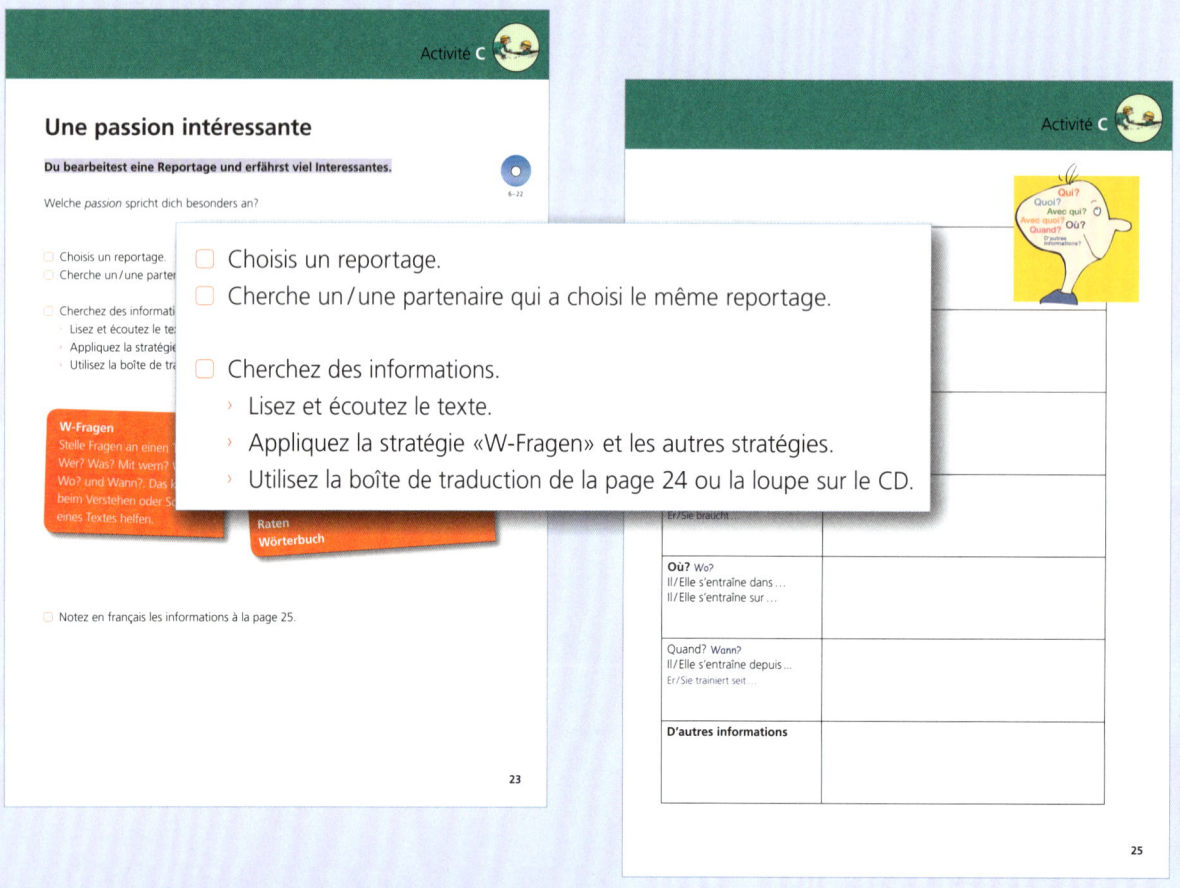

Aufbau von Sprachmitteln: Erschliessen des Inputtextes
In einer ersten Phase hören und lesen die Lernenden den Text und gelangen unter Anwendung von Entschlüsselungsstrategien zu einem Globalverständnis. Mit Hilfe der Strategie «W-Fragen» lösen sie bestimmte Informationen heraus und notieren diese auf Französisch in ihr *magazine*. (*magazine* 4.2)

Aufbau von Sprachmitteln: Fokussieren und Einüben

Die Lernenden entdecken, welche Personalformen zu benutzen sind, wenn man über sich oder über jemand anderen berichtet. Sie erkennen, dass sie Sprachstrukturen und Wortschatz aus den Inputtexten verwenden können, um etwas Eigenes zu formulieren und wenden ihre Erkenntnisse an. (*magazine* 4.2)

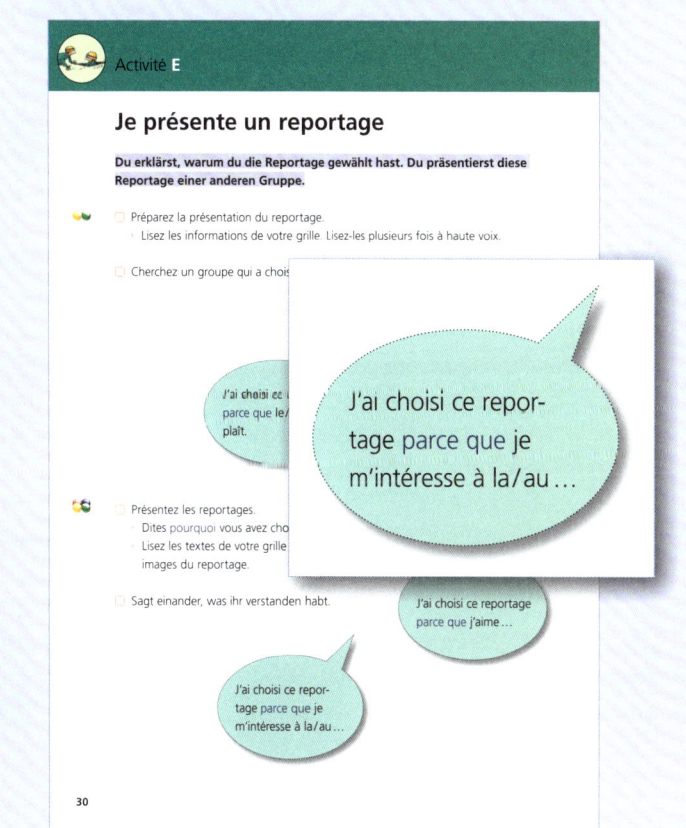

Rückmeldungen von Erprobungs-Lehrpersonen

Mille feuilles wurde in rund 35 Klassen erprobt. Die Lehrpersonen haben sich in den Fragebogen zu den authentischen Inputtexten geäussert. Hier ein paar Auszüge aus ihren Rückmeldungen:

Grundlagentexte (Inputs)
Sind die Grundlagentexte (inkl. Hörspiel, Gedichte, Film) stufenadäquat und lösen bei den Lernenden Interesse und Motivation aus?
Die Sch. waren enorm motiviert an den BD zu arbeiten. Dabei sind vor allem die von Boule und Bill gut angekommen. Auch die Filme haben den S. sehr gut gefallen. Toll finde ich auch, dass die Sch. selber auswählen können.
Manchmal müssen die Kinder schon «kämpfen», weil die Texte so anspruchsvoll sind (Parcours 1), aber es macht ihnen auch Spass, weil es sie wirklich interessiert. Marta war für die Kinder ziemlich gut verständlich und hat sie ebenfalls interessiert.
Die Sch. verstehen viel, obwohl die Texte recht anspruchsvoll sind. Bilder helfen den Sch. sehr.

Authentische Interaktion: Aufbau der *langage de classe*

Den Lernenden werden Redemittel angeboten, die ihnen erlauben, in der Zielsprache zu kommunizieren. Im vorliegenden Beispiel aus *magazine* 4.2 erklären sie, warum sie eine bestimmte Reportage gewählt haben, und präsentieren diese. Die Situation ist authentisch: Die Lernenden tauschen sich über Inhalte aus, die nicht allen im Voraus bekannt sind.

Handlungsorientierung

Dieses Kapitel ist, wie bereits betont, eng mit dem vorausgehenden Kapitel zur Inhaltsorientierung verknüpft. Inhalts- und Handlungsorientierung sind zwei Fundamente eines modernen Fremdsprachenunterrichts, die gemeinsam zur Entwicklung der Kompetenzen beitragen, die im vierten Kapitel beschrieben wurden.

Zur Begrifflichkeit

Die für die heutige Diskussion weiterhin gültige Definition des Begriffs Handlungsorientierung (im Fremdsprachenunterricht ist damit das Sprachhandeln gemeint) stammt von Johannes Peter Timm:

« Handlungsorientierung des Unterrichts kann unter einem Zielaspekt und einem Methodenaspekt definiert werden. Unter dem Zielaspekt besagt der Begriff, dass Schüler fremdsprachliche Handlungskompetenzen zunächst für die schulische, darüber hinaus aber auch für die ausser- und nachschulische Lebenswelt entwickeln sollen. Methodisch wird dieses Ziel über ein aufgaben- und prozessorientiertes «learning by doing» angegangen, in dem die Schüler im Rahmen authentischer, d.h. unmittelbar realer oder als lebensecht akzeptierbarer Situationen bzw. Aufgabenstellungen inhaltlich engagiert sowie ziel- und partnerorientiert mündlich oder schriftlich handeln. (Timm 1998: 12)

Für den Zusammenhang dieses Kapitels ist der Methodenaspekt wichtiger als der Zielaspekt, der im Kapitel «Kompetenzorientierung» behandelt wird. Handlungsorientierung wird durch Aufgabenorientierung erreicht (Timm benutzt den Begriff «learning by doing»), d.h. die Lernenden arbeiten an der Lösung von Aufgaben und entwickeln dabei Wege, die zu diesem Ziel führen. Von grosser Bedeutung sind dabei die Aufgabenstellungen, die authentisch sein sollten. Authentisch bedeutet im Hinblick auf das Sprachenlernen sinnvoll, bedeutungsvoll, komplex und mehrschrittig, herausfordernd, relevant im Hinblick auf die Fragestellung. Aufgabenstellungen, die so konzipiert sind, werden den Interessen der Schülerinnen und Schüler gerecht: Die Lernenden benutzen die Fremdsprache und lernen sie auf diese Weise. Authentische Aufgabenstellungen bewirken authentische Interaktionen.

Einige Hinweise zur didaktischen Relevanz

Wie muss man sich nun das Profil eines handlungsorientierten Fremdsprachenunterrichts vorstellen? Bach & Timm (2009), hier zitiert aus Decke-Cornill & Küster, haben die leitenden Prinzipien anschaulich zusammengestellt:
» Das sprachliche Handeln der Schüler wird auf zwei Bereiche bezogen: die Schulsituation selbst und die ausser- bzw. nachschulische Situation.
» Die Schüler erfahren die fremde Sprache so oft wie möglich als ein Instrument sprachlichen Handelns.
» Sprachliche Handlungsfähigkeit setzt auch sprachlich-formale Teilkompetenzen voraus.
» Handlungsorientierte Aufgabenstellungen fördern bewusst die mentalen Verarbeitungsaktivitäten und Lernstrategien der Schüler.
» Der Unterricht hilft den Schülern, Selbstvertrauen, Experimentierfreude und Risikobereitschaft zu entwickeln.
» Der Unterricht hilft den Schülern, sich zu autonomen Lernern und Aktionspartnern im sprachlichen Lernprozess zu entwickeln.
» Da der Mensch nur vor dem Hintergrund seiner gesamten Persönlichkeit handeln kann, spricht der Unterricht die Schüler ganzheitlich an. (Decke-Cornill & Küster 2010: 193)

Decke-Cornill & Küster (2010) weisen darauf hin, dass die Schüler und Schülerinnen die Fremdsprache in diesem Kontext als Mittel sozialen Handelns nutzen (es findet «meaningful interaction» statt) und dass sie ein Produkt erstellen, in welchem sie sich wieder erkennen können.

« Formales Sprachenlernen ist den inhaltlichen Erwägungen untergeordnet, wird aber gerade in seiner engen Anbindung an die Bewältigung einer kommunikativen Herausforderung unmittelbar einsichtig. (Decke-Cornill & Küster 2010: 194)

Handlungsorientiertes Sprachenlernen macht die Entwicklung einer effizienten *langage de classe* erforderlich. In der empirischen Forschung zur Interaktion im Klassenzimmer wurde festgestellt, dass die Schülerinnen und Schüler zwar die mit den Unterrichtsmaterialien verbundenen Tätigkeiten (Lesen von Texten, Bearbeitung von Aufgabenstellungen) schon sehr früh in der Fremdsprache durchführen, dass sie aber dazu tendieren, das Hier- und-Jetzt im Klassenzimmer weiterhin in der Erstsprache abzuhandeln.

Wenn den Schülerinnen und Schülern eine *langage de classe* zur Verfügung steht, sind sie in der Lage, auch solche Aspekte der Interaktion in der Fremdsprache zu meistern.

Im Klassenzimmer wird Sprache dann gelernt, wenn sie bei der Bearbeitung und Lösung authentischer Aufgabenstellungen angewendet wird.

Theoretischer Hintergrund: Sprachlernen ist Sprachgebrauch

Der Grundgedanke des handlungsorientierten Ansatzes, dass das Sprachhandeln (und damit auch die Sprache) bei der Bearbeitung und Lösung authentischer Aufgabenstellungen gelernt wird, lässt sich auf zwei theoretische Ansätze zurückführen, zum einen auf die Zweitsprachenerwerbsforschung (L2-Forschung) und zum anderen auf Überlegungen des sozialen Konstruktivismus, wie sie im Kapitel «Konstruktivistisches Lernverständnis» angesprochen wurden.

Die L2-Forschung hat zum Zweitsprachenerwerb eine Reihe von unterschiedlichen Hypothesen aufgestellt, von welchen der so genannte **interaktionistische** Erklärungsversuch besonders plausibel ist. Er geht davon aus, dass es die Interaktionen zwischen den Lernenden sind, welche die sprachlichen Lernprozesse auslösen. Die Interaktionisten gehen davon aus, dass die Aussagen der einzelnen Lernenden in der Interaktion sprachlich beständig modifiziert werden. Die Schülerinnen und Schüler handeln Bedeutungen aus, sie erfragen z. B. bei ihren Mitschülerinnen und Mitschülern die Bedeutung eines bestimmten Wortes oder erschliessen diese gemeinsam. Aus der Perspektive der Lernenden gesehen geschieht dies, um das individuelle Verstehen zu sichern; die Interaktionen bewirken aber auch, dass die Sprachproduktion gefördert wird.

Michael Long, der Hauptvertreter der Interaktionshypothese, hat sich vor allem mit dem natürlichen L2-Erwerb beschäftigt. Er konnte zeigen, dass sich «native speakers» in der Interaktion mit L2-Lernenden häufig deren Verstehensschwierigkeiten anpassen, indem sie z. B. die eigene Sprechgeschwindigkeit reduzieren oder Schlüsselwörter ihrer Aussagen besonders betonen. Darüber hinaus konnte er zeigen, dass die L2-Lernenden in einer positiven Lernumgebung den Input des «native speaker» selbst mit regulieren, z. B. durch Nachfragen, durch Bitten um Wiederholung, durch Umformulieren. Ähnlich übernehmen in einem modernen, handlungsorientierten Fremdsprachenunterricht die Schülerinnen und Schüler diese Rolle: Sie modifizieren miteinander den sprachlichen Input, der von den einzelnen Lernenden kommt. Selbst wenn Long diesen Begriff nicht verwendet, kann man hier von **externem Sprachhandeln** sprechen.

Damit ist aber der Sprachlernprozess noch nicht erklärt. Die Erklärung basiert auf der Überlegung, dass die Modifikationen in der Interaktion gleichsam wie mit dem Filzstift markierte oder unterstrichene Einheiten in einem Text wirken, d. h. den Lernenden implizit signalisieren, dass die modifizierte Einheit gelernt werden sollte. Die Lernenden verarbeiten diese Einheit, erweitern ihr Sprachsystem und machen es komplexer. Man kann hier von **internem Sprachhandeln** im Sinne von Vygotsky sprechen.

Sicherlich ist diese Theorie für die ersten Jahre des Fremdsprachenunterrichts noch nicht in ihrer ganzen Tragweite zutreffend, zumal sie ja auch auf Untersuchungen natürlicher L2-Lernender basiert. Trotzdem aber deutet sie darauf hin, dass der Sprachgebrauch für das Sprachlernen auch in der Schule von Anfang an von grösster Bedeutung ist. So können diese empirisch fundierten Annahmen moderne Ansätze im Fremdsprachenunterricht legitimieren, die den Erwerb der sprachlichen Mittel nicht in das Zentrum des Unterrichts rücken, sondern auf Interaktion, auf sprachliches Handeln setzen.

Sozialkonstruktivistische Überlegungen zum Sprachhandeln liefern eine weitere wichtige Begründung dafür, Handlungsorientierung in den Mittelpunkt von Unterricht zu stellen.
Wie im zweiten Kapitel ausführlicher erläutert, haben sich die konstruktivistisch orientierte Lernpsychologie und insbesondere Vygotsky und seine Schule, der soziale Konstruktivismus, mit dem Sprachhandeln in sprachlichen Interaktionen beschäftigt. Schon Vygotsky selbst, aber auch die sozialen Konstruktivisten unserer Zeit haben dabei die Bedeutung des sozialen Lernens in den Vordergrund gerückt. Verstehen und Lernen bedeuten, wie oben ausgeführt wurde, individuelles Konstruieren einer Wissensstruktur in der Interaktion zwischen eingehenden Stimuli und bereits vorhandenem Wissen. Verstehen und Lernen bedeuten aber auch das gemeinsame Konstruieren einer Wissensstruktur zusammen mit anderen in einer Interaktion. Externes und internes Sprachhandeln sind verantwortlich für die menschlichen Lernprozesse. Dies gilt insbesondere auch für sprachliche Lernprozesse. Moate geht noch weiter und hält fest:

» Language enables a reciprocal relationship between knowledge on the social (intermental) plane, before appropriation of understanding on the psychological (intramental) plane. The social dimension is more than a safe, supportive environment: it is the area within which learning actually occurs. (Moate 2010: 39)
Sprache ermöglicht eine reziproke Beziehung zwischen den Wissensbeständen auf der sozialen Ebene (intermentale Ebene), bevor ein Wissensitem auf der psychologischen Ebene (intramentale Ebene) verinnerlicht wird. Die soziale Dimension ist mehr als eine sichere und unterstützende Dimension: Es ist der Bereich, in dem das Lernen wirklich stattfindet.

Die Ähnlichkeit zwischen den Argumenten der L2-Forschung und der soziokonstruktivistischen Lerntheorie lässt sich deutlich erkennen. In der L2-Forschung wird das Sprachlernen als ein Kooperationsprozess aller an einer Interaktion Beteiligten gesehen, im Konstruktivismus wird das Lernen überhaupt als ein Prozess des gemeinsamen Erarbeitens und Konstruierens von Wissen gesehen. Eine Didaktik, die sich solche Überlegungen zu Herzen nimmt, unterscheidet sich von einer herkömmlichen Didaktik. Und ebenso unterscheiden sich Materialien, die für einen so konzipierten Unterricht entwickelt werden, von herkömmlichen Unterrichtsmaterialien.

Handlungsorientierung in *Mille feuilles*

Mille feuilles ist auf handlungsorientiertes Sprachenlernen ausgerichtet und damit dem Grundgedanken verpflichtet, dass eine Sprache dann gelernt wird, wenn sie angewendet wird, d.h. beim Sprachhandeln. Dabei kann Sprachhandeln sowohl im rezeptiven Bereich (Hören, Lesen) als auch im produktiven (Sprechen, Schreiben) stattfinden. Wichtig ist, dass sowohl die Sprache als auch die Situation, in welcher sie angewendet wird, authentisch sind.

Authentische Situationen ergeben sich vor allem dann, wenn die Lernenden authentische Inputs erarbeiten (vgl. Kapitel Inhaltsorientierung), gemeinsam ein Produkt erstellen und dabei miteinander in der Zielsprache kommunizieren.

Sowohl die *tâches* als auch die *activités* sind so angelegt, dass authentisches Sprachhandeln stattfinden kann. Damit die Interaktion der Lernenden zunehmend in der Zielsprache erfolgt, wird sukzessive eine *langage de classe* aufgebaut.

Um das Profil des handlungsorientierten Fremdsprachenunterrichts, wie er in *Mille feuilles* angelegt ist, klar sichtbar werden zu lassen, werden die Beispiele mit Bezug auf die von Decke-Cornill & Küster zusammengestellten Prinzipien eines handlungsorientierten Fremdsprachenunterrichts kommentiert.

Sprachhandeln in den *tâches*

In jedem *magazine* von *Mille feuilles* gibt es – je am Ende eines Lernwegs – eine so genannte *tâche*. Hier stellen die Lernenden auf der Grundlage der in den verschiedenen *activités* erarbeiteten Inhalte und der erworbenen sprachlichen Mittel ein eigenes Produkt her und stellen es den andern vor. Produkte können sein: ein Plakat, eine Tonaufnahme, eine BD, eine Reportage, eine Geschichte, ein Filmkommentar, ein Spiel, eine Anleitung…

Das didaktische Arrangement ist so angelegt, dass sich die Lernenden «im Produkt wieder erkennen können».

Beim Erstellen der Produkte findet authentisches Sprachhandeln statt: Die Lernenden verfassen eigene Texte oder bereiten eine mündliche Präsentation vor und führen dabei mit ihrer Partnerin oder ihrem Partner Aushandlungsprozesse durch. Diese erfolgen zunehmend in der Zielsprache. Bei all diesen Schritten erfahren die Lernenden die fremde Sprache «als ein Instrument sprachlichen Handelns».

Die Situation des Präsentierens charakterisiert sich ebenfalls durch authentisches Sprachhandeln: Die Lernenden stellen ihren Mitschülerinnen und Mitschülern ihre individuellen Ergebnisse vor, welche häufig auf Quellen beruhen, die von den anderen nicht oder nicht in gleichem Masse bearbeitet worden sind.

Beispiele:
» Die Lernenden erstellen ein Porträt von sich und gestalten eine Reportage über ihre *passion*. Sie präsentieren ihre Arbeiten anschliessend in der Klasse. (*magazines* 3.2; 4.2)
» Eine Gruppe von Lernenden präsentiert eine selbst erfundene Geschichte, den Bericht über ein Erlebnis und eine selbst verfasste BD. (*magazines* 4.2; 5.2 Erprobungsfassung; 4.3)
» Die Lernenden denken sich eine originelle Maschine aus und präsentieren ihre Erfindung den andern. (*magazine* 4.1)
» Eine Gruppe von Lernenden leitet Mitschülerinnen und Mitschüler zum Durchführen eines physikalischen Experiments an. (*magazine* 5.1 Erprobungsfassung)

Sprachhandeln in einer *tâche*

Als Input hören die Schülerinnen und Schüler die Bilderbuchgeschichte «Marta et la bicyclette». In der *tâche* erfinden sie ein neues Abenteuer der Kuh Marta. Sie schreiben es auf, zeichnen Bilder und erstellen eine Tonaufnahme ihrer Geschichte. Anschliessend können die Lernenden sich die verschiedenen Geschichten anhören und ansehen. Damit findet in dieser *tâche* mehrfaches Sprachhandeln statt: Schreiben, lautes, gestaltendes Lesen, Hören und Verstehen. (*magazine* 4.2)

Mille feuilles | **Handlungsorientierung** 45

Sprachhandeln in einer input-verarbeitenden *activité*

In dieser *activité* entschlüsseln die Lernenden mit Hilfe von Strategien einen Text. In einem zweiten Schritt notieren sie die gewonnenen Informationen und vergleichen ihre Notizen mit anderen Lerngruppen. Hier wird, auf der Grundlage der französischen Texte, neues Weltwissen erschlossen. Damit die Lernenden in dieser Phase – entsprechend den Prinzipien des handlungsorientierten Fremdsprachenunterrichts – vor dem Hintergrund ihrer ganzen Persönlichkeit handeln und dementsprechend ihr ganzes Weltwissen einbringen können, findet dieser zweite Teil der *activité* auf Deutsch statt. (*magazine* 3.3)

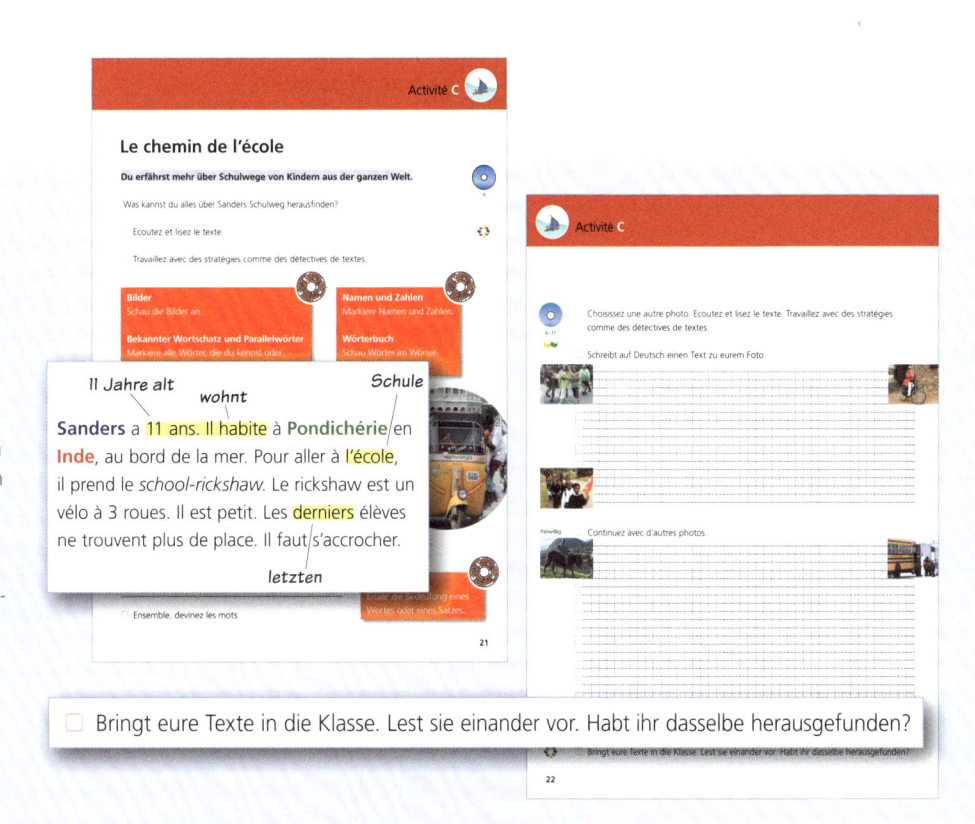

» Eine Gruppe von Lernenden stellt den anderen eine erstaunliche Besonderheit aus Frankreich vor oder eine Veranstaltung aus der Suisse romande bzw. aus dem angrenzenden Frankreich. (*magazines* 5.1 und 5.3 Erprobungsfassungen)

Eine *tâche* kann auch im Erstellen eines Spiels bestehen, das die Lernenden anschliessend miteinander in der Zielsprache spielen. Dabei kann Sprachhandeln auch im rezeptiven Bereich stattfinden.
Beispiele: ein *Jeu des familles* mit Parallelwörtern, das Brettspiel «Le tour du monde», ein Tierlotto, ein Quiz über Erfindungen. (*magazines* 3.1; 3.3; 4.1; 6.1 Erprobungsfassung)

Auch künstlerische Produktionen, welche die Lernenden auf die Klassenbühne bringen, können Inhalt einer *tâche* sein.
Beispiele: Präsentieren von Wörtern, Ein-Satz-Geschichten, Gedichten, Liedern und Theaterstücken. (*magazines* 3.2; 4.3; 6.1 und 6.2 Erprobungsfassungen)

In der auf Seite 44 abgebildeten *tâche* werden folgende Prinzipien eines handlungsorientierten Fremdsprachenunterrichts eingelöst:
» Im Rahmen der vielen Teilschritte, die zum Lösen und Durchführen nötig sind, erfahren die Lernenden die fremde Sprache als ein Instrument sprachlichen Handelns.
» Die komplexen Aufgabenstellungen fördern die mentalen Verarbeitungsaktivitäten und Lernstrategien der Lernenden.
» Sprachlich-formale Teilkompetenzen sind Voraussetzung für das Lösen der *tâche*.
» Im Rahmen der offenen Aufgabenstellung werden die Lernenden ermuntert, risikobereit und experimentierfreudig zu sein.
» Die Offenheit der Aufgabenstellung, die Auswahl an Materialien, auf welche die Lernenden zurückgreifen können, sowie die Arbeit in unterschiedlichen Kleingruppen fördern den Entwicklungsprozess zu mehr Autonomie.

Sprachhandeln in den *activités*

Nicht nur die *tâche*s, sondern auch die *activités* sind so ausgerichtet, dass handlungsorientiertes, authentisches Sprachenlernen stattfindet.

In den folgenden Beispielen werden einige Prinzipien eines handlungsorientierten Fremdsprachenunterrichts umgesetzt:
» Die Lernenden erfahren die Zielsprache als Instrument sprachlichen Handelns.
» Sie bauen sprachlich-formale Teilkompetenzen auf.
» Die Aufgabenstellungen sind komplex und fördern dadurch mentale Verarbeitungsprozesse.
» Die Offenheit der Aufgabenstellung ermöglicht den Lernenden experimentierfreudig zu sein.
» Mit den Hinweisen auf mögliche Hilfestellungen und den angebotenen Strategien wird das autonome Lernen gefördert.
» Die Arbeit zu zweit oder in Gruppen gibt den Lernenden die Möglichkeit, gegenseitig Aktionspartner zu sein.

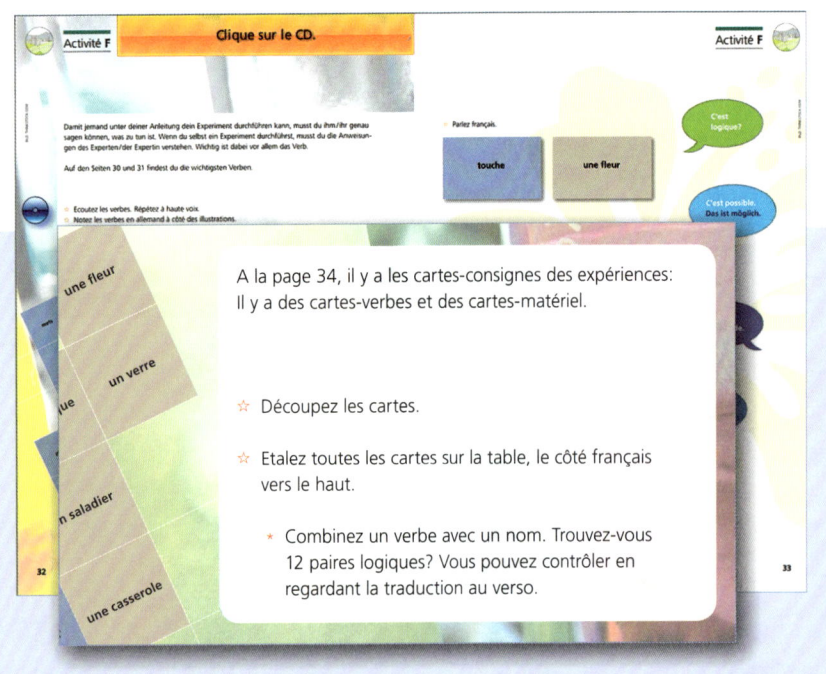

Mille feuilles | Handlungsorientierung

Sprachlich-formale Teilkompetenzen aufbauen

Sprachliche Handlungsfähigkeit setzt sprachlich-formale Teilkompetenzen voraus. In diesem Beispiel aus *magazine* 5.1 (Erprobungsfassung) üben die Lernenden, Anweisungen zu formulieren. Sie bereiten so die *tâche* vor, in welcher sie ihre Mitschülerinnen und Mitschüler dazu anleiten, ein Experiment durchzuführen. Damit die Lernenden in dieser Übungssituation untereinander französisch sprechen, werden ihnen mögliche Redemittel angeboten.

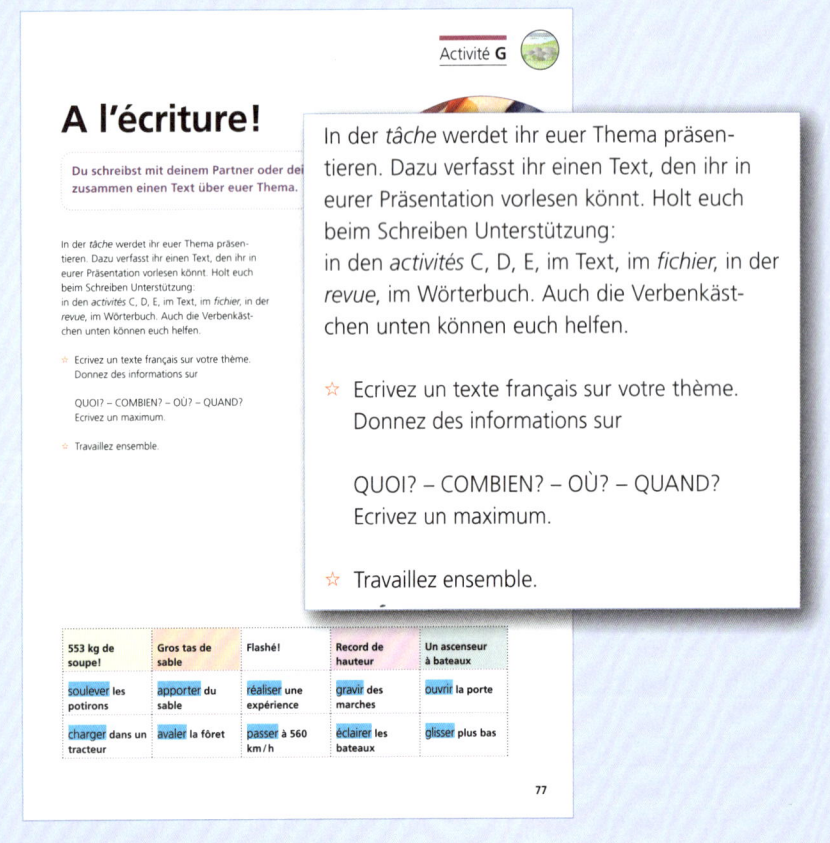

Aufbau einer *langage de classe*

Es ist eines der Prinzipien des handlungsorientierten Fremdsprachenunterrichts, dass die Lernenden die fremde Sprache so oft als möglich als ein Instrument sprachlichen Handelns im Unterricht erfahren. Dies ist dann der Fall, wenn die sprachlichen Interaktionen im Klassenzimmer in der Zielsprache stattfinden. Damit dies gelingt, werden in *Mille feuilles* die entsprechenden zielsprachlichen Redemittel systematisch aufgebaut. Sie ermöglichen den Lernenden, in sich wiederholenden Lernsituationen immer sicherer miteinander in der Zielsprache zu kommunizieren. Solche Situationen sind zum Beispiel: Begründen der Wahl eines Themas, Ansagen einer Präsentation, Auswerten einer Gruppenarbeit, Übernehmen der Lehrerrolle in einer kurzen Sequenz oder Durchführen eines Lernspiels. Zudem wird der Klassenzimmerwortschatz durch Sprachmittel aus Inputtexten angereichert, die auch für weitere schulische und ausserschulische Kommunikationssituationen genutzt werden können. Eine besondere Quelle hierfür sind zum Beispiel BD oder Interviews, aus welchen der umgangssprachliche Wortschatz herausgelöst und eingeübt wird. Die gängigen Sprachmittel der *langage de classe* sind in der *revue* in einer Übersicht dargestellt.

Sprachhandeln in einer *tâche*-vorbereitenden *activité*

In dieser *activité* bereiten die Lernenden ihre Präsentation für die *tâche* vor. Sie erhalten Hinweise, wo sie sich Unterstützung holen können, und werden aufgefordert, ihre Ressourcen zu mobilisieren und in der Zusammenarbeit einzusetzen. Die Aufgabenstellung ist offen. Je nach Vermögen der Lernenden ist ihr Sprachhandeln mehr oder weniger komplex. (*magazine* 5.1 Erprobungsfassung)

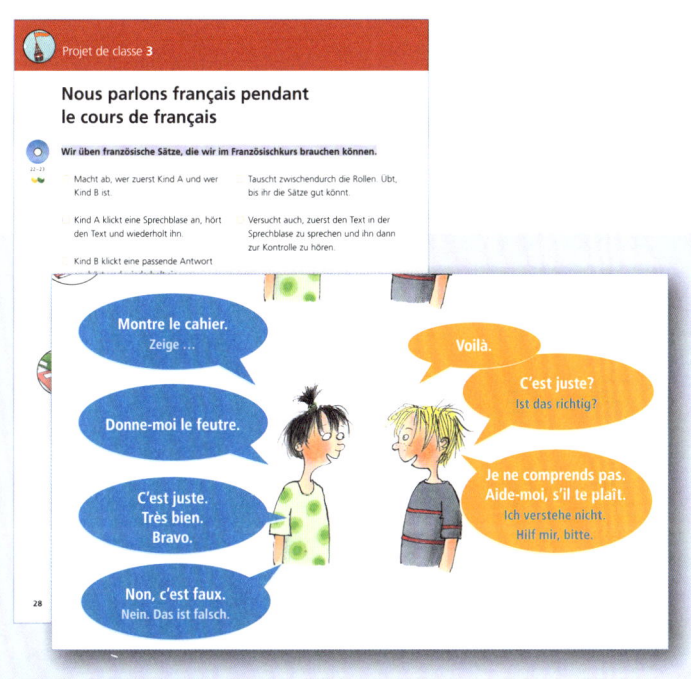

Mille feuilles | **Handlungsorientierung** 47

Übernehmen der Lehrerrolle («Lernen durch Lehren»)

In der 3. Klasse üben die Lernenden Redemittel ein, die es ihnen erlauben, mit ihren Mitschülerinnen und Mitschülern Sprachkurse in der Zielsprache durchzuführen. Die hier aufgebauten Redemittel können sie auch in anderen Partner- und Gruppenarbeiten verwenden. (*magazine* 3.3)

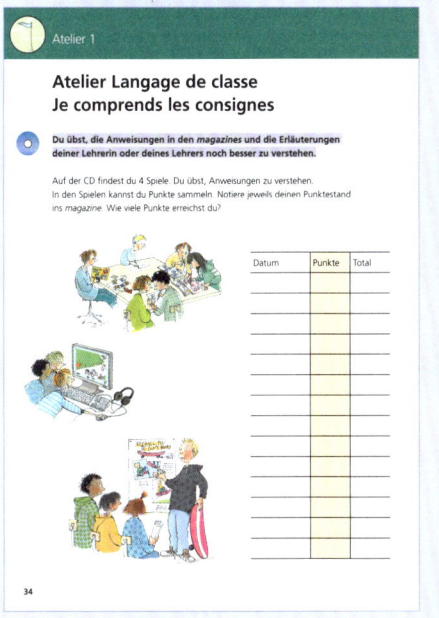

Anweisungswortschatz dekontextualisiert einüben

Damit die Lernenden dem zunehmend in der Zielsprache durchgeführten Unterricht folgen und die Anweisungen in den *magazines* verstehen können, wird in einer Lernsoftware der Anweisungswortschatz eingeübt. (*magazine* 4.3)

Begründen der Wahl eines Themas

Die Inputmaterialien bestehen oft aus verschiedenen Texten, aus welchen die Lernenden nach ihren Interessen auswählen können. Damit sie ihren Mitschülerinnen und Mitschülern ihre Wahl in der Zielsprache begründen können, werden ihnen entsprechende Redemittel zur Verfügung gestellt. (*magazine* 5.3 Erprobungsfassung)

Redemittel aus BD für schulische und ausserschulische Kommunikationssituationen

Die Lernenden erweitern ihr umgangssprachliches Repertoire, indem sie sich sprachliche Mittel aus den Inputtexten der BD aneignen, welche sie in gängigen schulischen und ausserschulischen Alltagssituationen verwenden können. (*magazine* 4.3)

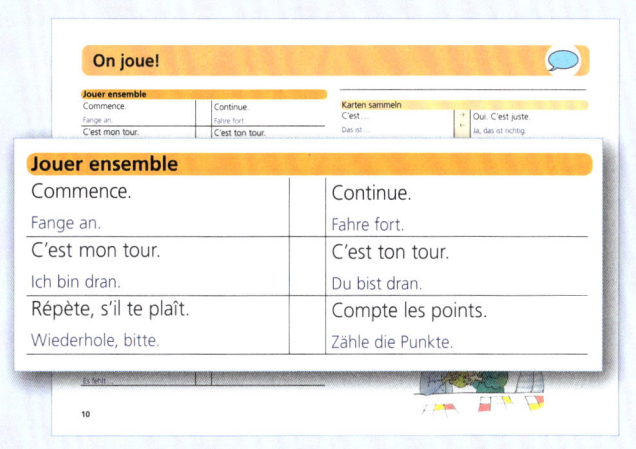

Miteinander spielen

In der *revue* sind die Redemittel der *langage de classe* in einer Übersicht dargestellt. Diese kann bei Bedarf als Gedächtnisstütze beigezogen werden. (*revue* 4)

Progression

In der Fremdsprachendidaktik spielt die Progression als didaktisches Konzept seit jeher eine zentrale Rolle. Der Begriff bezieht sich auf die Anordnung des Lehr- und Lernstoffs im Unterricht in ihrer zeitlichen Abfolge. Die Anordnung wird durch verschiedene Faktoren bestimmt; zu den wichtigsten gehören die Lernziele, der Schwierigkeitsgrad des Lernstoffs (vom Leichten zum Schwierigen), der kognitive Entwicklungsstand der Lernenden und die zur Verfügung stehende Unterrichtszeit. Progressionen werden in Lehrplänen festgeschrieben; Unterrichtsmaterialien und Lehrwerke bilden die Progressionen der Lehrpläne ab. Auch bei der Entwicklung von *Mille feuilles* ist die sinnvolle Anordnung des Lehr- und Lernstoffs ausführlich diskutiert worden.

Typen von Progression

Quetz (2003) unterscheidet drei Typen von Progression: die grammatisch/strukturelle Progression, die kommunikative Progression und die inhaltlich/kompetenzorientierte Progression.

Alle drei Typen sind theoretischen Konzepten verpflichtet, die aus unterschiedlichen Teildisziplinen der Sprachwissenschaft und der Lernpsychologie stammen.

Die **grammatisch/strukturelle Progression** ist die älteste und sicherlich auch traditionellste Form der Anordnung des fremdsprachlichen Unterrichtsstoffs. Sie stammt aus einer fernen Zeit, als der Unterricht in den modernen Fremdsprachen wie der in den klassischen Sprachen Latein und Griechisch ablief, war aber bis in die achtziger Jahre des vergangenen Jahrhunderts zumindest in den Lehrwerken die bevorzugte Form der Progression. In den fünfziger und sechziger Jahren ist die Progression in den Lehrplänen ganz konkret als Zusammenstellung von Listen von Sprachmitteln ausgewiesen, die in der vorgegebenen Abfolge zu lernen waren, später als Listen von grammatischen Strukturen und Wortschatz, die bestimmten Sprachfunktionen zugeordnet waren.

Zwar hat die grammatisch/strukturelle Progression Vor- und Nachteile; die Nachteile überwiegen jedoch. Zu den Vorteilen gehört, dass der Lernstoff «nach sprachsystematischen Gesichtspunkten gefördert wird» (Quetz 2003:125); ein ganz zentraler Nachteil ist, dass bisher keine überzeugende Progression der Sprachmittel vom Leichten zum Schwierigen erstellt werden konnte. Es ist z.B. lernpsychologisch nicht nachzuweisen, ob es für den einzelnen Lernenden leichter ist, Präteritalformen oder Präsensformen einer Sprache wie dem Französischen zu lernen oder ob Imperative einfacher sind als Aussagesätze. Die grammatischen Progressionen, die sich in Lehrplänen und Lehrwerken finden, sind «intuitiv» entstanden und wurden dann von Lehrwerkgeneration zu Generation unkritisch weitergegeben. Pate gestanden aber hat zweifellos auch die lateinische Schulgrammatik und die Progressionen, die sie für den schulischen Erwerb des Lateinischen entwickelte.

Die heute negative Bewertung von Progressionen, die sich an Sprachmitteln orientieren, hängt auch mit neueren Erkenntnissen der L2-Forschung zusammen. Sie konnte zeigen, dass die Lernbarkeit sprachlicher Mittel (insbesondere grammatischer Strukturen und Regeln) in hohem Masse davon abhängt, ob die Lernenden für den Erwerb einer bestimmten Struktur «bereit» sind. Nicht nur Kinder, die ihre Erstsprache lernen, sondern auch Zweitsprachenlernende in der Schule scheinen bestimmte grammatische Phänomene in einer anderen Abfolge zu lernen oder lernen zu wollen, als es z.B. eine dem Unterricht zugrunde liegende strukturelle Progression vorsieht. Aus diesen Beobachtungen wurde die Theorie abgeleitet, dass das Sprachlernen bestimmten natürlichen Entwicklungssequenzen folgt, die auch durch Lehrmassnahmen in ihrer Abfolge nicht durchbrochen werden können. Pienemann formuliert dies so:

> « Grammar instruction may prove powerless to alter the natural sequence of acquisition of grammatical structures, as these are manifest in learner production. (Pienemann 1989, zitiert bei Ellis 1994: 635) *Es ist möglich, dass der Grammatikunterricht sich der natürlichen Erwerbsabfolge grammatischer Strukturen gegenüber als machtlos erweist, zumindest zeigt sich dies in den sprachlichen Äusserungen von Lernenden.*

In der Zweitsprachenerwerbsforschung gibt es inzwischen eine Reihe von Untersuchungen zu den Erwerbssequenzen in verschiedenen Sprachen, die auf Beobachtungen des Lernverhaltens natürlicher und schulischer Lernender basieren. Sie beziehen sich auf morphologische und syntaktische Gegebenheiten (Konjugation, Deklination, Aussagesatz/Fragesatz, Inversion). Der gegenwärtige Stand der Forschung macht deutlich, dass die natürliche Progression der Lernenden nicht für alle Sprachen identisch ist und dass sie der Erwerbsabfolge des Kindes in seiner Erstsprache zwar ähnlich ist, ihr aber nicht genau folgt. (vgl. Diehl/Christen/Leuenberger/Pelvat & Studer 2000)

Die **kommunikative Progression** basiert auf der pragmalinguistischen Sprechakttheorie. In der Sprechakttheorie wurde versucht, menschliche Kommunikationsprozesse, die in Anlehnung an Austin und Searle als Sprechhandlungen verstanden wurden, nach bestimmten Sprechakten zu klassifizieren, z.B. um etwas bitten, sich bedanken, etwas ablehnen, jemanden begrüssen, etwas erfragen, Missfallen/Zustimmung äussern. Die Fremdsprachendidaktik übernahm diese Sprechhandlungstypologien und versuchte auf ihrer Grundlage, eine neue Progression für den Fremdsprachenunterricht zu entwickeln.

Kommunikative Progressionen finden sich in vielen Lehrplänen der achtziger und neunziger Jahre; sie begründeten die so genannte kommunikative Wende im Fremdsprachenunterricht. In der Lehrwerkentwicklung benutzte man die Sprechakttypologien ähnlich wie man das vorher mit grammatischen Progressionen gemacht hatte, um geeignete Unterrichtsmaterialien zu entwickeln: Man konstruierte Texte um die Sprechakte herum. Allerdings wurde das Problem der Schwierigkeit anders gelöst: Es wurde keine globale Progression entwickelt, die Sprechakte als solche also nicht nach Schwierigkeitsgraden klassifiziert. Es wurden vielmehr die Sprechakte selbst ausgewiesen und sie nach leichteren oder schwierigeren Versprachlichungen in eine Progression gebracht.

> Beispiel: Im Französischen kann man auf verschiedene Weise den Sprechakt «sich bedanken» versprachlichen. Am einfachsten ist zweifellos *merci*. Schwieriger ist schon *je vous remercie*. Und *mes remerciements anticipés* (am Ende französischer Briefe) ist zweifellos noch schwieriger.

Es wird in diesem Beispiel deutlich, dass die pragmalinguistisch begründete Progression den Kriterien der geringeren oder grösseren Schwierigkeit objektiv ebenfalls nicht gerecht werden kann. Damit verbindet sich eine weitere Kritik an der Sprechakttypologie: Es gibt keine allgemein akzeptierten Sprechakttypologien; darüber hinaus sind die vorliegenden nicht vollständig. Ausserdem lässt sich bei vielen Sprechakten darüber streiten, ob sie tatsächlich eigene Sprechakte sind oder eher Subkategorien anderer umfassenderer Sprechakte.

Trotzdem aber hat die Diskussion der auf Sprechakten basierenden Progression dazu geführt, dass sich der Fremdsprachenunterricht wieder dem eigentlichen Anliegen des fremdsprachlichen Lernens zuwandte, der Herausbildung kommunikativer Kompetenzen, die das Sprachhandeln ermöglichen. Was heute unter dem Stichwort «kommunikative Didaktik» in den Lehrplänen konzipiert und an den Schulen praktiziert wird, basiert auf einer Kombination der grammatischen und der kommunikativen Progression und hat Lehrwerke hervorgebracht die beide Progressionen umgesetzt haben.

Die **inhaltlich / kompetenzorientierte Progression,** von Quetz eher negativ als Verzicht auf eine Progression definiert, beginnt sich immer mehr durchzusetzen. Sie hat auch für *Mille feuilles* Pate gestanden und geht davon aus, dass die Themen und Materialien sich nach dem kognitiven Entwicklungsstand der Lernenden und ihrer Interessenlage richten sollten. Wenn man gleichzeitig auch den Aufbau von Kompetenzen im Auge behält, so entwickelt sich eine Art «natürlicher Progression», die nicht auf grammatische Phänomene oder kommunikative Absichten fokussiert, die von der Lehrperson in den Unterricht hineingetragen werden, sondern von den Lernenden ausgeht. Das Konzept der Lernerorientierung, das alle neueren pädagogischen Ansätze charakterisiert, kann so im Fremdsprachenunterricht mit Leben erfüllt werden. Natürlich ist die inhaltliche keine Progression im strengen Sinn; durch ihre Themenorientierung führt sie, von den Sprachmitteln her gesehen, aber zu einer «offenen» Progression und damit auch zur Beherrschung unterschiedlicher sprachlicher Mittel. Durch die Festlegung auf Kompetenzstandards, die in vielen Lehrplänen an die Standards des Europäischen Referenzrahmens angelehnt sind, ergibt sich eine kompetenzorientierte Progression.

Teilkompetenzen, ihre Differenzierung und mögliche Progressionen

In der fachdidaktischen Literatur und in den meisten Lehrplänen werden die Kompetenzen, die von den Lernenden zu erwerben sind, drei Kompetenzbereichen zugeordnet, der «Kommunikativen Handlungsfähigkeit», der «Bewusstheit für Sprachen und Kulturen» und den «Lernstrategischen Kompetenzen». Dies geschieht auch im Lehrplan «Passepartout» und wird für *Mille feuilles* übernommen. Allerdings ergeben sich aus dieser Differenzierung Fragen im Hinblick auf die Progression in den verschiedenen Kompetenzbereichen. Während die kommunikative Handlungsfähigkeit in ihrer Progression durch den Europäischen Referenzrahmen vorgezeichnet ist, stehen Progressionen für das interkulturelle Lernen und für die lernstrategischen Kompetenzen noch aus. Auch in der theoretischen Literatur hat man sich nur zögerlich damit beschäftigt. So hat z.B. Witte (2009) Überlegungen für eine Progression der interkulturellen Kompetenz von Fremdsprachenlernenden entwickelt. Er kommt zu folgender Schlussfolgerung:

> Da es sich bei dieser Anstrengung des nachvollziehenden handlungsbezogenen Verstehens fremdkultureller Phänomene um einen prinzipiell sich stets vertiefenden Prozess handelt, kann man hier von einer kulturellen Progression sprechen, auch in bewusster Parallele zur grammatischen und situativen Progression. Diese wird in dem Moment zu einer interkulturellen Progression, in dem sich durch die Relativierung der eigenkulturellen Deutungsmuster eine je subjektive Interkultur herauszubilden beginnt. (Witte 2009: 66)

Allerdings muss Witte zugeben, dass der Erwerb einer interkulturellen Kompetenz nicht gradlinig verläuft, sondern von vielen Faktoren abhängt, z.B. vom jeweiligen

Die Progression in *Mille feuilles*

individuellen kognitiven und sprachlichen Entwicklungsstand der Lernenden. Deshalb bezweifelt er auch, dass es möglich ist, für das interkulturelle Lernen eine lineare Progression im eigentlichen Sinn zu entwickeln.

Auch die Frage nach einer möglichen Progression bei der Herausbildung strategischer Kompetenzen ist kaum angedacht worden. Hier wird in der Literatur gemeinhin vom kognitiven Entwicklungsprozess der Lernenden ausgegangen und, zumindest in der Theorie, daran eine Progression der Strategien angebunden.

> *Die didaktischen Prinzipien der Inhalts- und der Handlungsorientierung bedingen eine inhaltlich/kompetenzorientierte Progression, in der die Aneignung von Sprachmitteln und das Erkennen von grammatischen Phänomenen im Dienste des Sprachhandelns stehen.*

Mille feuilles ist den didaktischen Prinzipien der Inhalts- und der Handlungsorientierung verpflichtet. Diese Prinzipien bedingen eine inhaltlich/kompetenzorientierte Progression, deren Merkmale auf Seite 49 beschrieben sind.

Bei der Konzeption von *Mille feuilles* wurden also nicht als Erstes die sprachlichen Mittel und ihre Progression bestimmt und um diese herum dann Texte und andere Materialien konstruiert. *Mille feuilles* geht vielmehr vom Weltwissen und dem Interesse der Lernenden aus. Die Progression wird durch die Auswahl der authentischen Materialien bestimmt, welche sich ihrerseits an der kognitiven Entwicklung der Lernenden, ihrer sich verändernden Interessenlage und Motivation orientiert.

Auf der Grundlage der ausgewählten Materialien wurde darauf geachtet, entsprechend den Vorgaben des Lehrplans «Passepartout», eine Progression in allen drei Kompetenzbereichen anzulegen, also dem «Sprachhandeln (Kommunikative Handlungsfähigkeit)», der «Bewusstheit für Sprache und Kulturen» und den «Lernstrategischen Kompetenzen». (vgl. Kapitel Kompetenzorientierung)

Die Progression im Kompetenzbereich I: Kommunikative Handlungsfähigkeit

Die Progression im Kompetenzbereich «Kommunikative Handlungsfähigkeit» ist durch die Vorgaben des Lehrplans «Passepartout» bestimmt, welche auf die Raster des Gemeinsamen Europäischen Referenzrahmens (GER) Bezug nehmen.

Im Lehrplan werden die zu erwerbenden Fähigkeiten und Fertigkeiten pro Stufe als Lernaktivitäten und Inhalte beschrieben.

Auf dem Übersichtsplakat von *Mille feuilles* wird die Handlungsprogression sichtbar. Dabei werden die vom Lehrplan vorgegebenen Lernaktivitäten und Inhalte in 14 Handlungsfeldern, in welchen die einzelnen sprachlichen Fähigkeiten und Fertigkeiten miteinander verbunden sind, zusammengefasst. Die Spalten rechts (A bis D) zeigen an, wie intensiv am entsprechenden Thema gearbeitet worden ist. Der Vergleich der vier Spalten zwischen der 3. und 4. Klasse zeigt die Progression auf.

Die Handlungsfelder sind weit gefasst. In der *revue* werden sie in Bezug zu einer konkreten Aufgabe (*tâche*) gesetzt. Gleichzeitig wird präzisiert, welche Ergebnisse erwartet werden, indem Angaben zur Qualität (Wie gut?) und zu den Gelingensbedingungen formuliert werden.

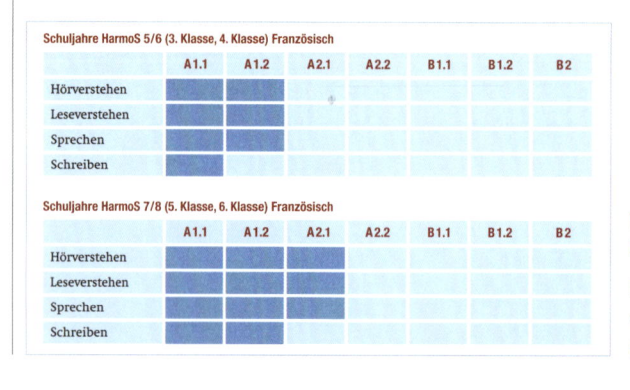

Die Progression im Kompetenzbereich I

Die verbindliche Progression wird vom Lehrplan «Passepartout» (2011: 6) vorgegeben.

Mille feuilles: Übersicht 3. Klasse

Kurzfassung revue 3

Kompetenzen Sprachhandeln	A	B	C	D
Die ausgefüllten Felder geben an, wie vertieft das Lernziel bearbeitet worden ist. **Von A** (erste Lernprozesse) bis **D** (vertiefte Bearbeitung)				
Mit Geschichten umgehen				
1. Geschichten aus Bilderbüchern hören, lesen und im Grossen und Ganzen verstehen	■	■		
2. Eine Geschichte erfinden, sie aufschreiben und den andern vortragen				
3. Einfache Comics *(bandes dessinées)* verstehen und selber solche erfinden				
Mit Sprache spielerisch umgehen, etwas darstellen und inszenieren				
4. Mit französischen Wörtern und mit Wörtern aus anderen Sprachen kreativ umgehen	■	■		
5. Wörter, Sätze, Verse und Lieder nachsprechen, nachlesen, auswendig aufsagen oder nachsingen	■	■		
6. Etwas auf Französisch darstellen, spielen, inszenieren	■	■		
Nach Anleitungen handeln				
7. Verschiedene Spiele spielen; Spielanleitungen zweisprachig und auch französisch verstehen und danach handeln	■	■		
8. Mündliche und schriftliche Anleitungen und Anweisungen verstehen und danach handeln	■			
Neuen Inhalten und neuem Weltwissen begegnen				
9. Texte, in denen Bilder und Fotos wichtig sind, im Grossen und Ganzen verstehen	■	■		
10. In Filmen einzelne Informationen verstehen	■			
Etwas beschreiben und präsentieren				
11. Ein Arbeitsergebnis zu einem Thema schriftlich darstellen und präsentieren				
12. Jemandem Personen, Tiere oder Dinge vorstellen, mündlich und schriftlich	■			
13. Zu Bildern und Fotos etwas sagen	■			
Französisch in der Gruppe verwenden				
14. Während Partner- und Gruppenarbeiten miteinander auch französisch sprechen	■			

…fassung revue 4

Kompetenzen Sprachhandeln	A	B	C	D
Die ausgefüllten Felder geben an, wie vertieft das Lernziel bearbeitet worden ist **Von A** (erste Lernprozesse) bis **D** (vertiefte Bearbeitung)				
Mit Geschichten umgehen				
1. Geschichten aus Bilderbüchern hören, lesen und im Grossen und Ganzen verstehen	■	■	■	■
2. Eine Geschichte erfinden, sie aufschreiben und den andern vortragen	■	■		
3. Einfache Comics *(bandes dessinées)* verstehen und selber solche erfinden	■	■		
Mit Sprache spielerisch umgehen, etwas darstellen und inszenieren				
4. Mit französischen Wörtern und mit Wörtern aus anderen Sprachen kreativ umgehen	■	■	■	
5. Wörter, Sätze, Verse und Lieder nachsprechen, nachlesen, auswendig aufsagen oder nachsingen	■	■	■	■
6. Etwas auf Französisch darstellen, spielen, inszenieren	■	■	■	
Nach Anleitungen handeln				
7. Verschiedene Spiele spielen; Spielanleitungen zweisprachig und auch französisch verstehen und danach handeln	■	■	■	
8. Mündliche und schriftliche Anleitungen und Anweisungen verstehen und danach handeln	■	■		
Neuen Inhalten und neuem Weltwissen begegnen				
9. Texte, in denen Bilder und Fotos wichtig sind, im Grossen und Ganzen verstehen	■	■	■	■
10. In Filmen einzelne Informationen verstehen	■	■		
Etwas beschreiben und präsentieren				
11. Ein Arbeitsergebnis zu einem Thema schriftlich darstellen und präsentieren	■	■		
12. Jemandem Personen, Tiere oder Dinge vorstellen, mündlich und schriftlich	■	■		
13. Zu Bildern und Fotos etwas sagen	■	■	■	
Französisch in der Gruppe verwenden				
14. Während Partner- und Gruppenarbeiten miteinander auch französisch sprechen	■	■		

Die Handlungsprogression in *Mille feuilles*

Auf den Übersichtsplakaten wird die Handlungsprogression anhand von 14 Handlungsfeldern dargestellt.

1
Ich habe gelernt, in Filmen einzelne Informationen zu verstehen.
Ich habe gelernt, eine Geschichte zu erfinden, sie aufzuschreiben und den anderen vorzutragen.
NOTRE TÂCHE
LES NOUVELLES AVENTURES DE MARTA
Wir haben ein Abenteuer von Marta erfunden, es aufgeschrieben, vertont und illustriert. Anschliessend haben wir die Geschichten der Mitschülerinnen und Mitschüler angeschaut und gehört.
3
ICH DENKE ÜBER SPRACHEN UND KULTUREN NACH
In kenne eine Künstlerin aus der Suisse romande.
Ich weiss, dass Parallelwörter mir helfen können, in anderen Sprachen als Französisch einiges zu verstehen.
4
MEINE STRATEGIEN
Ich weiss, dass mir Geräusche in einem Film beim Verstehen der Geschichte helfen können.
Ich kann aus einem Hörtext Parallelwörter, bekannte Wörter, Namen und Zahlen heraushören.
Ich kann einfache Sätze aus Texten als Vorlage zum Schreiben eigener Sätze verwenden.

Wie gut und unter welchen Bedingungen

In der *revue* halten die Lernenden Rückschau auf ihre Arbeit. Sie sehen, an welchen übergreifenden Zielen (Handlungsfeldern) sie gearbeitet haben, erinnern sich an die *tâche* und erfahren, welche Erwartungen beim Bearbeiten einer vergleichbaren Aufgabe, zum Beispiel in der summativen Evaluation, an sie gestellt werden. (*revue* 4)

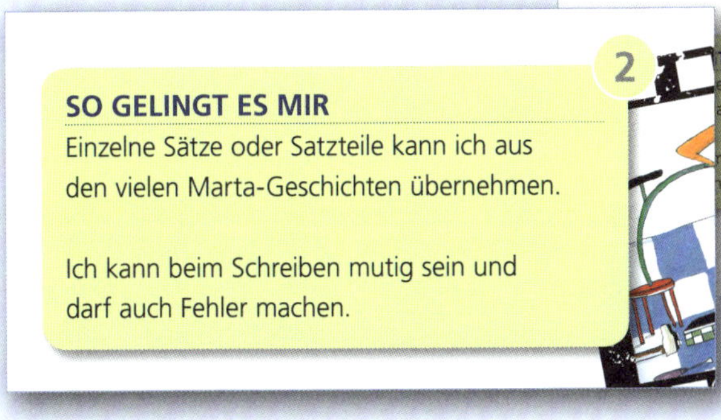
2
SO GELINGT ES MIR
Einzelne Sätze oder Satzteile kann ich aus den vielen Marta-Geschichten übernehmen.
Ich kann beim Schreiben mutig sein und darf auch Fehler machen.

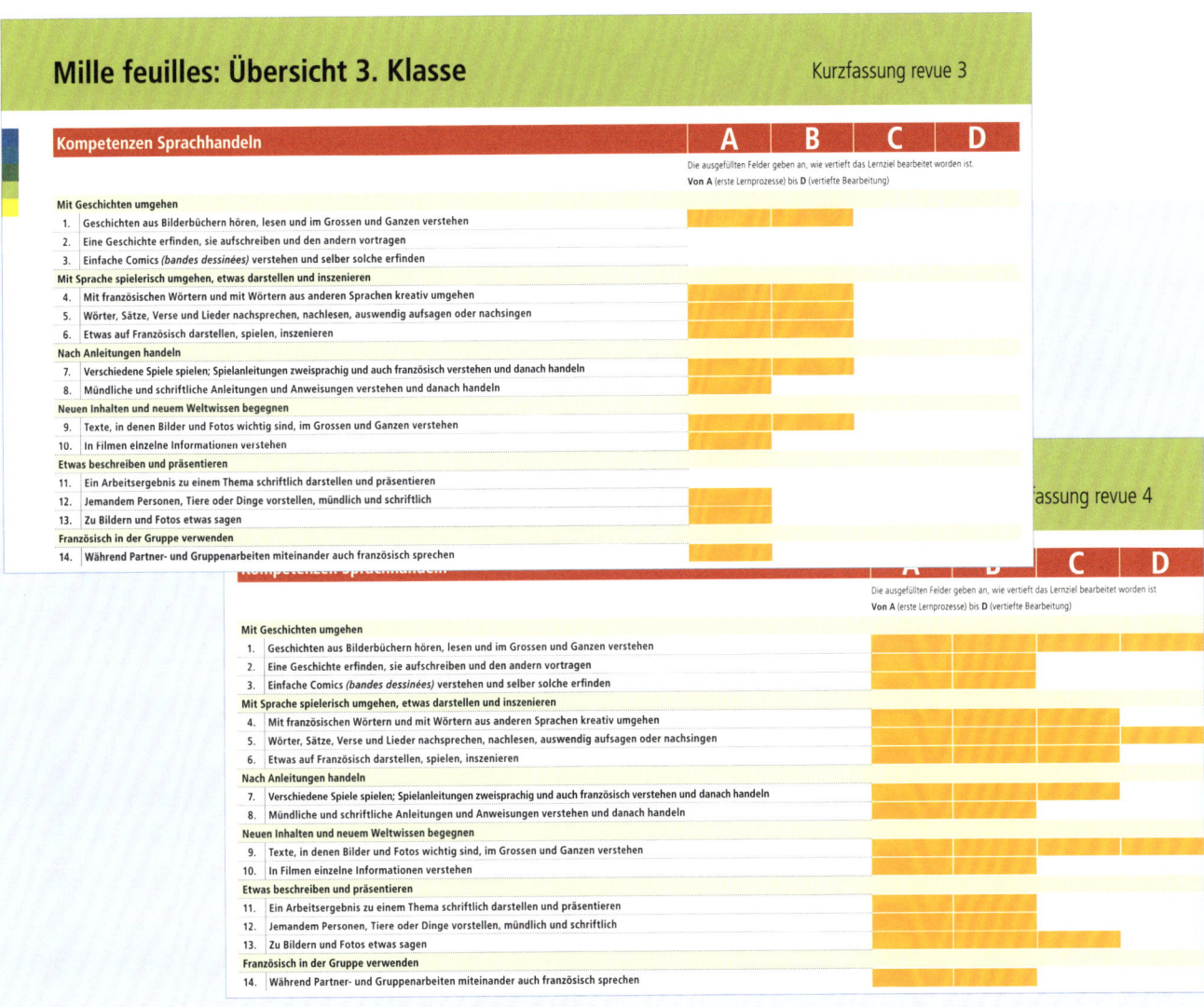

Mille feuilles | **Progression**

Sensibilisierung für Sprachen

In der 4. Klasse (*magazine* 4.2) schauen sich die Lernenden als Input die verfilmte Version des Bilderbuchs «Marta et la bicyclette» an. Das entsprechende Bilderbuch liegt in vielen Übersetzungen vor. In einer der *activités* lesen die Schülerinnen und Schüler Ausschnitte aus der englischen und niederländischen Übersetzung. Dabei entdecken sie, dass sie die Strategie «Parallelwörter» auf weitere Sprachen übertragen und dabei sowohl aufs Deutsche als auch aufs Französische zurückgreifen können. Auch erfahren sie, dass sie einen Text in einer ihnen unbekannten Sprache verstehen können, wenn sie ihr ganzes Sprachwissen mobilisieren. So führt diese *activité* zu einer Sensibilisierung für Sprachen.

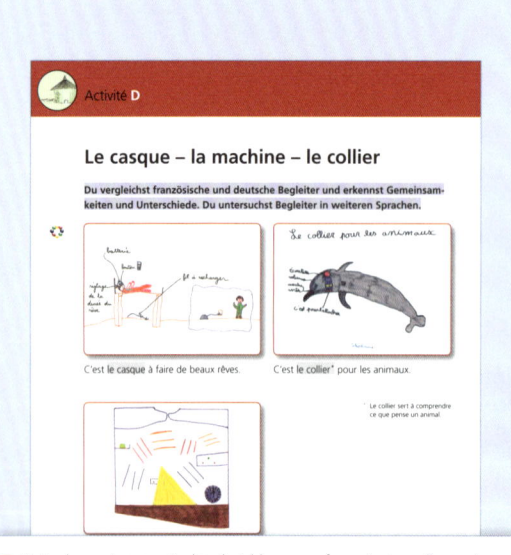

Bewusstes Wahrnehmen grammatikalischer Erscheinungsformen

In *magazine* 4.1 werden die Lernenden aufgefordert, die französischen und deutschen Begleiter miteinander zu vergleichen. Sie entdecken u.a., dass es in den beiden Sprachen unterschiedlich viele Genera (Geschlechter) gibt. In einem weiteren Schritt vergleichen sie weitere Sprachen im Hinblick auf die Genera. Wichtig ist, dass sie ihre Entdeckungen jeweils schriftlich festhalten. Sie lernen so, Gesetzmässigkeiten bewusst wahrzunehmen.

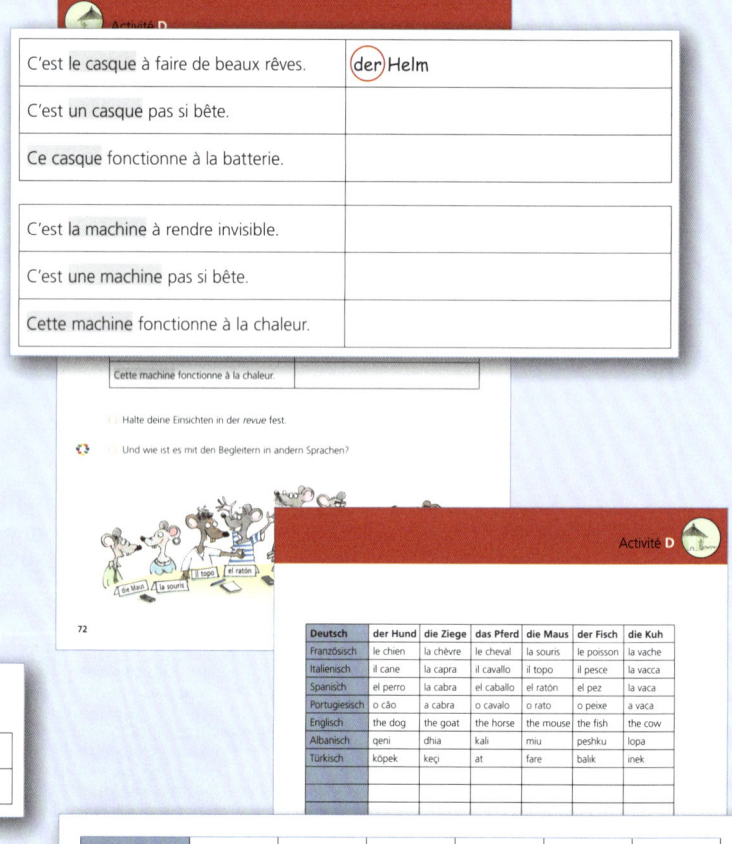

Deutsch	der Hund	die Ziege	das Pferd	die Maus	der Fisch	die Kuh
Französisch	le chien	la chèvre	le cheval	la souris	le poisson	la vache
Italienisch	il cane	la capra	il cavallo	il topo	il pesce	la vacca
Spanisch	el perro	la cabra	el caballo	el ratón	el pez	la vaca
Portugiesisch	o cão	a cabra	o cavalo	o rato	o peixe	a vaca
Englisch	the dog	the goat	the horse	the mouse	the fish	the cow

Die Progression im Kompetenzbereich II: Bewusstheit für Sprachen und Kulturen

Im Bereich Bewusstheit für Sprachen legt Mille feuilles einen Weg an, der von der Sensibilisierung für Sprachen zur bewussten Wahrnehmung des Funktionierens von Sprachen und zur Fähigkeit, bestimmte Phänomene systematisieren zu können, führt.

Im Anfangsunterricht werden die Lernenden angeregt, über Sprachen nachzudenken und Sprachen im Hinblick auf Wortschatz und einfache Strukturen miteinander zu vergleichen. (vgl. Kapitel Didaktik der Mehrsprachigkeit)

Durch gezielte Aufgabenstellungen werden die Lernenden nach und nach dazu geführt, sprachsystematische Aspekte zu untersuchen und Sprachphänomene zu entdecken.
Dabei sind die auf der Primarstufe fokussierten Sprachphänomene einfach. Sie betreffen z. B. die Begleiter, die Satzbildung, die Negation, die Wortarten, die Perfektbildung oder die Anpassung der Adjektivendungen.

Die Sprachanalyse erfolgt grundsätzlich nach diesem Muster: entdecken und bewusst werden – formulieren – austauschen – offizialisieren – anwenden. (vgl. Kapitel Kompetenzorientierung)

Nach und nach werden die sprachlichen Erscheinungsformen, die miteinander verglichen werden, komplexer. Diese Art von Spracharbeit führt zu einem bewussteren Zugang zur sprachsystemischen Ebene. Ein solcher Zugang kann das Lernen von Sprachen unterstützen.

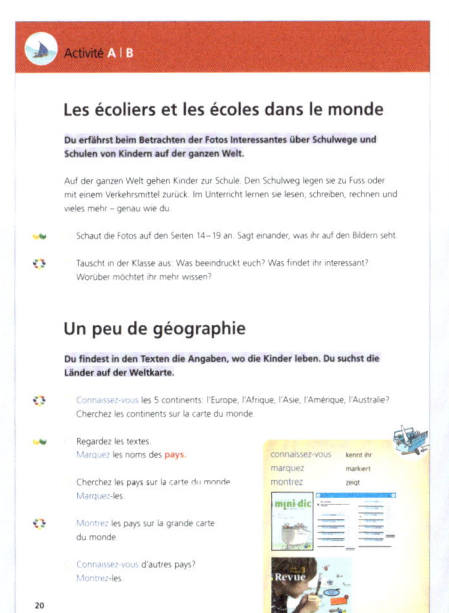

Den eigenen Erfahrungsraum erweitern
In magazine 3.3 betrachten die Lernenden Bilder und lesen Texte von Schulen und Schulwegen von Kindern aus der ganzen Welt. Dabei entdecken sie einerseits Vertrautes aus ihrer eigenen Lebenswelt, andererseits aber auch Unvertrautes. So ergibt sich ein erster Brückenschlag vom Eigenen zum Unbekannten. Die Lernenden merken, dass es bereichernd sein kann, den eigenen Erfahrungsraum zu erweitern.

In Bezug auf die Bewusstheit für Kulturen werden die Lernenden zuerst angeleitet, anhand von interessanten Inhalten ihre Realität mit derjenigen von Kindern aus anderen Ländern oder Sprachregionen zu vergleichen und dabei Gleiches und Unterschiedliches zu entdecken. Ziel ist hier, dass die Schülerinnen und Schüler dem Fremden nicht mit Vorurteilen, sondern mit Offenheit, Interesse und Wertschätzung begegnen. Sie sollen ihre Kenntnisse über Kulturen erweitern und dabei auf andere Kulturen mit Neugier reagieren. Dazu können auch direkte Begegnungen in den zielsprachlichen Regionen und Ländern beitragen.

Nach und nach wird Mille feuilles Materialien anbieten, die den Lernenden die Möglichkeit geben, die Umgebung differenzierter zu betrachten, womit die Grundlage für den Aufbau einer kritischen interkulturellen Bewusstheit gelegt wird. (vgl. Kapitel Didaktik der Mehrsprachigkeit)

Die Progression im Kompetenzbereich III: Lernstrategische Kompetenzen

Für den Kompetenzbereich III gibt der Lehrplan «Passepartout» in Bezug auf das Handlungsfeld Sprachlernen folgende Progression vor: Für die Schuljahre 5 und 6 (nach HarmoS) heisst das Globalziel «Einfache Lerntechniken erwerben und anwenden», für die Schuljahre 7 und 8 lautet es «Lerntechniken erweitern und anwenden». (Lehrplan «Passepartout» 2011)

In Mille feuilles kann diese Progression daran festgemacht werden, dass einerseits die Anzahl an Strategien zunimmt und andererseits auch deren Komplexität grösser wird.

SPRECHEN UND SCHREIBEN

Spick-Notizen
Notiere Sätze, die du verwenden kannst. Wirf beim Sprechen wenn nötig einen Blick auf die vorbereiteten Sätze und wende sie an.

Wörterbuch
Entdecke im Wörterbuch neue Wörter.

Musterwörter und -sätze
Suche in den Texten Wörter und Sätze, die du beim Sprechen und Schreiben verwenden kannst.

Fichier und Revue
Wende Wörter und Sätze aus deinem *fichier* und deiner *revue* an.

Andere Ausdrucksmittel als Sprache
Setze auch Zeichnungen, Bewegungen und Geräusche ein, um dich auszudrücken.

Sätze als Vorlage
Übernimm einen ganzen Satz oder Teile davon.

Untereinander französisch sprechen
Nutze beim Arbeiten und Spielen möglichst viele Gelegenheiten, um französisch zu sprechen.

Gegenlesen
Gib den Text jemandem zu lesen. Er/sie soll dir den Inhalt auf Deutsch erzählen. So kannst du feststellen, ob dein Text verständlich ist.

BD als Modell für Alltagsgespräche
Übernimm Ausrufe, kurze Sätze und Redewendungen aus den BD und verwende sie in Alltagsgesprächen.

7

Auftreten
Stelle dir vor, wie du in dieser Situation auftreten möchtest.

Zusammenarbeit
Unterstützt euch gegenseitig beim Schreiben:

Tauscht Ideen aus, gebt einander Tipps, sucht gemeinsam nach Formulierungen, überprüft eure Texte gegenseitig …

Die Merkmale einer Textsorte kennen
Untersuche, wie ein Text aufgebaut ist. Das hilft dir, den Text zu verstehen und ihn nachzuerzählen.

Einfache Sätze ergänzen
Ergänze einfache Sätze, zum Beispiel mit Angaben zum Ort oder zur Zeit.

Schreibgrenzen überwinden
Wenn du etwas schreiben möchtest und dir die Worte fehlen, so zeichne eine Skizze.

Schreibkonferenz
Überarbeite mit andern zusammen deinen Text. Sie geben dir Rückmeldungen zu deinem Entwurf und sagen, was du noch besser machen könntest.

Blick zurück und vorwärts
Mache dir über eine abgeschlossene Arbeit Gedanken und ziehe für deine weiteren Arbeiten Schlüsse daraus.

Wörter richtig schreiben
Schreibe Wörter mehrmals auf und lasse sie von jemandem in der Klasse oder vom Computer korrigieren.

Sprechpausen überbrücken
Benutze Füllwörter, um Sprechpausen zu überbrücken.

8

Progression der Sprachlernstrategien

Die quantitative und qualitative Progression im Bereich der Sprachlernstrategien wird in der *revue* sichtbar, wenn den Lernenden die Strategien im Überblick gezeigt werden. Die Strategien in den blassorangefarbenen Kästchen sind in der 3. und 4. Klasse eingeführt worden, diejenigen in den sattorangefarbenen in der 5. Klasse. (*revue* 5 Erprobungsfassung)

In den Fertigkeiten Hören und Lesen werden die Lernenden zuerst dazu angeleitet, nichtsprachliche Elemente (Bilder, Geräusche) für das Globalverstehen zu nutzen. Dann lernen sie, bekannte Wörter, Parallelwörter, Namen und Zahlen, das Wörterbuch, die Titel etc. für das Verständnis zu nutzen. In der 5. und 6. Klasse entdecken sie, wie sie mit Hilfe der W-Fragen einem Text gezielt Informationen entnehmen können oder wie sie ihr Wissen über die Textstruktur für das Verstehen nutzen können.

Auch in Bezug auf die Fertigkeiten Sprechen und Schreiben wird eine Zunahme der Komplexität sichtbar. Zuerst wird den Lernenden zum Beispiel bewusst gemacht, wie sie nichtsprachliche Elemente für eine Produktion nutzen können. Dann lernen sie, Sätze und Notizen als Grundlage für Übertragungen einzusetzen oder das Potenzial der Gruppe zu nutzen, z. B. indem sie Texte gegenlesen oder eine Schreibkonferenz abhalten.

Im Bereich der Sprachlernreflexion wird eine Progression sichtbar, indem einerseits die Anzahl Lernaktivitäten zunimmt, andererseits die Reflexionsaufgaben so angelegt sind, dass die Lernenden ihre Lernergebnisse zunehmend differenzierter beurteilen können. (vgl. Kapitel Evaluation und Reflexion)

Auch im Bereich der Sprachemotion werden in *Mille feuilles* Strategien angeboten. Daraus lässt sich jedoch keine Progression ableiten.

Lernerorientierung

Alle Unterrichtsmaterialien in *Mille feuilles* sind dem Prinzip der Lernerorientierung verpflichtet, einem pädagogischen Grundprinzip, das seit geraumer Zeit auch in der Fremdsprachendidaktik diskutiert wird und zweifellos zu einem der wichtigsten Prinzipien der modernen Pädagogik geworden ist.

Zum Verständnis des Konzeptes

Lernerorientierung bedeutet, dass Unterricht auf die Lernenden ausgerichtet ist, auf ihre Interessen und auf ihre Fähigkeiten. Lernerorientierung bedeutet aber auch, dass den Lernenden Gelegenheit gegeben werden soll, ihr Lernen möglichst selbstständig zu gestalten, die entwickelten Kompetenzen im Unterricht zu erproben und, wenn möglich, auch eigenständig zu evaluieren.

> Lernerorientierung heisst [...], den Fremdsprachenlerner als *Subjekt des Unterrichts* zu betrachten, das es gilt in seinen Verstehens- und Mitteilungsbedürfnissen in der jeweiligen Fremdsprache zu fördern. (Düwell 2003: 350)

Aus einem Unterricht, in welchem alle Entscheidungsbefugnisse nur bei der Lehrperson liegen, soll ein Unterricht werden, in welchem auch die Bedürfnisse der Schülerin und des Schülers berücksichtigt werden. Wenn man von den Lernenden ausgeht, ist Lernerorientierung als Vorstufe zur Lernerautonomie zu sehen.

> Autonom lernt jemand, der die Gesetze und Regeln, die Inhalte und Verfahren seines Lernens selbst bestimmt. (Decke-Cornill & Küster 2010: 211)

Natürlich erläutert die Aussage von Decke-Cornill & Küster den Begriff des autonomen Lernens nur sehr allgemein. Nicht nur sie verweisen auf die dreidimensionale Definition von Benson, welche den Begriff in seiner ganzen Breite absteckt:

Theoretischer Hintergrund

Das Prinzip der Lernerorientierung bzw. der Lernerautonomie lässt sich indirekt aus den bereits in den siebziger Jahren des vergangenen Jahrhunderts vorgelegten Erkenntnissen der kognitiven Psychologie zum menschlichen Lernen und Verstehen ableiten, verweist aber auch auf die Überlegungen der konstruktivistischen Philosophen und Lerntheoretiker. Die kognitiven Psychologen wie auch die Konstruktivisten haben deutlich gemacht, dass Verstehen und Lernen immer vom lernenden Subjekt ausgehen und dass Wissen nicht von aussen, d. h. von einer Lehrperson, in die Lernenden hineingetragen werden kann, sondern von den Lernenden selbst erarbeitet werden muss, um es zu erwerben. (vgl. Kapitel Konstruktivistisches Lernverständnis) Der englische Psychologe Barnes hat dies sehr klar formuliert:

> One difficulty in thinking about knowledge is that it is both «out there» in the world and «in here» in ourselves. The fact that it is «out there» and known to a teacher does not mean that he can give it to children merely by telling them. Getting the knowledge from «out there» to «in here» is for the child himself to do – the art of teaching is knowing how to help him to do it. (Barnes 1976: 79)

Wenn man über das Wissen nachdenkt, tritt die Schwierigkeit auf, dass es sowohl «da draussen» in der Welt als auch «hier drinnen» in uns selbst ist. Die Tatsache, dass es «da draussen» und einem Lehrer bekannt ist, bedeutet nicht, dass er es seinen Schülern vermitteln kann, indem er es einfach darstellt. Das Wissen von «dort draussen» nach «hier drinnen» zu bringen, ist eine Aufgabe, die das Kind selbst lösen muss – die Kunst des Lehrens ist zu wissen, wie man dem Kind dabei hilft.

Die konstruktivistischen Lerntheoretiker identifizieren sich mit diesen Erkenntnissen, unterstreichen darüber hinaus aber die Individualität der Lernprozesse jedes Einzelnen. Jeder Mensch konstruiert sein Wissen, seine Kompetenzen auf unterschiedliche Weise: Das Lernen, selbst wenn es auf identischem Input beruht, führt deshalb für jeden Einzelnen immer zu unterschiedlichen Ergebnissen. (vgl. Kapitel Konstruktivistisches Lernverständnis)

> 1. Autonomy as the act of learning on one's own and the technical ability to do so. *Autonomie als der eigentliche Vorgang des selbstständigen Lernens und die technische Fähigkeit, dies zu tun.*
> 2. Autonomy as the internal psychological capacity to self-direct one's own learning. *Autonomie als die interne psychologische Fähigkeit, das eigene Lernen selbstständig zu gestalten.*
> 3. Autonomy as control over the content and processes of one's own learning. *Autonomie als Kontrolle über den Inhalt und den Prozess des eigenen Lernens.* (Benson 1997: 25)

Diese drei unterschiedlichen Ausprägungen von Autonomie können gemeinsam auch als ein übergeordnetes Bildungsziel verstanden werden. Autonomie als selbstständiges Lernen und als Fähigkeit, sich aller technischen Möglichkeiten zum selbstständigen Lernen bedienen zu können, hängt mit einem technizistischen Lernverständnis zusammen, das heute im Kontext der Neuen Medien von grosser Bedeutung ist. Autonomie als die psychologische Fähigkeit, das eigene Lernen zu gestalten, hat eine humanistische Ausrichtung; hier geht es um das Bewusstmachen dieser Fähigkeit in der institutionalisierten Bildung. Und schliesslich

Allen auf Lernerautonomie abhebenden Ansätzen ist gemeinsam, dass sie die Herausbildung von grösserer Eigenständigkeit bei den Lernenden als ein zentrales Lernziel betrachten.

hat Autonomie als Kontrolle der Inhalte und Prozesse des eigenen Lernens eine politische Dimension; als Schülerin oder Schüler sollte man in der Lage sein, Lerninhalte selbstständig auszuwählen und ihre Auswahl zu begründen.

Lernerautonomie kann als höchste Stufe der Lernerorientierung verstanden werden. Sie wird seit geraumer Zeit von Politikern und Pädagogen immer wieder als ein Ansatz, der zur Lösung gesellschaftlicher Probleme beitragen kann, hervorgehoben. Insbesondere wird unterstrichen, dass die Fähigkeit, Wissen und Können selbstständig zu erwerben, in der heutigen Gesellschaft von ausschlaggebender Bedeutung ist. Das lebenslange Lernen fehlt als Bildungsziel in keinem politischen Programm und auch in keiner pädagogischen Abhandlung. Lernerorientierung ist deshalb als Einstieg in die Lernerautonomie zu verstehen, die zu fördern oberstes Leitziel in der Schule sein sollte.

Lernerautonomie in der Fremdsprachendidaktik

In der Pädagogik wurden diese lerntheoretischen Erkenntnisse aufgegriffen und in den letzten Jahren auch in den Fachdidaktiken rezipiert. Heute kann man in der Fremdsprachendidaktik unterschiedliche Ansätze erkennen, die von einer behutsamen Umgestaltung von Unterricht mit dem Ziel eines stärkeren Einbezugs der Lernenden bis hin zu vollständiger Lernerautonomie reichen. Allen Ansätzen ist gemeinsam, dass sie die Herausbildung von grösserer Eigenständigkeit bei den Lernenden als ein zentrales Lernziel betrachten und das fremdsprachliche Klassenzimmer so gestalten, dass diese zu mehr Autonomie geführt werden.

Lernerautonomie wird als Forderung immer wieder in den Raum gestellt. Mit den erweiterten Lernformen werden Ansätze von Lernerorientierung im Unterricht verwirklicht. Die Gruppe der Lehrerinnen und Lehrer aber, die mit dem Prinzip der Lernerautonomie bis an die Grenzen des im schulischen Kontext Möglichen gehen wollen, ist klein, obwohl die Lernerautonomie als pädagogisches Grundprinzip, wenn sie sich denn durchsetzen würde, eine andere, bessere Schule begründen könnte.

Lernerorientierung und Lernerautonomie im fremdsprachlichen Klassenzimmer und in *Mille feuilles*

Anhand von vier Merkmalen, die bei der Entwicklung von *Mille feuilles* berücksichtigt wurden, wird im Folgenden gezeigt, wie man Lernerorientierung in einem fremdsprachlichen Klassenzimmer realisieren kann (vgl. Wolff 2003: 325f).

Partner- und Gruppenarbeit

Das Klassenzimmer wird als Lernwerkstatt verstanden, in der alle Lernenden gemeinsam an der komplexen Aufgabe arbeiten, eine Sprache zu lernen. Die Arbeit in Kleingruppen erhöht die Verantwortung des Einzelnen bei der Bearbeitung der gestellten Aufgaben; er ist mitverantwortlich für das Gelingen der Lernprozesse. Gruppenarbeit führt dazu, dass die gesamte Lerngruppe gleichzeitig unterschiedliche Aufgaben bewältigen kann. Dies wiederum macht es erforderlich, dass die Ergebnisse der einzelnen Arbeitsgruppen der gesamten Lerngruppe vermittelt werden, was zu einer authentischen Verwendung der Zielsprache führt.

Partner- und Gruppenarbeit

In *Mille feuilles* spielen Partner- und Gruppenarbeiten eine wichtige Rolle.
Auch wird immer wieder darauf verwiesen, wie wichtig die Vermittlung der Ergebnisse der Arbeit an die anderen Lerngruppen ist.

Aufbau der Auftrittskompetenz

Im lernerorientierten Unterricht wird der Präsentation von Lernergebnissen viel Aufmerksamkeit geschenkt. Damit die Inhalte wirkungsvoll an die anderen Lerngruppen vermittelt werden können, braucht es nebst den sprachlichen Kom-

Das Auftreten thematisieren

Die Lernenden beobachten die Auftrittskompetenz einer Schülerin in einem Film. Sie überlegen und notieren, wie sie in der vergleichbaren Aufgabe selber auftreten möchten. (*magazine* 5.1 Erprobungsfassung)

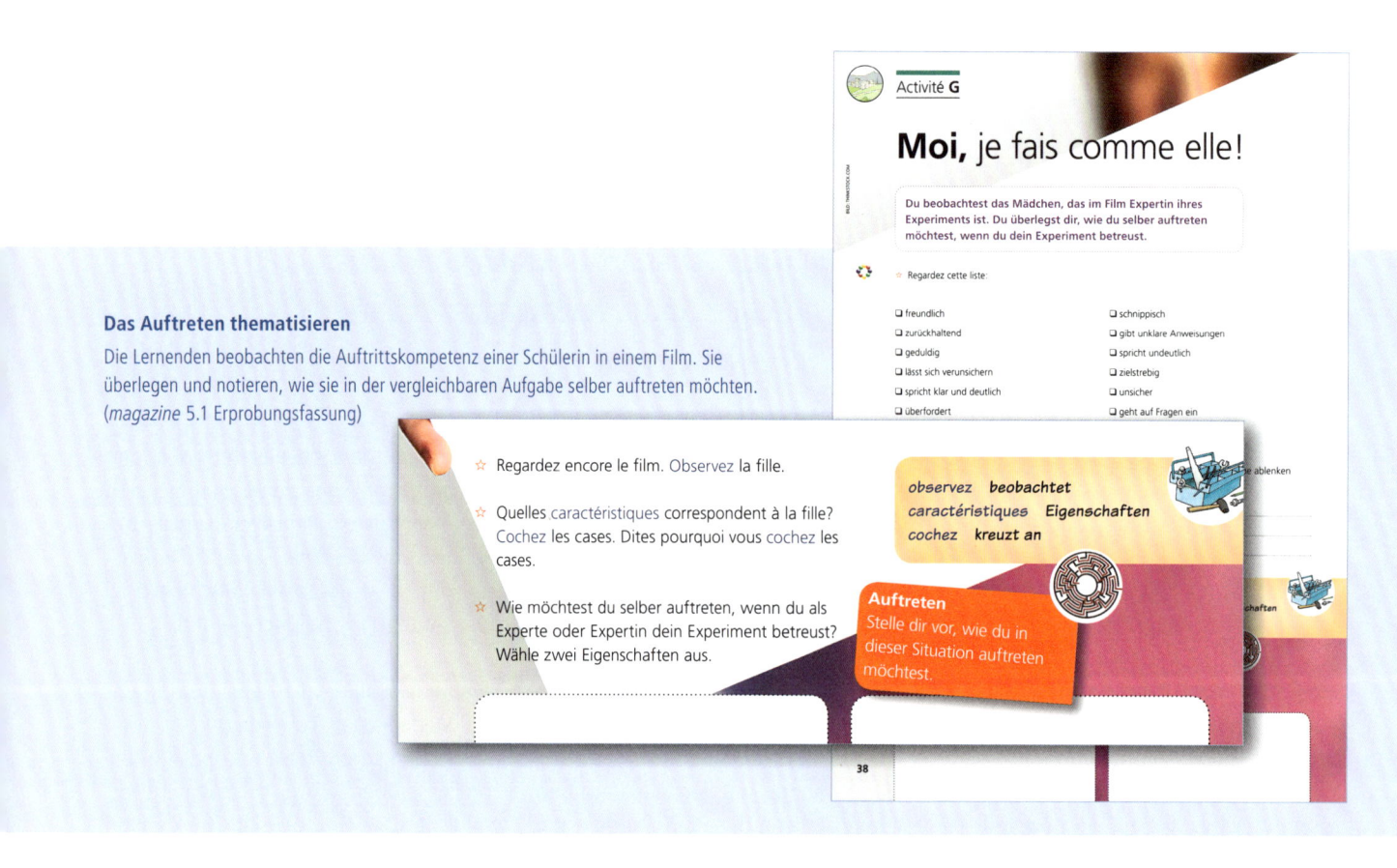

petenzen auch Kompetenzen im Bereich des Auftretens und Präsentierens.

Materialien

Die Materialien in *Mille feuilles* umfassen sowohl Inhalts- resp. Produktmaterialien als auch Prozessmaterialien und entsprechen so den Anforderungen eines lernerorientierten Unterrichts.

Zu den Produktmaterialien zählen die Inputs (Lese- und Hörtexte, Filme…), welche durchgehend authentisch und nicht für didaktische Zwecke konzipiert sind. (vgl. Kapitel Inhaltsorientierung) In den didaktischen Kommentaren zu den einzelnen *magazines* (*fils rouges*) werden den Lehrpersonen Vorschläge für geeignete französische Bücher für die Klassen- oder Schulbibliothek gemacht und im Klassenzimmer stehen Wörterbücher und Grammatiken zur Verfügung.

Die weiteren Materialien wie *fichier*, *revue* und Europäisches Sprachenportfolio sind sowohl Produkt- als auch Prozessmaterialien. (vgl. Kapitel Materialien und Medien)

> **Materialien**
>
> Für die Arbeit in der Lernwerkstatt stehen den Lerngruppen Materialien zur Verfügung. Seit Breen (1982) hat es sich eingebürgert, zwischen Inhalts- oder Produktmaterialien und Prozessmaterialien zu unterscheiden.
>
> Zu den Inhaltsmaterialien zählt Breen authentische Materialien (Bücher für unterschiedliche Altersstufen, Texte jedweder Art, CDs, Videos), die er als Rohmaterialien bezeichnet, weil sie nicht mit einer auf das Sprachlernen bezogenen Intention erstellt werden. Zu den Inhaltsmaterialien gehören aber auch die so genannten Informationsmaterialien, also Wörterbücher und Grammatiken, die den Lernenden Informationen über Lexik und Strukturen der neuen Sprache geben.
>
> Prozessmaterialien stellen einen besonderen Materialtyp dar; es sind zum einen Zusammenstellungen prozeduralen Wissens (z. B. Lern- und Arbeitstechniken zum Lernen von Wortschatz, Techniken zur Benutzung eines Wörterbuchs oder einer Grammatik, Lesestrategien, Schreibstrategien, Hörverstehensstrategien, Sprechstrategien), zum anderen aber auch Anregungen für Projekte und Aktivitäten im Klassenzimmer.
>
> Die Lernenden können selbst Materialien in den Unterricht einbringen, z. B. Bücher oder Texte, die sie gelesen haben.

Das lernerorientierte Klassenzimmer

In einem lernerorientierten Klassenzimmer arbeiten die Lernenden vorwiegend in Gruppen, manchmal auch allein. Sie beschäftigen sich mit unterschiedlichen Aufgabenstellungen wie zum Beispiel: miteinander spielen und dabei französisch sprechen, sich gegenseitig abfragen, einander Lernergebnisse präsentieren, am Computer gemeinsam Lernaufgaben lösen, die Lernform «Lernen durch Lehren» praktizieren, Texte lesen, hören und nachsprechen oder über Lernprozesse reflektieren. Es stehen ihnen Inhalts- und Prozessmaterialien zur Verfügung: authentische Texte, CD-ROMs, Wörterbücher, *fichier*, Sprachenportfolio, Navigationskarte …
Die Lehrperson nimmt eine ihrer verschiedenen Rollen wahr, indem sie zum Beispiel mit den Schülerinnen und Schülern zusammen individuelle Lernwege bespricht oder Lernergebnisse formativ evaluiert.

Das Gegenteil eines lernerorientierten Unterrichts: Die 8 **G**
Alle Lernenden einer **g**anzen Klasse arbeiten am **g**leichen Lernort, **g**leichzeitig, auf die **g**leiche Art und Weise, am **g**leichen Lerngegenstand, um das **g**leiche Ziel in der **g**leichen Zeit **g**leich gut zu erreichen.

Das lernerorientierte Klassenzimmer

Die Unterrichtsmaterialien von *Mille feuilles* sind so angelegt, dass die Lernenden ihre Selbst-, Sach- und Sozialkompetenz entwickeln können. Ein zunehmend lernerorientierter Unterricht wird möglich. Er zeichnet sich unter anderem durch folgende Merkmale aus:
Die Lernenden entscheiden – zum Teil mit Hilfe der Lehrperson – welche der Lernangebote sie mit welchen Materialien erarbeiten wollen. Sie arbeiten häufig in Gruppen und beschäftigen sich dabei mit teilweise unterschiedlichen Lerngegenständen. Die Lernenden evaluieren und reflektieren ihre Lernerfahrungen und -ergebnisse und ziehen daraus Schlüsse für die Weiterarbeit. Dazu stehen im Klassenzimmer nebst den Produkt- auch Prozessmaterialien zur Verfügung.

Aufgaben

Der Unterricht mit *Mille feuilles* ist aufgabenorientiert. Die offenen Aufgabenstellungen in den *activités* und *tâches* bilden eine der Grundlagen für einen lernerorientierten Unterricht. Sie geben den Lernenden die Möglichkeit, in der gemeinsamen Arbeit an den verschiedenen Aufgaben Verantwortung zu übernehmen und zum Gelingen des gemeinsamen Produkts einen eigenen wesentlichen Beitrag zu leisten.

Um selbstständiges Arbeiten zu ermöglichen, richten sich die Anweisungen in den *magazines* und auf der CD-ROM direkt an die Lernenden. Vor allem im Anfangsunterricht finden sich Erklärungen über das Vorgehen teilweise auf Deutsch. Zunehmend werden die Lernenden aber befähigt, den Anweisungswortschatz in der Zielsprache zu verstehen.

Damit die Lernenden ihre Arbeit mehr und mehr selbstständig planen und organisieren können, steht ihnen zu Beginn eines jeden *parcours* eine didaktische Landkarte zur Verfügung.

Die Aufgaben
Im aufgabenorientierten Unterricht ist das Spektrum an Aufgaben, die den Lernenden gestellt werden, grösser als im herkömmlichen Unterricht. Bei der Aufgabenverteilung wird darauf geachtet, dass die Lernenden selbst gewählte Aufgaben übernehmen. Es gibt kurzfristige und langfristige Aufgabenstellungen: Erstere beziehen sich nur auf eine Unterrichtsstunde oder einen Teil davon, letztere werden als Projekte über mehrere Unterrichtsstunden hinweg geführt. Die Ergebnisse zu einer Aufgabenstellung müssen im Klassenverband grundsätzlich als Produkte vorgelegt werden, z. B. als Folien, als Poster, als Broschüren, als kleine Bücher, als CDs, als Internetseiten. Die Aufgabenstellungen haben einen Bezug zum Lernen der fremden Sprache (gemeinsames Schreiben von Geschichten, Recherchieren einer grammatischen Frage, Zusammenstellen von Wortschatz zu einem bestimmten Thema, gemeinsames Schreiben eines Sketches oder eines Theaterstücks, Anhören einer CD und Erstellen eines Berichtes, Lesen eines Buches mit anschliessender Rezension).

Evaluation und Reflexion
Die wichtigste Aufgabe in einem autonomen Klassenzimmer ist die Evaluation der Lernaktivitäten. Sie findet in regelmässigen Abständen statt, z. B. wenn die Lernenden bestimmte Aktivitäten oder Projekte abgeschlossen haben. Alle Lerngruppen sollten über ihre Lernprozesse reflektieren. Die entscheidende Frage ist dabei: Was habe ich gelernt? Natürlich müssen bei solchen Evaluationsprozessen unterschiedliche Problemkreise thematisiert werden: die Aktivität, die Materialien, die Ergebnisse, soziale Aspekte der Lernsituation, der Evaluationsprozess selbst.

Evaluation und Reflexion

In *Mille feuilles* haben formative Evaluation und Reflexion einen grossen Stellenwert. Auf die verschiedenen Instrumente wird im Kapitel «Evaluation» näher eingegangen. Das Beispiel aus *magazine* 3.3 zeigt, wie eine Co-Evaluation mit anschliessender Reflexion über das eigene Lernen bereits im Anfangsunterricht realisiert werden kann. (vgl. Kapitel Differenzierung)

Mille feuilles | **Lernorientierung** 61

Projet de classe 5

Un cours de français et d'autres langues

Wir führen unseren Sprachkurs mit unseren Mitschülerinnen und Mitschülern durch. Wir besuchen die Sprachkurse der andern. Dabei sprechen wir französisch.

- Richtet einen Tisch für euren Sprachkurs ein. Legt euer Material bereit.
- Schlagt euer *magazine* auf den Seiten 28–29 auf. Hier könnt ihr wenn nötig nachschauen, wie man etwas sagt.
- Sprecht ab, wer von euch zuerst Sprachkurse erteilt und wer zuerst die Sprachkurse der andern besucht. Tauscht zwischendurch die Rollen.
- Hole nach der Durchführung der Kurse Rückmeldungen von zwei Kursbesucherinnen oder Kursbesuchern ein. Lass sie die Tabelle in deinem *magazine* ausfüllen.

Lernen durch Lehren
Lehre anderen, was du gelernt hast. Dabei machst du selber Fortschritte.

	++	+	+/-	-
Präsentation der Wörter Ich habe die Wörter gehört, gelesen und ihre Bedeutung verstanden.				
Üben Ich bekam zum Üben der Wörter gute Unterstützung.				
Lernerfolg Ich habe die Wörter gut behalten.				
Lehrperson Meine Mitschülerin/mein Mitschüler war eine gute Lehrperson.				
Französisch sprechen Wir haben während des Kurses miteinander französisch gesprochen.				
Spass Mir hat der Kurs Spass gemacht.				

- Schaut die Rückmeldungen an. Was ist gut gelungen? Was würdet ihr ein anderes Mal anders machen?

31

Co-Evaluation und Reflexion

Die Lernenden führen mit ihren Mitschülerinnen und Mitschülern einen selbst erstellten Sprachkurs durch. Damit praktizieren sie eine wesentliche Form des lernerorientierten Unterrichts: «Lernen durch Lehren».

Nach der Durchführung holen sie sich von zwei Kursbesucherinnen und -besuchern Rückmeldungen zum didaktischen Geschick und der Verwendung der Zielsprache ein. Auf Grund der Rückmeldungen machen sie sich Gedanken zur Arbeit und ziehen Schlüsse für die Weiterarbeit. (*magazine* 3.3)

Differenzierung

Differenzierung lässt sich als ein pädagogisches Verfahren definieren, das der Individualität der Lernprozesse der einzelnen Lernenden gerecht zu werden versucht. Das Konzept spielt gerade bei der Lehrwerkentwicklung eine wichtige Rolle, weil Unterrichtsmaterialien, vor allem wenn sie zur Schaffung einer reichen Lernumgebung beitragen, einen wichtigen Beitrag zur Differenzierung leisten können. Auch bei der Entwicklung von *Mille feuilles* wurde auf Differenzierungsangebote grosser Wert gelegt.

Eine Definition des Begriffs Differenzierung

Differenzierung ist ein pädagogisches Konzept, das sich bereits in der bildungspolitischen Diskussion der sechziger Jahre des vergangenen Jahrhunderts findet und die Debatte um die Gestaltung eines guten, d. h. den Begabungen aller Lernenden gerecht werdenden Schulsystems bis heute begleitet. In den sechziger Jahren wurden vor allem unter dem Eindruck einer bis zur Polemik reichenden Diskussion um den Einfluss von Umwelt und Anlagen auf die Entwicklung der menschlichen Persönlichkeit Modelle von Schule entwickelt, die auf eine chancengleiche Erziehung aller Kinder und Jugendlichen hinwirken sollten. Eines dieser Modelle, die Gesamtschule, war in ihrer frühen Form durch die Auflösung der Klassenverbände und die Zusammenführung der Lernenden zu begabungs- und interessengeleiteten Lerngruppen gekennzeichnet. In der Fachdiskussion spricht man hier von **äusserer Differenzierung**, d. h. der organisatorischen Trennung bzw. Aufteilung von Klassen in «homogene» Lerngruppen.

In der **inneren** oder **Binnendifferenzierung** bleibt die Lerngruppe als Ganzes bestehen: Durch pädagogische oder didaktische Massnahmen wird versucht, der Individualität der Lernenden, ihren Begabungen und ihren Interessen gerecht zu werden. Auf dieser Form von Differenzierung wird heute gemeinhin abgehoben, wenn man von Differenzierungsmassnahmen spricht.

In der Diskussion wird in immer stärkerem Masse deutlich, wie eng Differenzierung an Begriffe wie Individualisierung und individuelle Förderung gekoppelt ist. Ausserdem wird betont, dass Differenzierung mehr und mehr als eine Aufgabe der Lernenden gesehen wird und damit in die Nähe moderner Selbstbewertungskonzepte der Pädagogik gerückt wird. (vgl. Kapitel Evaluation und Reflexion) Die Unterscheidung zwischen **gesteuerter** und **natürlicher** Differenzierung ist dabei von Bedeutung: Unter gesteuerter Differenzierung werden Massnahmen zusammengefasst, die von der Lehrperson ausgehen; die natürliche Differenzierung bezieht sich auf offene Angebote von

Der Begriff konstruktivistisches Lernverständnis (vgl. Kapitel Konstruktivistisches Lernverständnis) wird unter Heranziehung der individuellen Lernvoraussetzungen transparenter, d. h. diese tragen dazu bei, den Lernprozess als einen vom individuellen Lernenden subjektiv gestalteten Lernprozess zu sehen.

Die verschiedenen Repertoires an Lernvoraussetzungen sind auch für die Lehrperson von zentraler Bedeutung. Denn sie muss dazu beitragen, dass die Schülerinnen und Schüler trotz ihrer unterschiedlichen Lernvoraussetzungen effizient lernen. Effizientes Lernen bedeutet aus dieser Perspektive, dass die Lernenden Lernbedingungen vorfinden, die dies gewährleisten. Solche Lernbedingungen kann die Lehrperson schaffen, indem sie den Unterricht so gestaltet, dass die Schülerinnen und Schüler trotz ihrer individuell unterschiedlichen Lernvoraussetzungen

Es ist das Ziel jeder Art von Differenzierung, den Lernenden dabei zu helfen, ihre individuellen Lernwege und Lernprozesse so zu gestalten, dass sie möglichst effizient werden.

Materialien und Aufgabenstellungen, aus welchen die Lernenden, ausgehend von ihrer Interessenlage, ihrer Motivation und ihrer Lernbedürfnisse, selbstständig auswählen.

Notwendigkeit für Differenzierungsmassnahmen im Unterricht

Die Überlegungen im letzten Abschnitt machen deutlich, dass die Lernenden über ein unterschiedlich geprägtes Repertoire an Lernvoraussetzungen verfügen, welches sie Lernprozesse individuell verschieden angehen lässt. Es ist das Ziel jeder Art von Differenzierung, den Lernenden dabei zu helfen, ihre individuellen Lernwege und Lernprozesse so zu gestalten, dass sie möglichst effizient werden.

die für das Sprachlernen erforderlichen Prozesse leisten können. Differenzierung ist also keine Modeerscheinung, sondern ein notwendiges didaktisches Werkzeug, um Lernprozesse für alle Lernenden bestmöglich zu gestalten. Unterrichtsmaterialien wie *Mille feuilles* können dazu beitragen, dass dies gelingt.

Möglichkeiten zur Differenzierung

In der Literatur zur Differenzierung wird darauf hingewiesen, dass Differenzierung und Individualisierung am besten in offenen Lernformen erreicht werden können. Offene Lernformen ermöglichen für die Schülerinnen und Schüler grössere Handlungsspielräume, erweitern ihre Eigenverantwortung, erhöhen ihre Entscheidungsmöglichkeiten und ergeben neue Möglichkeiten für sozialintegratives Lernen. Durch die Öffnung von Unterricht wird mehr Lernerautonomie entwickelt und dadurch die natürliche Differenzierung gefördert.

Seit Böttger (2005) unterscheidet man zwischen vier Formen von Differenzierung:
1. **Quantitative Differenzierung:** Hier geht es darum, die einzelnen Schülerinnen und Schüler von der Quantität (Arbeitsmenge, Stoffumfang) der gestellten Aufgaben her unterschiedlich einzubinden.
2. **Qualitative Differenzierung:** Die Differenzierung in verschiedene Lerngruppen oder Einzellernende erfolgt nach unterschiedlichen Übungstypen, deren Niveau schwieriger oder leichter sein kann.
3. **Differenzierung nach Unterrichtsformen:** Diese Art der Differenzierung, die auch als Differenzierung nach Lernarrangements bezeichnet wird, bezieht sich auf die selbstständige Wahl der eigenen Arbeitsweisen, der Arbeitsmittel und der benötigten Arbeitszeit. Die Differenzierung nach Lernarrangements kann nur dann wirkungsvoll sein, wenn diese in Verbindung mit den verschiedenen Sozialformen (Gruppenarbeit, Partnerarbeit, Arbeit in der gesamten Lerngruppe) erprobt werden, um die Lernenden in die Lage zu versetzen, das ihnen gemässe Lernarrangement begründet auszuwählen. Alle Formen von handlungsorientiertem Unterricht lassen solche Differenzierungen zu.
4. **Differenzierung durch variablen Einsatz von Medien und Arbeitsmitteln:** Diese Form der Differenzierung bezieht sich auf die Gestaltung der Unterrichtsmaterialien. Den Schülerinnen und Schülern werden Arbeitsmittel und Medien zur Verfügung gestellt, die ihnen verschiedene Zugänge zu Unterrichtsstoffen ermöglichen.

Entwicklungs- und lernpsychologischer Hintergrund

In der pädagogischen Literatur wird die Notwendigkeit von Differenzierungsmassnahmen mit Konzepten begründet, die aus der Lern-, der Entwicklungs- und der Spracherwerbspsychologie stammen. In der Lernpsychologie sind es vor allem die individuellen Lernvoraussetzungen, die zum Ausgangspunkt der Diskussion gemacht werden. Lernende verfügen über ein Inventar von Lernvoraussetzungen, die individuell verschieden sind. Diese lassen sich in die folgenden vier Gruppen klassifizieren:
1. Allgemeine Lernvoraussetzungen
2. Entwicklungspsychologische Stufen
3. Unterschiedliche Intelligenztypen
4. Unterschiedliche Lernertypen

Die allgemeinen Lernvoraussetzungen sind unterschiedlich, sie werden nach Haß (2006) unterteilt in:

Alter und Entwicklung, Geschlecht	Vorerfahrungen und Vorkenntnisse
Interkulturelle Erfahrungen	Arbeitshaltung und Interessen (Motivation, Ausdauer, Konzentrationsfähigkeit)
Sozialer Hintergrund (Familie/Elternhaus)	Disziplin
Muttersprachliche Kompetenz bzw. Kompetenz in der Schulsprache (z.B. bei Kindern mit Migrationshintergrund)	Soziale Fähigkeiten im Umgang mit Lehrern und Mitschülern
Intellektuelles Leistungsvermögen (Fähigkeiten, Lerntempo, Gedächtnis)	

Eindeutig umweltbedingte Lernvoraussetzungen sind der soziale Hintergrund, d. h. die Familie und das Elternhaus, die interkulturellen Erfahrungen, die Sprachkompetenz, die Vorerfahrungen und Vorkenntnisse sowie zum Teil auch die sozialen Fähigkeiten im Umgang mit Lehrpersonen und Mitschülerinnen und Mitschülern. Auch Arbeitshaltungen und Interessen sowie die sozialen Fähigkeiten im Umgang mit anderen sind in hohem Masse umweltbedingt, d. h. sie werden im Elternhaus und in der Schule erworben. Es kann hier allerdings davon ausgegangen werden, dass es Lernende gibt, die in stärkerem Masse extrovertierte Persönlichkeiten sind und deshalb diese Fähigkeiten und Fertigkeiten leichter erwerben. Das intellektuelle Leistungsvermögen ist wahrscheinlich zum grösseren Teil anlage- und zum geringeren Teil umweltbedingt.

Für die entwicklungspsychologischen Stufen kann auf die Arbeiten von Oertner und Montada (2002) verwiesen werden. Die beiden Autoren halten fest, dass diese Stufen für die Art der Aneignung und Verarbeitung des komplexen Systems Sprache von grosser Bedeutung sind. Die von Piaget modellierte Stufung der geistigen Entwicklung des Kindes lässt erwarten, dass Kinder in der so genannten konkret-operationalen Phase Sprache anders lernen als in der prä-operationalen Phase. In ersterer sind die Fähigkeiten des Segmentierens und Klassifizierens stärker entwickelt und ermöglichen deshalb andere Lernprozesse als in der prä-operationalen Phase.

Die entwicklungspsychologisch bedingten Lernvoraussetzungen können in einer Klasse bei den einzelnen Kindern verschieden sein, weil sich Kinder unterschiedlich entwickeln und deshalb die jeweilige kognitive Entwicklungsstufe nicht von allen gleichzeitig erreicht wird. Die Zweitspracherwerbsforschung verweist darauf, dass eine Sprache zwar in bestimmten festgelegten

Differenzierung in *Mille feuilles*

Entwicklungssequenzen (vgl. Kapitel Handlungsorientierung) gelernt wird, dass aber die Lernenden aufgrund ihrer individuellen sprachlichen Entwicklung die jeweiligen Sequenzen zwar in der gleichen Reihenfolge, nicht aber gleichzeitig durchlaufen. (Ellis 1994: 22)

Zu den unterschiedlichen Intelligenztypen soll hier nur wenig gesagt werden. Schon 1994 hat Armstrong eine Liste von sieben multiplen Intelligenztypen vorgelegt:

> Sprachliche Intelligenz, räumliche bzw. visuelle Intelligenz, musikalische Intelligenz, logisch-mathematische Intelligenz, körperlich-kinästhetische Intelligenz, intra-/interpersonelle Intelligenz, natürliche Intelligenz.

Diese Intelligenztypen kommen bei jedem Menschen in unterschiedlicher Ausprägung vor und beeinflussen als Lernvoraussetzungen das Lernverhalten jedes Einzelnen.

Schliesslich bleiben die unterschiedlichen Lernertypen als Lernvoraussetzungen. Unkommentiert sei hier eine Liste von Hans-Eberhard Piepho (undatiert) vorgestellt, die auf das Fremdsprachenlernen fokussiert:

> Visuell wache Kinder, auditiv sensible Kinder, haptisch aufgeschlossene Kinder, Datensammler, Regellerner, Konzeptlerner, sprachlich gehemmte Lerner.

Das konstruktivistische Lernverständnis, welchem *Mille feuilles* verpflichtet ist, sieht den Lernprozess als komplexen Vorgang, der bei den verschiedenen Lernenden – je nach individueller Lernvoraussetzung – unterschiedlich verläuft. So ist mit ebenso vielen unterschiedlichen Lernprozessen zu rechnen, als es Lernende im Klassenzimmer gibt.

Um möglichst allen Schülerinnen und Schülern gerecht zu werden und ihnen die Möglichkeit zu bieten, ihre individuellen Lernwege effizient zu gestalten, bietet *Mille feuilles* ein reichhaltiges Differenzierungsangebot an. Dieses berücksichtigt alle vier von Böttger beschriebenen Differenzierungsformen.

Quantitative Differenzierung

Quantitative Differenzierung ist in *Mille feuilles* sowohl in den Inputs als auch in den *activités* und den *tâche*s angelegt.
Auf der CD-ROM finden die Lernenden ein grosses Angebot an zusätzlichen Lese- und Hörtexten, welches sie je nach Interesse, Lust und Fähigkeit für die individuelle, quantitative Differenzierung nutzen können. Die Texte haben einen engen Bezug zu den Inputs und sind wie ein Fenster zum Reichtum der Welt. Als Zusatzmaterial bieten sie die Möglichkeit, weitere Entdeckungen machen zu können oder sich noch vertiefter mit dem gewählten Thema auseinanderzusetzen.

Nebst den zusätzlichen Texten werden auch *activités* oder Teile davon angeboten, die freiwillig sind. Häufig handelt es sich dabei um recht knifflige Aufgaben.

Beispiele
» *Magazine* 4.2 ist dem Thema *passions* gewidmet. Die Inputtexte des ersten *parcours* bestehen aus verschiedenen Reportagen über Kinder, die in ihrer Freizeit einer Tätigkeit mit grossem Interesse, Einsatz und Eifer nachgehen. Im *magazine* ist jeweils ein Ausschnitt aus den verschiedenen Originalreportagen abgedruckt. Die ganzen Berichte können im Sinne der quantitativen Differenzierung auf der CD-ROM gelesen werden.
» In *magazine* 4.3 beschäftigen sich die Lernenden mit Text- und Filmversionen verschiedener *bandes dessinées*. Auf der CD-ROM finden sie zehn zusätzliche Geschichten.
» In *magazine* 5.2 (Erprobungsfassung) sind als Input 35 Witze abgedruckt. Für die *tâche* wählen die Lernenden einige aus, die sie gerne erzählen möchten, selbstverständlich können sie aber so viele lesen, wie sie wollen. Zudem stehen ihnen Internetseiten mit weiteren Witzen – auch solchen in anderen Sprachen – zur Verfügung.

Aus der Offenheit der Aufgabenstellungen ergibt sich zudem auf natürliche Art eine quantitative Differenzierung.

Beispiele
» In jedem *parcours* wählen die Lernenden zusätzlich zum vorgegebenen Klassenwortschatz individuellen Wortschatz aus und halten diesen in *fichier* und *revue* fest. Es steht ihnen frei, wie viele Wörter sie jeweils herauslösen wollen.
» Eine natürliche quantitative Differenzierung stellt sich auch immer bei der *tâche* ein, die als offene und mehrschrittige Aufgabe am Ende jedes *parcours* bearbeitet wird. Entsprechend ihren Fähigkeiten gestalten die Lernenden diese mehr oder weniger ausführlich.

In Bezug auf die quantitative Differenzierung sind folgende Aspekte wichtig:
» Das Differenzierungsangebot in *Mille feuilles* besteht nicht aus zusätzlichen Arbeitsblättern, die weitgehend in der Hand der Lehrperson sind und den schnell Lernenden als Zeitfüller angeboten werden. Vielmehr baut es auf der Idee der Inhaltsorientierung auf. Den

Lernenden werden Texte mit spannenden, neuen Inhalten angeboten, die – je nach individuellem Vermögen – gelesen oder bearbeitet werden können. Damit wird *Mille feuilles* auch den Prinzipien der Lernerorientierung und des konstruktivistischen Lernverständnisses gerecht. Die quantitative Differenzierung basiert auf einer reichen Lernumgebung, aus welcher die Lernenden die Inhalte selber auswählen können.

Qualitative Differenzierung

Wenn die Lernenden die Inputs auswählen, mit welchen sie sich näher beschäftigen wollen, erfolgt diese Wahl auf Grund ihrer Interessen. Entsprechend den Prämissen der Inhaltsorientierung verzichtet *Mille feuilles* darauf, die Inputtexte nach Schwierigkeitsgrad zu kennzeichnen und damit eine qualitative Differenzierung anzulegen. (vgl. Kapitel Inhaltsorientierung) Demgegenüber wird eine qualitative Differenzierung sowohl in den *activités* als auch in den *tâches* ausgewiesen. Die Offenheit der Aufgabenstellungen macht es möglich, dass die Lernenden diese je nach den bereits vorhandenen Kompetenzen unterschiedlich lösen können. Dabei verzichtet *Mille feuilles* darauf, die Lernangebote in schwierige und leichte Aufgaben zu unterteilen. Dies geschieht aus folgenden Gründen:

» Erfahrene Lehrpersonen wissen, dass die Motivation, einen Text zu erarbeiten oder ein Produkt herzustellen, entscheidend für das Gelingen einer Aufgabe ist. Lernende, die von der Lehrperson als eher schwach beurteilt werden oder sich selber so einschätzen, können durchaus in der Lage sein, als schwierig eingestufte Texte zu entschlüsseln oder komplexere Aussagen zu formulieren, wenn sie eine Aussage machen möchten, die für sie relevant ist.

» Eine Klassifizierung in «schwierige» und «leichte» Aufgaben entspricht

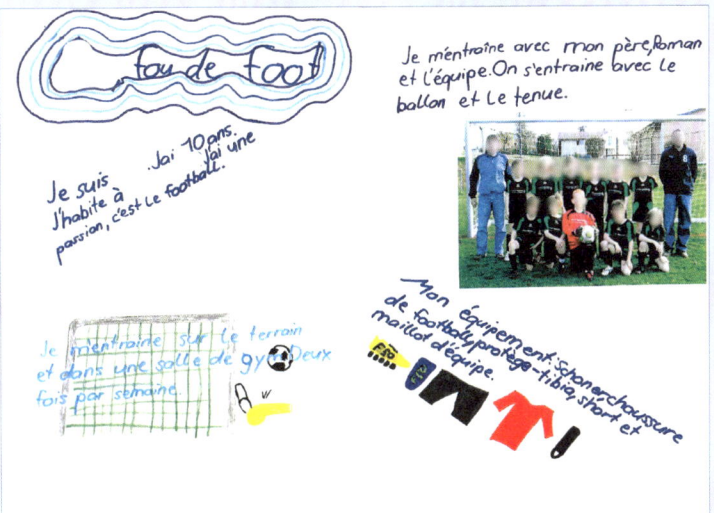

Natürliche quantitative und qualitative Differenzierung in der *tâche*

In *magazine* 4.2 erstellen die Lernenden in der *tâche* eine Reportage über sich und die eigene *passion*. Die beiden Schülerleistungen zeigen, wie sich aus der offenen Aufgabenstellung ungesteuert sowohl eine quantitative als auch eine qualitative Differenzierung ergeben können. Die Schülerleistung A weist quantitativ eine grössere sprachliche Produktion aus und die Satzstrukturen sind komplexer. Hier wird eine freiere Eigenproduktion sichtbar. Schülerleistung B hält sich enger an die in den *activités* eingeübten Strukturen.

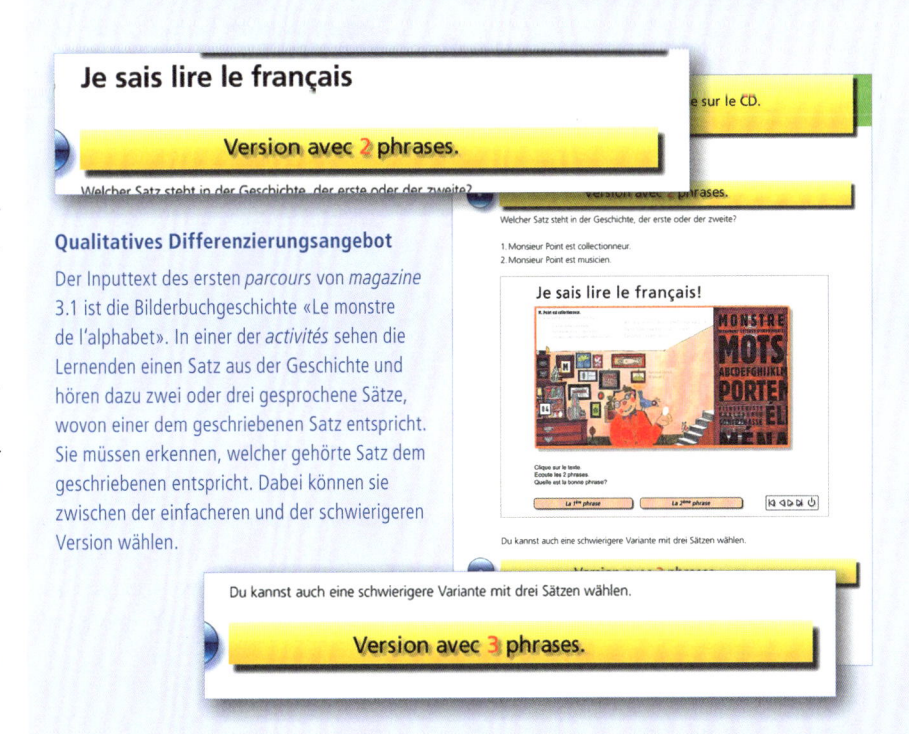

Qualitatives Differenzierungsangebot

Der Inputtext des ersten *parcours* von *magazine* 3.1 ist die Bilderbuchgeschichte «Le monstre de l'alphabet». In einer der *activités* sehen die Lernenden einen Satz aus der Geschichte und hören dazu zwei oder drei gesprochene Sätze, wovon einer dem geschriebenen Satz entspricht. Sie müssen erkennen, welcher gehörte Satz dem geschriebenen entspricht. Dabei können sie zwischen der einfacheren und der schwierigeren Version wählen.

nicht dem Prinzip der Lernerautonomie: Die Lernenden müssen die Möglichkeit erhalten, selber herauszufinden, wie weit sie in der Lage sind, eine gestellte Aufgabe zu lösen. Im Rahmen einer Selbstevaluation oder Reflexion lernen sie, ihre Leistung zu beurteilen. Die offenen Aufgabenformate in *Mille feuilles* bieten diese Möglichkeit.

» Bei authentischen Aufgabenstellungen mit authentischen Materialien kann meist nicht klar bestimmt werden, was nun für welche Lernenden schwierig ist. Der nicht-reduktionistische Zugang zu Sprache und Aufgabenstellung ermöglicht individuell unterschiedliche Vernetzungs- und Anknüpfungsmöglichkeiten, die nicht vorhersehbar sind. (vgl. Kapitel Konstruktivistisches Lernverständnis)

Vereinzelt finden sich in *Mille feuilles* Aufgabenstellungen mit ausgewiesen unterschiedlichem Schwierigkeitsgrad. Dabei ist wichtig, dass die Lernenden selber wählen können, welche Variante sie lösen möchten.

Differenzierung nach Unterrichtsformen (Lernarrangements)

Mille feuilles bietet von Anfang an verschiedene Unterrichtsformen an und ermöglicht den Lernenden so, verschiedene Sozialformen (Gruppen- und Partnerarbeit, Arbeit im Klassenverband) im Unterricht zu erproben. Damit werden Voraussetzungen dafür geschaffen, dass sie später Unterrichtsformen selber wählen können und somit eine entsprechende Differenzierung stattfinden kann.

Grundsätzlich ist festzuhalten, dass die Differenzierung nach Unterrichtsformen nicht im Detail vom Lehrmittel vorgeschrieben werden kann. Die Differenzierung ergibt sich in der Dynamik des Unterrichts und ist je nach Klasse und Verhalten der Lehrperson unterschiedlich.

Differenzierung nach Unterrichtsformen: Sozialformen erproben
Die Lernenden werden durch eine Zusammenstellung an Redemitteln unterstützt, während der Arbeit in Kleingruppen in der Zielsprache zu kommunizieren. (*revue* 4)

Differenzierung nach Unterrichtsformen: «Lernen durch Lehren»
Die Lernenden unterrichten sich gegenseitig und eignen sich dabei Wortschatz an. (*magazine* 3.3)

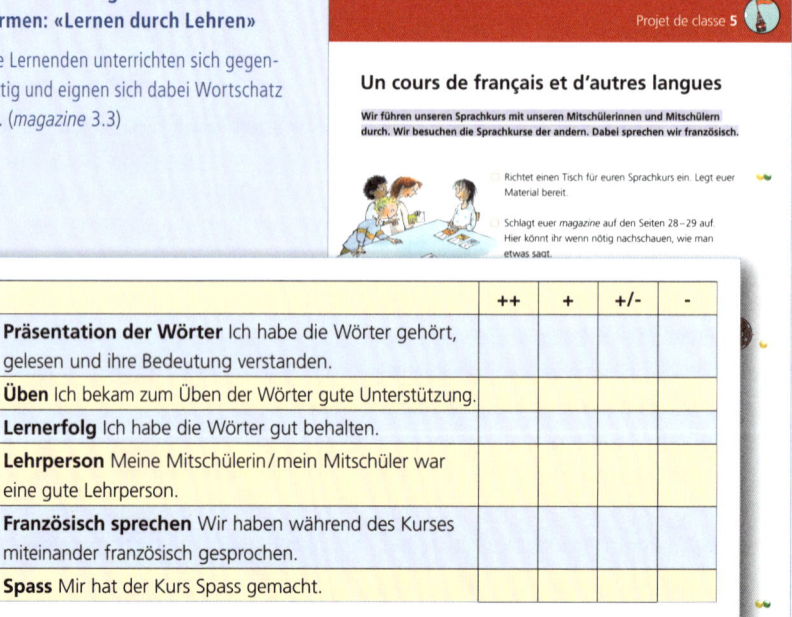

In *Mille feuilles* kommt dem Lernen in Kleingruppen besondere Bedeutung zu; dies aus folgenden Gründen:
» Die Lernenden sollen von Anfang an das Lernpotenzial, das in einer Gruppe vorhanden ist, erfahren und lernen, dieses Potenzial zu nutzen.

» Eine Sprache wird dann gelernt, wenn sie intensiv angewendet wird. Dies ist im schulischen Sprachenlernen dann der Fall, wenn die Lernenden untereinander in der Zielsprache kommunizieren, was besonders in der Arbeit in Kleingruppen möglich ist.

Mille feuilles | **Differenzierung** 67

Ecouter et comprendre

1. Filmtext – schnell gesprochen
2. Bilderbuchtext – langsamer gesprochen
3. Gekürzter Text

Differenzierungsangebote durch ein reiches Angebot an Medien und Arbeitsmitteln

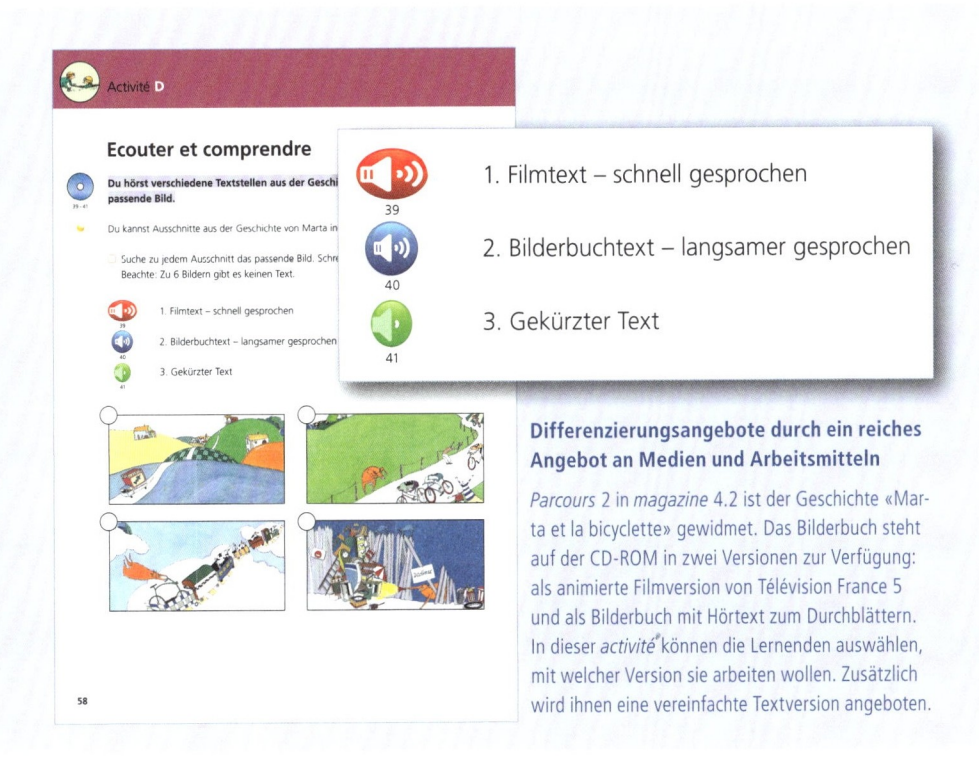

Parcours 2 in *magazine* 4.2 ist der Geschichte «Marta et la bicyclette» gewidmet. Das Bilderbuch steht auf der CD-ROM in zwei Versionen zur Verfügung: als animierte Filmversion von Télévision France 5 und als Bilderbuch mit Hörtext zum Durchblättern. In dieser *activité* können die Lernenden auswählen, mit welcher Version sie arbeiten wollen. Zusätzlich wird ihnen eine vereinfachte Textversion angeboten.

Um die Lernenden zu unterstützen, die Zielsprache zu verwenden, wird in der *revue* eine Zusammenstellung häufiger Redemittel angeboten.

Eine Unterrichtsform, die grosses Lernpotenzial hat, ist das Lernarrangement «Lernen durch Lehren». In *magazine* 3.3 führt *Mille feuilles* diese Form ein.
Die Lernenden führen für ihre Mitschülerinnen und Mitschüler einen Sprachkurs durch und besuchen ihrerseits die Sprachkurse der andern.

Nach der Durchführung evaluieren sie die Arbeit mithilfe eines im *magazine* abgedruckten Evaluationsrasters. Dabei denken sie über die Art des Lehrens und Lernens nach und überlegen sich, was sie ein anderes Mal anders machen würden.

Differenzierung durch Medien und Arbeitsmittel

Ein wichtiges Differenzierungsangebot besteht im reichen Medienangebot, das *Mille feuilles* den Lernenden von Anfang an zur Verfügung stellt. Es gehört zum Credo des lernerorientierten Unterrichts, dass alle Materialien den Lernenden jederzeit zur Verfügung stehen. *Mille feuilles* folgt diesem Credo und stellt den Lernenden zu jedem *magazine* auch eine CD-ROM und eine Audio-CD zur Verfügung. Auf der CD-ROM finden sich die Inputtexte in vertonter Form, Filme, animierte Kinderbücher, Lernsoftware, Lieder, Verse und die Materialien für die freiwilligen Zusatzangebote; auf der Audio-CD sind alle Inputtexte und Lieder auch als Hörtexte registriert. (vgl. Kapitel Materialien und Medien)

Mit diesem Angebot werden Grundlagen für vielfältige Differenzierungsmöglichkeiten geschaffen.

Zwar wird im Anfangsunterricht das Geschehen sicher noch relativ stark durch die Lehrperson gesteuert, es ist aber wichtig, dass die Fähigkeiten, mit der Vielfalt sinnvoll umzugehen, sukzessive aufgebaut werden.

Wenn man *Mille feuilles* aus der Perspektive der Öffnung von Unterricht betrachtet, so sind die Differenzierungsmöglichkeiten eines der Elemente, die eine solche Öffnung ermöglichen.

Die Lernenden haben ein grosses Angebot an Lernmaterialien, aus welchem sie zuweilen – ihren Interessen entsprechend – auswählen können. Es ist wichtig, dass sie befähigt werden, mit den verschiedenen Angeboten immer selbstständiger umzugehen. Dies können sie allerdings nur, wenn sie lernen, ihr eigenes Leistungsvermögen richtig einzuschätzen. Das bedeutet, dass sich Differenzierung auch mit Selbstevaluation und Reflexion verbindet. (vgl. Kapitel Evaluation)

Rollen der Lehrperson

Dieses Kapitel befasst sich mit den verschiedenen Rollen, welche der Lehrperson in einem modernen schülerorientierten Fremdsprachenunterricht zukommen. Im zweiten Teil werden diese Rollen im Hinblick auf die Arbeit mit Mille feuilles spezifiziert und es wird gezeigt, welche Aufgaben die Lehrperson zu erfüllen hat.

Die Fremdsprachenlehrperson einst und jetzt: Versuch einer ersten Annäherung

Jeder, der sich an seinen eigenen Fremdsprachenunterricht erinnert, ist in der Lage, die Rolle zu beschreiben, die seine Lehrerin/sein Lehrer gespielt hat. Im herkömmlichen Unterricht – und das gilt nicht nur für den Fremdsprachenunterricht – übernimmt die Lehrperson die zentrale Rolle. Sie entscheidet, was im Klassenzimmer geschieht, an welchen Materialien gearbeitet wird und welche Aufgaben in der Schule und zu Hause zu bearbeiten sind. Damit ist sie aber auch allein verantwortlich für die Lernprozesse und Lernergebnisse der Schülerinnen und Schüler. Das herkömmliche Beziehungsverhältnis zwischen den Lernenden und der Lehrperson wird deshalb auch im Sinne von Watzlawick als ein asymmetrisches bzw. als ein Beziehungsverhältnis der Ober- und Unterordnung bezeichnet. Ein symmetrisches Beziehungsverhältnis, das moderne Unterrichtsansätze charakterisiert, «zeichnet sich hingegen dadurch aus, dass die Partner sich bemühen, Ungleichheiten untereinander zu minimieren». (Watzlawick 1976)

Nun hört man häufig von praktizierenden Lehrpersonen, dass es dringend erforderlich sei, ein solches asymmetrisches Beziehungsverhältnis zwischen dem Allwissenden und dem Nichtswissenden, zwischen Meister und Novizen zu bewahren, um auf diese Weise Lernprozesse zu gewährleisten. Denn nur wenn die Lehrperson die Lernprozesse der Schülerinnen und Schüler steuere, würden diese wirklich lernen. Alle anderen von der Lehrperson nur mitgestalteten Interaktionsprozesse im Klassenzimmer müsse man einer Laissez-faire-Pädagogik zuordnen, deren Versagen inzwischen offenkundig sei.

Dem ist zunächst einmal zu entgegnen, dass eine asymmetrische Kommunikation im Klassenzimmer kein Garant für effizientes Lernen ist, im Gegenteil. Darüber hinaus verwechseln Vertreter dieser Ideologie die Laissez-faire-Pädagogik mit einer Pädagogik, in welcher der Unterrichtende so viel Persönlichkeit (vgl. Roth 2011) besitzt, dass er ein eher symmetrisches Beziehungsverhältnis zulassen kann und gerade dadurch die Lernenden zu erhöhten Lernleistungen motiviert. Natürlich müssen Lehrpersonen den Bedürfnissen der Schülerinnen und Schüler Rechnung tragen: Sie müssen Disziplin einfordern und auch dafür Sorge tragen, dass die von der Gesellschaft erwartete Bewertung der Leistungen des Einzelnen in angemessenem Rahmen stattfindet. Dies ist aber in einem symmetrischen Beziehungsverhältnis besser möglich als in einer Beziehung der Über- bzw. Unterordnung.

Aus einer Vielzahl von Untersuchungen (z. B. Viebrock 2007; Winnerling 2005) über die Beziehungen zwischen Lehrpersonen und Schülerinnen und Schülern, über ihre gegenseitigen Erwartungshaltungen und über das meist auf subjektiven Theorien basierende Alltagshandeln von Lehrpersonen wird deutlich, dass diese dann besonderen Erfolg haben, wenn sie in der Lage sind, unterschiedliche Rollen im Klassenzimmer einzunehmen. Das hängt mit der Gestaltung eines symmetrischen Beziehungsverhältnisses zusammen und ist auch ein Grundanliegen moderner Unterrichtstheorien. Der Lehrperson, die im Wesentlichen eine Rolle auszufüllen hatte, die des «omniscient provider of knowledge» (des allwissenden Bereitstellers von Wissen) steht heute in der Pädagogik die Lehrperson gegenüber, die in unterschiedlichen Rollen das Geschehen im Klassenzimmer mitgestaltet. Auch für die Arbeit mit Mille feuilles sind Persönlichkeiten erforderlich, die in der Lage sind, unterschiedliche Rollen im Klassenzimmer einzunehmen.

Rollen der Lehrperson im modernen Fremdsprachenunterricht

Im Folgenden werden die wichtigsten Rollen der Lehrperson im modernen Fremdsprachenunterricht genannt und es wird verdeutlicht, welche Funktionen zu der jeweiligen Rolle gehören. Die folgenden Rollen werden in der Literatur genannt (Wolff 2003: 325):

Die Lehrperson als
» Organisatorin der Klassenzimmeraktivitäten
» Moderatorin des Klassenzimmergeschehens
» *facilitator* der Lernprozesse
» Beraterin der Lernenden bei Lernproblemen
» als Wissensquelle

Die Lehrperson als Organisatorin der Klassenzimmeraktivitäten

Das moderne fremdsprachliche Klassenzimmer wurde bereits an anderer Stelle als eine Lernwerkstatt bezeichnet, in welcher Lehrende und Lernende gemeinsam die schwierige Aufgabe des Erlernens einer fremden Sprache zu meistern versuchen. Zu den wichtigsten Aufgaben der Lehrperson im Bereich der Organisation des Klassenzimmers gehört u.a. die Vorbereitung der Arbeit in Kleingruppen (Hilfe bei der Auswahl der Aufgabenstellung, bei der Einteilung der Gruppen, Vorbereitung der eigentlichen Arbeit, Hinweise auf Materialien für die Arbeit), die Erstellung des Arbeitsplans für die Stunde bzw. für die Woche, Hilfestellung bei der Planung und Durchführung der Aktivitäten und der Präsentationen etc.

In dieser Rolle trägt die Lehrperson ein hohes Mass an Verantwortung, denn sie kann in sehr viel stärkerem Masse als die Lernenden selbst Klassenzimmeraktivitäten in Bewegung bringen, Irrwege vermeiden und richtige Wege aufzeigen.

Die Lehrperson als Moderatorin des Klassenzimmergeschehens

Die Rolle der Lehrperson als Moderatorin in einem handlungsorientierten Unterricht ist der einer Organisatorin ähnlich. In dieser Rolle ist die Lehrperson zunächst sehr wichtig, wenn es um die Vor- und Nachbereitung einer Gruppenarbeit und die Präsentation der in der Gruppenarbeit gewonnenen Ergebnisse geht. Die Anleitung der Schülerinnen und Schüler zu eigenständigen Reflexionsprozessen sollte hier im Sinne der «guided construction of knowledge» (Neil Mercer 1995) im Mittelpunkt stehen. Während der von den Schülerinnen und Schülern durchgeführten Aktivitäten ist die Lehrperson unerlässlich, sei es zur Krisenbewältigung innerhalb einer Gruppe oder zur Hilfestellung bei sprachlichen Problemen.
Sie kann auch Vorschläge für Aktivitäten machen, wenn sie sieht, dass die Lernenden bei einer Aufgabenstellung nicht weiter kommen. So kann sie z. B. das Nachschlagen in einem Wörterbuch, in einer Grammatik oder in einer sonstigen Informationsquelle vorschlagen, d. h. also den Gebrauch von Strategien anregen. Die Lehrperson beobachtet die Aktivitäten der Lernenden und schaltet sich gegebenenfalls in das Klassenzimmergeschehen ein.

Der überwiegende Gebrauch der Zielsprache durch die Schülerinnen und Schüler kann natürlich zunächst nur eine Zielvorstellung sein. Denn erst dann, wenn die Lernenden mit der *langage de classe* vertrauter werden, werden sie sich auch immer mutiger der fremden Sprache bedienen (vgl. Kapitel Handlungsorientierung). Deshalb besteht eine wichtige Rolle der Lehrperson als Moderatorin im Klassenzimmer darin, die Lernenden zur Einsprachigkeit im Klassenverband und in der Gruppe zu ermuntern. Nur wenn die Lehrperson selbst sich immer häufiger der Fremdsprache bedient, wird es gelingen, auch die Schülerinnen und Schüler dazu zu bringen, diese Sprache in der Klasse und in der Kleingruppe zu verwenden.

Die Forderung nach möglichst einsprachigem Fremdsprachenunterricht lässt sich vor allem mit dem so genannten Inputargument begründen. Je mehr Französisch im Klassenzimmer gesprochen wird, desto mehr Input (aus der Interaktion) steht auch zur Verfügung. Allerdings gibt es auch Argumente, die für die Einbeziehung der Schulsprache sprechen. So konnte z. B. die L2-Forschung nachweisen, dass die Erwerbsprozesse in der zweiten Sprache nicht von der Erstsprache getrennt werden können. Die Lernenden werden beim Erwerb der zweiten Sprache immer auf ihre Erstsprache zurückgreifen. Wenn die Erstsprache beim Erwerb der zweiten Sprache so wichtig ist, muss sie auch beim Lernen der zweiten Sprache in der Schule eine Rolle spielen, d. h. sie kann nicht einfach ausgeklammert bleiben. Insgesamt lässt sich der derzeitige Stand der Diskussion um die Einsprachigkeit auf die einfache Formel «so viel Schulsprache wie nötig, so viel Fremdsprache wie möglich» bringen. Diese Position wurde bei der Entwicklung von *Mille feuilles* auch berücksichtigt und der Lehrperson die Möglichkeit gegeben, sich in ihrer Moderatorenrolle auch für die Schulsprache zu entscheiden. Im *fil rouge* wird vorgeschlagen, dass sich die Lehrperson vor allem im Anfangsunterricht in den Reflexionsphasen, oder wenn die Schülerinnen und Schüler Hypothesen bilden und testen sollen, der deutschen Sprache bedient. Unterrichtssequenzen in der Schulsprache können den Lernprozess vor allem in den ersten Jahren effizienter machen.
Trotzdem aber sollte die Lehrperson gewährleisten, dass die Zielsprache im Unterricht die «Hauptsprache» ist. Dazu beitragen kann auch, dass sie, immer wenn sie einen Sprachwechsel in die Schulsprache durchführt, sich selbst Rechenschaft darüber ablegt, warum sie dies tut. Eine solche Massnahme trägt dazu bei, nicht zu schnell oder unreflektiert in die Schulsprache zu wechseln.

Die Lehrperson als *facilitator* der Lernprozesse

Sprachliche Fähigkeiten und Fertigkeiten sind sehr komplex, da sie aus einer Vielzahl von Prozessen bestehen, die durch Strategien gesteuert werden und in ihrer Komplexität den Lernenden zunächst übertordern. Dazu kommt, dass einzelne Fähigkeiten, wie z. B. das Hören und das Sprechen, oft in Verbindung miteinander eingebracht werden und damit die Komplexität noch erhöht wird. Es ist daher erforderlich, den Schülerinnen und Schülern dabei zu helfen, mit dieser Komplexität sinnvoll umzugehen, ihnen die einzelnen Bestandteile dieser Fähigkeiten bewusst zu machen und auf diese Weise ihren Lernprozess zu erleichtern (engl. *facilitate*). Die Kunst, mit der Komplexität von Sprache umzugehen, ist eine der wichtigsten Tätigkeiten, welche die Lehrperson im Klassenzimmer zu erfüllen hat.

> *Die Rollen der Lehrperson in einem modernen kompetenzorientierten Fremdsprachenunterricht sind vielfältig, spannend und herausfordernd.*

Die Lehrperson als Beraterin der Lernenden bei Lernproblemen

Die Lernberatung wird seit etwa einem Jahrzehnt in der Fachdiskussion immer wichtiger.

» Lernberatung bezeichnet eine partnerschaftliche Interaktion zwischen einem ratsuchenden Lerner und einem kompetenten Berater, deren Bezugspunkt die Fragen und Schwierigkeiten des Lerners zum Thema Fremdsprachenlernen sind. (Wehmer 2003: 344)

Die Notwendigkeit und das Angebot zur Lernberatung ergeben sich aus der neuen Lehrer-Schüler-Konstellation, in der die Lernenden in einem annähernd symmetrischen Beziehungsverhältnis zur Lehrperson stehen und ihre Selbstständigkeit und Selbstverantwortung gefördert werden.

Individuelle Lernbedürfnisse der Schülerinnen und Schüler werden schon seit geraumer Zeit berücksichtigt. Besonders deutlich wird dies im veränderten Umgang mit Fehlern, welche die Lernenden machen. Begriffe wie Fehlertoleranz und Fehlerkultur sind Hinweise darauf, dass Fehler nicht mehr sanktioniert werden, sondern im Klassenzimmer wie auch in Beratungsgesprächen ausserhalb des Unterrichts so behandelt werden, dass aus ihnen neue Lernimpulse erwachsen. (vgl. Kapitel Lernerorientierung)

» Ein konstruktiver Umgang mit Fehlern, oder auch Fehlertoleranz, bedeutet nicht, Sprachverstösse zu ignorieren. Selbstverständlich gibt der Lehrer die korrekten Formen vor und korrigiert in angemessener Art und Weise. Fehler werden als Lernhilfen genutzt, aber nicht sanktioniert. Nur so haben die Schüler genügend «Freiraum», die Sprache in der Anwendung zu lernen und ein Vertrauen in das eigene Können zu entwickeln. (Arbeitsgruppe LEGS 2012: 11)

Die Lehrperson als Wissensquelle

Diese ursprünglich primäre Rolle der Lehrperson spielt natürlich auch in modernen Unterrichtskonzepten eine wichtige Rolle. Die sprachliche Kompetenz der Lehrperson, ihr Wissen über die fremde Sprache und ihre Struktur, die Vertrautheit mit der fremdsprachlichen Kultur machen sie zu einer unverzichtbaren Wissensquelle für die Schülerinnen und Schüler.

Von ganz besonderer Bedeutung ist die Rolle der Lehrperson als sprachliches Vorbild. Zwar ist es heute nicht schwierig, Personen mit der Zielsprache als Erstsprache über CDs und DVDs in den Unterricht einzubeziehen und sprachliche Unterschiede zu verdeutlichen: Solche «Konserven» sind allerdings für die Lernenden weniger wichtig als die Lehrperson, welche mit den Schülerinnen und Schülern interagiert und auf diese direkt und spontan reagieren kann. Es ist erstaunlich, wie insbesondere jüngere Kinder in der Lage sind, Intonation und Akzent der Lehrperson fast perfekt nachzuahmen. Dies verdeutlicht aber auch die Verantwortung, welche die Lehrperson als sprachliches Vorbild hat.

Die Lehrperson als Quelle sprachlicher Erscheinungen der Zielkultur wird von den Schülerinnen und Schülern häufig genutzt. Dies ermöglicht es ihnen, bestimmte sprachliche Phänomene schneller und besser zu verstehen und nachzufragen, wenn sie unsicher sind. Von besonderer Bedeutung ist das interkulturelle Wissen, über das Lehrpersonen verfügen. Weit über die Unterrichtsmaterialien hinausgehend können die Lehrpersonen die Lernenden mit ihrem eigenen interkulturellen Wissen und mit Materialien versorgen, die ihnen bei der Arbeit mit Aktivitäten und Projekten helfen. Ausserordentlich wichtig ist in diesem Zusammenhang auch, dass die Lehrpersonen das ausserschulische Lernen der Schülerinnen und Schüler initiieren und dafür sorgen, dass diese die Zielsprache auch in direktem Kontakt erfahren.

Es sollte deutlich geworden sein, dass die gerade skizzierten Rollen der Lehrperson sehr wenig mit *laissez-faire* zu tun haben, sondern der Lehrperson sehr viel abverlangen. Insbesondere erfordern sie von den Lehrpersonen, dass sie bereit sind, ihre ursprüngliche Rolle zu überdenken und sich auf eine eher symmetrische Interaktionssituation mit den Lernenden einzulassen. «Taking hold and letting go» (Festhalten und Loslassen), das ist die Kunst des Unterrichtens.

Im *fil rouge* werden die möglichen Rollen der Lehrpersonen für die jeweiligen Unterrichtsphasen der einzelnen *parcours* von *Mille feuilles* beschrieben.

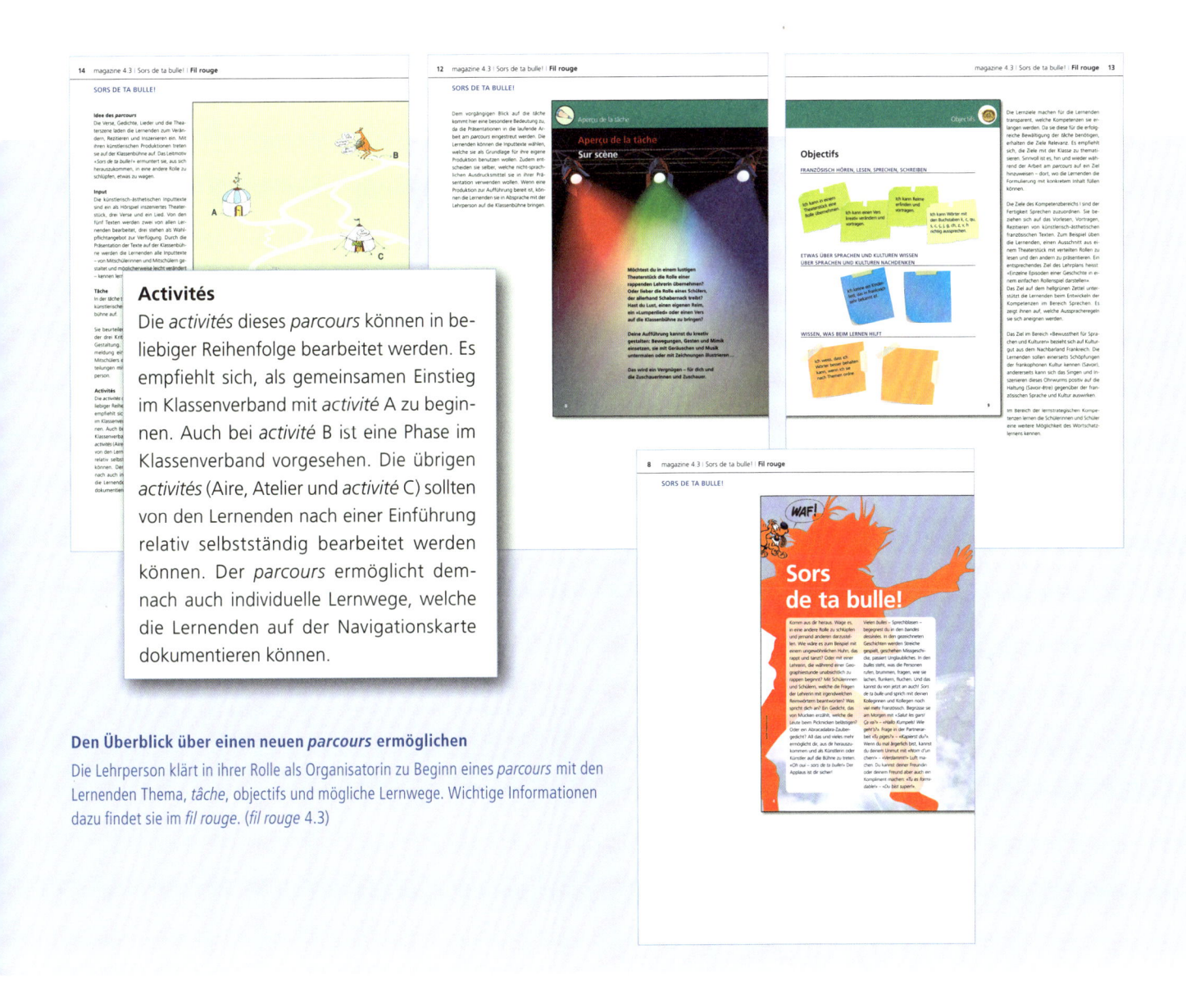

Activités

Die *activités* dieses *parcours* können in beliebiger Reihenfolge bearbeitet werden. Es empfiehlt sich, als gemeinsamen Einstieg im Klassenverband mit *activité* A zu beginnen. Auch bei *activité* B ist eine Phase im Klassenverband vorgesehen. Die übrigen *activités* (Aire, Atelier und *activité* C) sollten von den Lernenden nach einer Einführung relativ selbstständig bearbeitet werden können. Der *parcours* ermöglicht demnach auch individuelle Lernwege, welche die Lernenden auf der Navigationskarte dokumentieren können.

Den Überblick über einen neuen *parcours* ermöglichen

Die Lehrperson klärt in ihrer Rolle als Organisatorin zu Beginn eines *parcours* mit den Lernenden Thema, *tâche*, objectifs und mögliche Lernwege. Wichtige Informationen dazu findet sie im *fil rouge*. (*fil rouge* 4.3)

Rollen der Lehrperson in *Mille feuilles*

Die Lehr- und Lernmaterialien *Mille feuilles* sind so angelegt, dass das selbstständige Arbeiten der Lernenden gefördert wird. Sämtliche Materialien befinden sich in den Händen der Lernenden. Somit verfügen diese auch über Planungs-, Reflexions- und Evaluationsinstrumente. Die Aufgaben sind schrittweise angeleitet und oft für Partner- oder Gruppenarbeiten angelegt. (vgl. Kapitel Lernerorientierung) Diese starke Betonung der Lernerorientierung soll aber nicht zum falschen Schluss führen, *Mille feuilles* sei eine Art Selbstlernprogramm, das die Lernenden ohne Unterstützung der Lehrperson erfolgreich durchlaufen könnten. Im Gegenteil – die Aufgaben, welche die Lehrperson wahrnehmen muss, um Lernprozesse anzuregen und im Spannungsfeld von Individualisierung und Vergemeinschaftung zu steuern sind vielfältig und spielen für das Gelingen eine wesentliche Rolle.

Nachfolgend wird der Weg durch einen *parcours* modellhaft beschrieben – vom Gewinnen eines Überblicks bis zur Evaluation der Lernergebnisse. Jede Lernphase wird im Hinblick auf die Rollen erläutert, welche die Lehrperson wahrnehmen sollte. Dazu wird auf den *fil rouge* Bezug genommen, in welchem die Aufgaben der Lehrperson an entsprechender Stelle genannt werden. Hier werden Erläuterungen, Hinweise und Vorschläge gegeben, welche die Lehrperson beim Organisieren, Moderieren und Erleichtern von Lernprozessen ebenso unterstützen wie beim Wahrnehmen ihrer Rollen als Beraterin oder als Wissensquelle.

Den Überblick über einen neuen *parcours* ermöglichen

Die Lehrperson gestaltet zu Beginn eines neuen *parcours* den Einstieg in das neue Thema, klärt mit den Lernenden die *tâche*, welche am Ende des Lernwegs bearbeitet wird, und unterstützt sie dabei, einen Überblick über den *parcours* und die zu erreichenden Lernziele zu gewinnen. Sie zeigt den Lernenden auf, wo Wahlmöglichkeiten bestehen oder individuelle Lernwege wahrgenommen werden können. In dieser Eröffnungsphase nimmt sie ihre Rolle als Organisatorin wahr, indem sie Transparenz schafft und den Schülerinnen und Schülern eine Übersicht über die kommende Lernphase ermöglicht.

Mille feuilles | Rollen der Lehrperson

> 1. Le travail en commun sur le texte concernant Sanders est caractéristique du travail individuel qui suit sur un choix de textes traitant des chemins d'école (activité C) et des écoles (activité D). Cela permet aux élèves la prise de conscience:
> » que de de nombreuses informations peuvent être tirées des images.
> » que l'on peut comprendre les stratégies comme une offre.
> » que les textes peuvent être travaillés à l'aide d'un marqueur et d'un crayon.
> » qu'il est possible d'appliquer la stratégie de la devinette s'il reste quelques passages non déchiffrés.

Lernprozesse anregen

In ihrer Rolle als Moderatorin bereitet die Lehrperson die Arbeit in den *activités* vor, indem sie beispielsweise eine *activité* im Plenum erarbeitet, welche anschliessend als Modell für die selbstständige Weiterarbeit der Lernenden dient. (*fil rouge* 3.3)

> Im *projet de classe* wird die handlungsorientierte Unterrichtsmethode «Lernen durch Lehren» angewandt. Dabei wird die Einsicht umgesetzt, dass man, indem man lehrt, besonders gut lernt. Wer sein Wissen andern weitergibt, profitiert für sein eigenes Lernen und entwickelt zusätzlich Fähigkeiten wie zusammenarbeiten, planen, präsentieren …
>
> Das *projet de classe* besteht aus folgenden Schritten:
> 1. Die Lernenden eignen sich den Lerngegenstand selber an.
> 2. Sie bereiten den Stoff didaktisch auf, planen ihre Unterrichtssequenz, wählen Strategien aus und erstellen die nötigen Unterrichtsmaterialien.
> 3. Die Lernenden befähigen sich, ihre Unterrichtssequenz in der Zielsprache durchzuführen.
> 4. Mit ihren Mitschülerinnen und Mitschülern führen sie die vorbereitete Unterrichtssequenz auf Französisch durch.
> 5. In einer Co-Evaluation beurteilen sich die Lernenden in Bezug auf die erteilte Unterrichtssequenz gegenseitig und überlegen sich für einen weiteren LdL-Einsatz Optimierungsmöglichkeiten.
> 6. Die Lernenden reflektieren Gedächtnisstrategien, welche ihnen während des *projet de classe* zur Anwendung angeboten wurden.

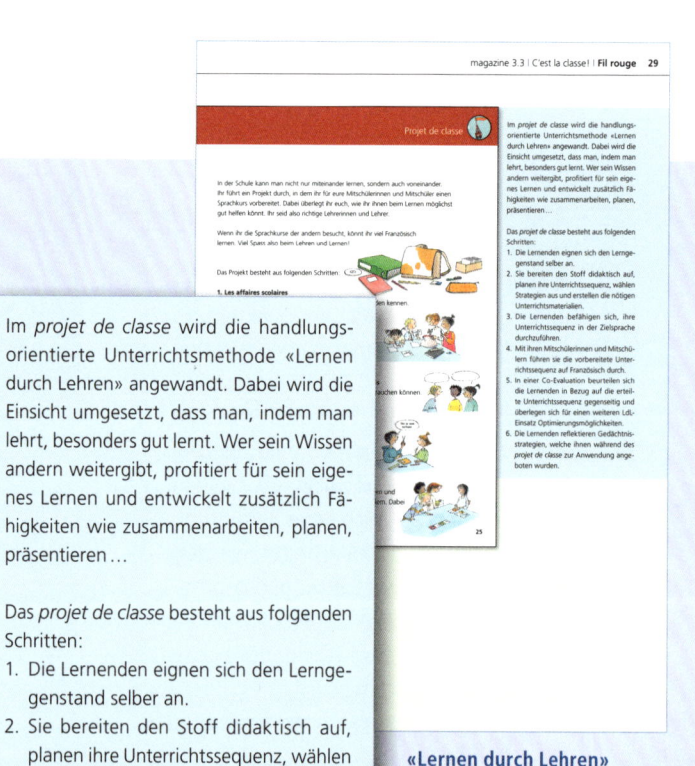

«Lernen durch Lehren» unterstützen

In den Phasen, wo Schülerinnen und Schüler die Lehrerrolle übernehmen, unterstützt sie die Lehrperson bei der Organisation und berät in inhaltlichen und didaktischen Fragen. (*fil rouge* 3.3)

> Es empfiehlt sich, hier nach dem Grundprinzip des kooperativen Lernens vorzugehen. Dieses sieht den 3-schrittigen Prozess D – A – V (Denken – Austauschen – Vorstellen) vor (vgl. S. 36).
>
> **1. D = Denken**
> Damit alle Lernenden aktiv am eigentlichen Denkprozess teilnehmen können, beinhalten Lernprozesse grundsätzlich eine individuelle Denkzeit. Hier untersuchen die Lernenden in Einzelarbeit vier Sätze aus der Geschichte und suchen selbstständig nach Antworten auf die Fragestellungen.
>
> **2. A = Austauschen**
> In der zweiten Phase findet der Vergleich der Ergebnisse in Partnerarbeit oder in der Kleingruppe statt. Die Lernenden halten ihre Einsichten fest.
>
> **3. V = Vorstellen**
> Die Gruppenergebnisse werden in der Klasse vorgestellt und besprochen.
>
> Das Prinzip D – A – V lässt sich auf viele weitere Lernsituationen in praktisch allen Fächern übertragen.

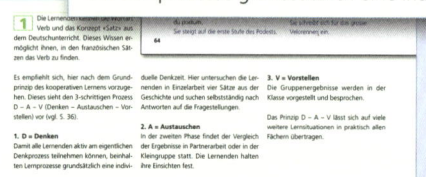

Die Arbeit an *activités* anleiten

Activités, in welchen die Lernenden zu Sprachentdeckungen angeleitet werden, sind oft nach dem Grundprinzip des kooperativen Lernens aufgebaut. Hier nimmt die Lehrperson ihre Rolle als Moderatorin wahr. In den Phasen, in welchen die Lernenden selbstständig arbeiten, steht sie als Beraterin und Wissensquelle zur Verfügung. (*fil rouge* 4.2)

Beobachtungsbogen für die *tâche*: Jeu des familles (P2)

Name: ....

	sehr gut	gut	geht so	noch nicht so gut
Inhalt und Sprache Kann sich auf Französisch am Spielgeschehen adäquat beteiligen				
Mut zum Risiko Versucht, sich auf Französisch auszudrücken, auch wenn die sprachlichen Mittel dazu teilweise noch wenig vorhanden sind				
Aussprache Orientiert sich an den Vorbildern und erreicht insgesamt eine französische Aussprache				
Initiative - Beteiligung Ist aktiv und beteiligt sich intensiv an der gemeinsamen Arbeit				

Bemerkungen:

Lernprozesse begleiten

Für das erfolgreiche Fördern und Begleiten von Lernprozessen ist die differenzierte Beobachtung von Lernenden eine wichtige Grundlage. Die Lehrperson kann die Situation der Gruppenarbeit nutzen, um Schülerinnen und Schüler zu beobachten, im Sinne einer förderorientierten Beurteilung Rückmeldungen zu geben und zu beraten. *Mille feuilles* stellt auf der Plattform einzelne Beobachtungsinstrumente zur Verfügung. (*fil rouge électronique* 3.1)

Lernprozesse anregen

Ein neuer *parcours* beginnt oft mit einer ersten *activité* zur Vorentlastung. Die Lernenden können auf Grund bestimmter Fragestellungen ihr Vorwissen über das Thema aktivieren und Hypothesen zu den neuen Inhalten bilden. Häufig folgt auf diesen Einstieg eine *activité*, die im Plenum erarbeitet wird. Sie dient als Modell für die anschliessende selbstständige Weiterarbeit der Lernenden. In diesen einleitenden Arbeitsschritten kommt der Lehrperson eine wichtige Rolle als Moderatorin zu, indem sie mit der Lerngruppe zusammen die Arbeit vorbereitet. Gerade bei jüngeren Lernenden ist es zunächst notwendig, die Aufgabenstellungen gemeinsam zu klären. Die Schülerinnen und Schüler lernen, wie sie die Anweisungen mit Hilfe der *boîtes à outils* und der *revue* selbstständig entschlüsseln können. Die Lehrperson sichert das Verstehen ab und unterstützt die Lernenden dabei, die folgenden Lernschritte zu organisieren.

Die Arbeit an *activités* anleiten

Activités zeichnen sich dadurch aus, dass sich geführtere und selbstständigere Arbeitsformen sinnvoll ergänzen.

Geführte Unterrichtsformen werden besonders zu Beginn eines *parcours* (vgl. Seite 72 unten) und in Phasen, in denen Lernende zu Sprachentdeckungen angeleitet werden, vorgeschlagen. Oft kommen hier Arbeitsformen des kooperativen Lernens zum Zug wie zum Beispiel das Grundprinzip D-A-V (Denken – Austauschen – Vorstellen). Dabei moderiert die Lehrperson den Unterricht. Sie kann sich von den Vorschlägen im *fil rouge* leiten lassen.

Das Entwickeln der Selbstkompetenz ist Aufgabe jedes Unterrichts, so auch im Fach Französisch. Die schrittweise aufgebauten und die unter der Devise «Alle Materialien in die Hände der Lernenden» angebotenen Lernmaterialien und Medien erlauben den Schülerinnen und Schülern, zunehmend selbstständig zu arbeiten. Das autonome Arbeiten beinhaltet unter anderem: die Arbeit planen, sich mit Lernpartnerinnen und Lernpartnern zusammentun und Aufgaben gemeinsam bearbeiten, Hilfsmittel selbstständig nutzen, sich bei auftretenden Problemen Unterstützung holen, die Lernergebnisse selber einschätzen, den Lernprozess und die Resultate reflektieren und sich eigene Ziele setzen. Die Lehrperson steht in den Phasen, in denen die Lernenden selbstständig an der Arbeit sind, als Beraterin und Wissensquelle zur Verfügung.

«Lernen durch Lehren» unterstützen

Die handlungsorientierte Unterrichtsmethode «Lernen durch Lehren» wird in *Mille feuilles* in einzelnen kurzen Unterrichtssequenzen und teilweise in grösseren Projekten umgesetzt. Wenn Schülerinnen und Schüler die Rolle der Lehrperson übernehmen und ihr erarbeitetes Wissen weitergeben, intensivieren sie die eigenen Lernprozesse. Bei diesem methodischen Zugang unterstützt die Lehrperson die Lernenden vor allem bei der Organisation des Unterrichts und berät sie in inhaltlichen und didaktischen Fragen.

Lernprozesse begleiten

Beim Bearbeiten eines *parcours* werden die Lernenden von der Lehrperson begleitet. Sie behält den Überblick über das Klassenzimmergeschehen, beobachtet einzelne Lernende oder Gruppen, schaltet sich bei Bedarf ein, unterstützt sie in der sozialen Interaktion und berät sie bei der Gestaltung der eigenen Lernprozesse.
Im Sinne der Differenzierung ermuntert sie Lernende mit hohem Leistungsvermögen, sich selbstständig an anspruchsvolle freiwillige Aufgaben zu wagen, und bietet Lernenden mit besonderen Bedürfnissen die notwendige Unterstützung an. Die offenen Aufgabenstellungen ermöglichen eine natürliche Differenzierung, was der Lehrperson Freiraum lässt, sich in dieser Phase vermehrt den Lernenden mit besonderen Bedürfnissen zu widmen.

Bei der Begleitung von Lernprozessen kommt dem Umgang mit Fehlern eine

74 Mille feuilles | Rollen der Lehrperson

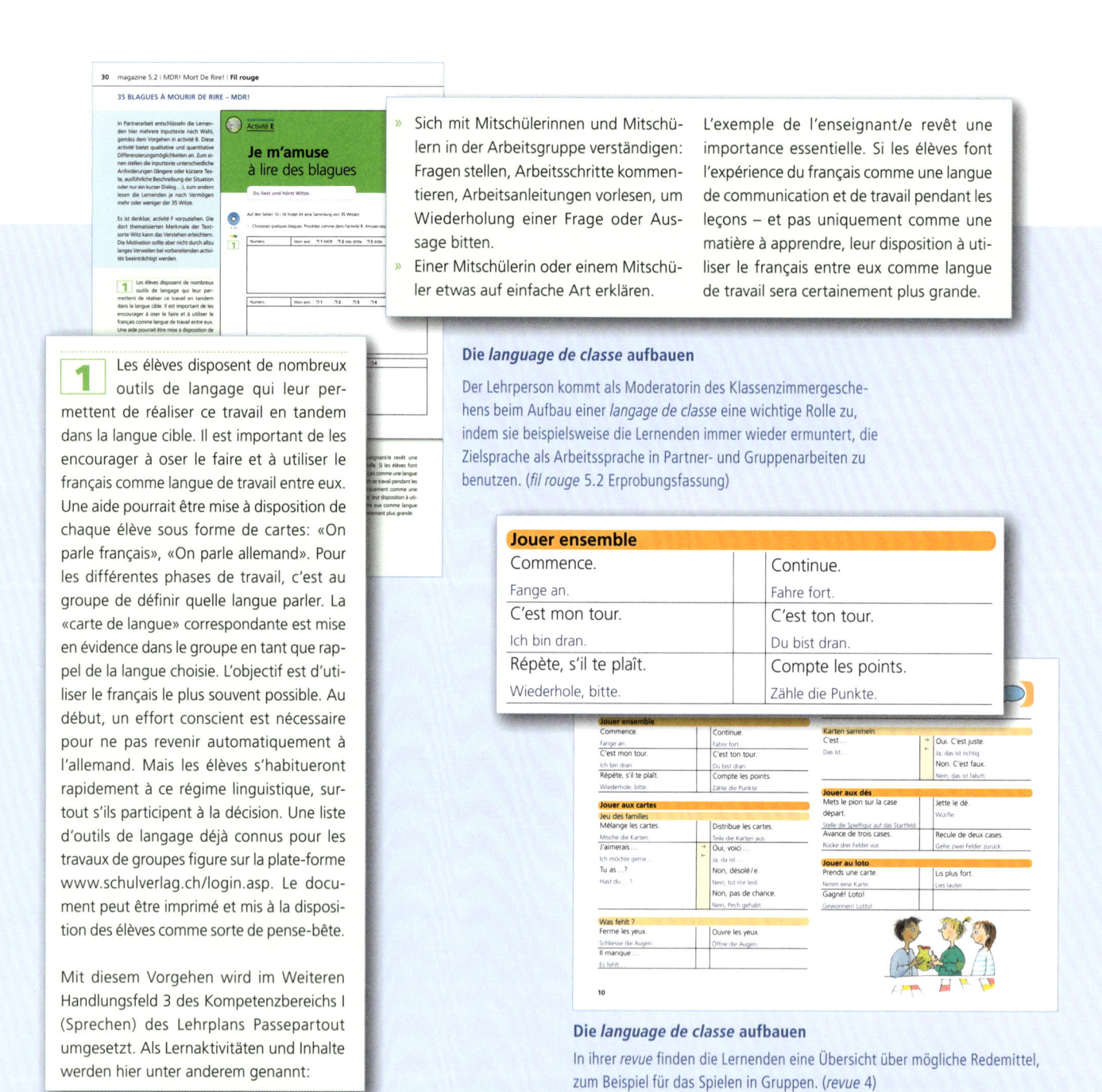

> » Sich mit Mitschülerinnen und Mitschülern in der Arbeitsgruppe verständigen: Fragen stellen, Arbeitsschritte kommentieren, Arbeitsanleitungen vorlesen, um Wiederholung einer Frage oder Aussage bitten.
> » Einer Mitschülerin oder einem Mitschüler etwas auf einfache Art erklären.

L'exemple de l'enseignant/e revêt une importance essentielle. Si les élèves font l'expérience du français comme une langue de communication et de travail pendant les leçons – et pas uniquement comme une matière à apprendre, leur disposition à utiliser le français entre eux comme langue de travail sera certainement plus grande.

1 Les élèves disposent de nombreux outils de langage qui leur permettent de réaliser ce travail en tandem dans la langue cible. Il est important de les encourager à oser le faire et à utiliser le français comme langue de travail entre eux. Une aide pourrait être mise à disposition de chaque élève sous forme de cartes: «On parle français», «On parle allemand». Pour les différentes phases de travail, c'est au groupe de définir quelle langue parler. La «carte de langue» correspondante est mise en évidence dans le groupe en tant que rappel de la langue choisie. L'objectif est d'utiliser le français le plus souvent possible. Au début, un effort conscient est nécessaire pour ne pas revenir automatiquement à l'allemand. Mais les élèves s'habitueront rapidement à ce régime linguistique, surtout s'ils participent à la décision. Une liste d'outils de langage déjà connus pour les travaux de groupes figure sur la plate-forme www.schulverlag.ch/login.asp. Le document peut être imprimé et mis à la disposition des élèves comme sorte de pense-bête.

Mit diesem Vorgehen wird im Weiteren Handlungsfeld 3 des Kompetenzbereichs I (Sprechen) des Lehrplans Passepartout umgesetzt. Als Lernaktivitäten und Inhalte werden hier unter anderem genannt:

Die *language de classe* aufbauen

Der Lehrperson kommt als Moderatorin des Klassenzimmergeschehens beim Aufbau einer *langage de classe* eine wichtige Rolle zu, indem sie beispielsweise die Lernenden immer wieder ermuntert, die Zielsprache als Arbeitssprache in Partner- und Gruppenarbeiten zu benutzen. (*fil rouge* 5.2 Erprobungsfassung)

Jouer ensemble

Commence.	Continue.
Fange an.	Fahre fort.
C'est mon tour.	C'est ton tour.
Ich bin dran.	Du bist dran.
Répète, s'il te plaît.	Compte les points.
Wiederhole, bitte.	Zähle die Punkte.

Die *language de classe* aufbauen

In ihrer *revue* finden die Lernenden eine Übersicht über mögliche Redemittel, zum Beispiel für das Spielen in Gruppen. (*revue* 4)

---

besondere Bedeutung zu. Nicht alles, was Lernende auf Französisch sagen oder schreiben, muss von Anfang an korrekt sein. Im Gegenteil – Fehler sind ein Hinweis darauf, dass Schülerinnen und Schüler die neue Sprache mutig anwenden, Unsicherheiten akzeptieren und etwas riskieren. Mut zu Fehlern ist ein Merkmal erfolgreicher Lernender. Die Lehrperson korrigiert nur dort, wo es dem Lernprozess des einzelnen Lernenden förderlich ist.

In der Phase der Lernprozessbegleitung ist die Lehrperson vor allem Moderatorin, Beraterin und *facilitator*.

Die *langage de classe* aufbauen

Eine wesentliche Aufgabe der Lehrperson ist, die Lernenden beim Aufbau der *langage de classe* zu unterstützen. Sie hat die Aufgabe, die zielsprachlichen Redemittel einzuführen. Diese werden in den *magazines* angeboten und in der *revue* in einer Übersicht dargestellt.

Die Lehrperson achtet darauf, dass der Unterricht zunehmend in der Zielsprache stattfindet, und ermuntert die Lernenden immer wieder, die Herausforderung anzunehmen, mit Mitschülerinnen und Mitschülern auf Französisch zu kommunizieren.

Ausgenommen sind klar definierte Momente, in welchen Reflexionen durchgeführt, Konzepte aktiviert und Hypothesen gebildet werden. Hier findet die Kommunikation sinnvollerweise in der Schulsprache statt.

Als Moderatorin des Klassenzimmergeschehens kommt der Lehrperson beim Aufbau der *langage de classe* eine zentrale Aufgabe zu.

Mille feuilles | **Rollen der Lehrperson** 75

Créer un espace-théâtre

Pour donner vie aux mots et aux phrases, les enfants créent un espace-théâtre dans leur salle de classe pour la durée du travail avec le magazine 3.2. Régulièrement, ils vont sur scène pour présenter aux autres leurs mots et leurs petites histoires drôles. Il est très important de lier cette idée à la pédagogie du théâtre. Jouer sur scène veut dire:

» se concentrer
» s'investir avec toute sa personne
» risquer, avoir du courage
» prendre la parole
» prendre la parole dans une langue que l'on connaît encore très peu
» se laisser emporter par le jeu

Aller sur scène représente un acte sérieux et l'enseignant/e veille à ce que les enfants s'identifient avec cette idée de base et que «jouer sur scène» ne devienne pas quelque chose de superficiel.

Die Kriterien für die Einschätzung der eigenen Produktion beziehen sich auf die Vortragskompetenz. Solche und ähnliche formative Evaluationsformen werden in *Mille feuilles* in regelmässigen Abständen angeboten. Somit wird die Fähigkeit zur Selbstreflexion sukzessive aufgebaut. Die Lernenden reflektieren und beurteilen ihre Leistung. Die Rückmeldung einer Mitschülerin oder eines Mitschülers und die Bewertung durch die Lehrperson ermöglichen den Abgleich von Selbst- und Fremdbeurteilung. Die Lehrperson leitet diese Evaluation in Teilschritten an. Die Gesamtbeurteilung, die auf diese Weise zustande kommt, hat viel Aussagekraft. Es ist sinnvoll, aber im Ermessen der Lehrperson, den ausgefüllten Raster mit den Schülerinnen und Schülern zu besprechen. Solche Gespräche finden in der Schulsprache Deutsch statt.

Das Präsentieren von Lernergebnissen moderieren

In Situationen, in denen die Lernenden die Produkte von *tâches* oder die Ergebnisse von *activités* präsentieren, nimmt die Lehrperson ihre Rolle als Moderatorin wahr. In diesem Beispiel schafft sie den Rahmen für den Auftritt der Lernenden auf der Klassenbühne und leitet die zuschauenden Mitschülerinnen und Mitschüler an, eine kriteriengeleitete und von Wertschätzung getragene Rückmeldung zu geben. (*fil rouge* 3.2)

Die Reflexion und Evaluation von Lernprozessen und Lernergebnissen unterstützen

In Phasen der Reflexion und Evaluation ist die Lehrperson vor allem Lernberaterin. Sie ermöglicht den Schülerinnen und Schülern, die Ergebnisse von Selbst- und Co-Evaluation an ihrer eigenen Einschätzung zu spiegeln und unterstützt die Lernenden dabei, Schlüsse für das Weiterlernen zu ziehen. (*fil rouge* 4.3)

Die Präsentation von Lernergebnissen moderieren

Lernergebnisse einzelner *activités* und insbesondere der *tâche* werden in der Regel vorgestellt und damit in der Klasse öffentlich gemacht. Die Organisation und Moderation solcher Anlässe ist Aufgabe der Lehrperson. Sie bemüht sich darum, dass Präsentationen in einer konzentrierten Atmosphäre stattfinden können, dass Arbeitsergebnisse von Mitschülerinnen und Mitschülern wertgeschätzt werden und die Lernenden zunehmend differenziertere Rückmeldungen geben können.

Die Reflexion und Evaluation von Lernprozessen und Lernergebnissen unterstützen

Am Ende einer Lernphase werden in *Mille feuilles* verschiedene Reflexions- und Evaluationsinstrumente angeboten wie *zoom*, *revue*, Raster zur Selbst- und Co-Evaluation, formative und summative Evaluationsaufgaben. Auch werden Hinweise für die Verwendung des Sprachenportfolios gegeben.

Es ist Aufgabe der Lehrperson, die Lernenden in Reflexionsprozessen anzuleiten, sie zu unterstützen, Reflexionsfragen auszuwählen und zu bearbeiten. Von Zeit zu Zeit kann die Lehrperson mit einzelnen oder Gruppen von Lernenden ein Gespräch über Lernerfahrungen, Lernfortschritte und individuell gewählte Lernziele führen und damit die Schülerinnen und Schüler unterstützen, ihr Lernpotenzial auszuschöpfen. Sie nimmt dabei ihre Rolle als Lernberaterin wahr.

Evaluation und Reflexion

Evaluation ist ein zentrales Konzept in allen schulischen Lernkontexten. Die Lehrenden möchten wissen, wie erfolgreich ihr Unterricht war, die Lernenden sind daran interessiert zu erfahren, wie gut ihre Leistungen bewertet werden. Das Konzept der Reflexion ist hingegen vergleichsweise neu: Es wurde aus aktuellen theoretischen Überlegungen der Pädagogik abgeleitet. Es geht hier um die Fähigkeit der Schülerinnen und Schüler, über den eigenen Lernprozess nachzudenken (zu reflektieren) und erkennen zu können, warum sie erfolgreich oder nicht erfolgreich waren. Reflexion ist als Selbstbewertung ein Teil des übergeordneten Konzepts Evaluation, denn auch das Nachdenken über den eigenen Lernprozess und die Entscheidung darüber, ob er erfolgreich war, ist eine Form von Evaluation.

Funktionen und Definition von Evaluation

Ausgangspunkt der Überlegungen zur Evaluation von Schülerleistungen ist die Frage nach ihren Funktionen im schulischen Kontext. Gemeinhin werden in der pädagogischen Literatur (z.B. Haß 2006: 268) vier Funktionen von Evaluation aufgeführt:

» Die **informatorische** Funktion (den Lernenden Auskunft über ihren Leistungsstand geben zu können),
» die **Differenzierungsfunktion** (den Lernenden sagen zu können, wie ihre Leistung im Hinblick auf die ihrer Mitschülerinnen und Mitschüler zu bewerten ist),
» die **diagnostische** Funktion (den Lernenden durch Feststellung ihrer Leistung helfen zu können, ihre Lernprozesse zu verbessern) und
» die **erzieherische** Funktion (den Lernenden das Prinzip Leistung und seine Bedeutung in unserer Gesellschaft erkennen zu lassen).

Das Konzept der Evaluation wird in seiner ganzen Komplexität deutlich, wenn man diese unterschiedlichen Funktionen bei allen Evaluationsprozessen im Auge behält. Auch die Definition verweist auf die Breite des Konzeptes:

«« Leistungsbewertung (Evaluation) bedeutet das Feststellen des aktuellen Lernstandes eines Lerners oder einer Lerngruppe durch **kontinuierliche** Beobachtung über einen bestimmten Zeitraum oder **punktuell** in Form einer Lernzielkontrolle, eines Tests. Sie kann schriftlich oder mündlich durchgeführt werden. (Haß 2006: 268)

In seiner Definition unterscheidet Haß zwischen zwei Verfahren der Evaluation: der kriteriengeleiteten Beobachtung während des Unterrichts, sie wird als **formative** Evaluation (oder prozessorientierte Beurteilung) bezeichnet, und der Ermittlung einer Schülerleistung zu einem bestimmten Zeitpunkt innerhalb des Lernprozesses der so genannten **summativen** Evaluation (oder produktorientierte Beurteilung).

Formative Evaluationsverfahren lassen sich in zwei Gruppen unterteilen: Verfahren, bei welchen die Lehrperson die zur Evaluation erforderlichen Beobachtungen vornimmt, und Verfahren, in welchen die Lernenden in eine Reflexion über die Güte des eigenen Lernprozesses eintreten, also die Selbstevaluation (engl. *self-assessment*). Das Nachdenken über das eigene Lernen, die Beurteilung der Ergebnisse eigener Lernprozesse soll dazu führen, dass die Lernenden erkennen, welche ihrer Lernschritte erfolgreich waren, und dass sie auf diese Weise ihr Lernen effizienter gestalten können. Selbstbewertung verbindet sich mit der so genannten Co-Evaluation (engl. *peer-assessment*), bei dem z.B. die Schülerinnen und Schüler, die gemeinsam an einem Projekt gearbeitet haben, dieses bewerten oder von anderen Schülergruppen bewerten lassen. Reflexion über das eigene Lernen und Selbstevaluation sind in hohem Masse mit der diagnostischen Funktion von Evaluation verbunden, sie tragen aber auch dazu bei, dass die Lernenden die eigenen Leistungen nicht über- oder unterschätzen. Ausserdem stärken sie die Fähigkeit der Lernenden, selbstständig (autonom) zu lernen.

Selbstevaluation, formative Evaluation durch die Lehrperson und summative Evaluation werden im folgenden Abschnitt in dieser Reihenfolge behandelt.

Evaluationsverfahren

Formative Evaluation durch die Lernenden

Die Selbstevaluation durch die Lernenden ist in den letzten zehn Jahren immer mehr in den Vordergrund getreten. Bei diesem Verfahren sollen sich die Lernenden die Lerninhalte, ihre Lernwege und ihre Lern- und Arbeitstechniken selbst bewusst machen; sie bewerten auf diese Weise ihren eigenen Lernstand. Selbstbewertung ist aber nicht nur ein Evaluations-, sondern sehr viel mehr noch ein Reflexionsinstrument (Little & Perclová, undatiert); die Schülerinnen und Schüler lernen, bewusst, gezielt und systematisch über ihr eigenes Lernen nachzudenken.

Die Schülerinnen und Schüler sollten bei der Selbstbewertung
» erkennen können, was sie an sprachlichem Wissen und Können erworben haben,
» analysieren können, wie sicher sie in den erworbenen Fertigkeiten sind,
» einsehen können, was sie noch brauchen, um eine höhere sprachliche Kompetenz zu erreichen,
» über das eigene Lernen reflektieren können, um Lernstärken und Schwächen erkennen zu können,
» den eigenen Lernstil einschätzen lernen, um sich auch weiterentwickeln zu kön-

nen, wenn die Hilfestellung einer Lehrperson nicht mehr vorhanden ist,
» erkennen können, welche Aktivitäten sich besser für sie eignen bzw. welche sie lieber oder weniger gern durchführen. (Wolff & Quartapelle 2011: 101)

Zum Erfolg der Selbstbewertung als Evaluierungsinstrument haben zweifellos der Europäische Referenzrahmen und das Europäische Sprachenportfolio beigetragen. Das Führen eines Sprachenportfolios trägt dazu bei, das Selbstevaluations- und Reflexionsvermögen der Schülerinnen und Schüler zu fördern. Sprachenportfolios, wie sie im Rahmen des gemeinsamen Europäischen Referenzrahmens entwickelt wurden, gibt es für alle Altersstufen. Auch in der Arbeit mit Mille feuilles ist das Führen der Sprachenportfolios ESP I und ESP II vorgesehen. Ausserdem ist die Selbstbewertung durch die Lernenden Teil des Lehrmittels. So sind z.B. in eine Reihe von *activités* Selbstbewertungsaufgaben mit eingebunden.

Formative Evaluation durch die Lehrperson

Die formative Evaluation durch die Lehrperson beruht, wie in der Definition angesprochen, auf längerfristigen Beobachtungen der Schülerleistungen. Sie kann spontan, aber auch regelmässig und systematisch erfolgen und sich auf einzelne Lernende, aber auch auf Schülergruppen beziehen. Wenn man formative Evaluationen in der Praxis vornehmen will, sollte man dies in Unterrichtssituationen tun, die sich für eine Beobachtung anbieten. So eignen sich Partner- oder Gruppenarbeit besser für die Beobachtung als der Unterricht mit der gesamten Klasse, da hier das Beobachtungsvermögen der Lehrperson überfordert wird. Die Lehrperson kann die Schülerleistungen frei formuliert festhalten; besser eignen sich allerdings kriteriengeleitete Beobachtungsbogen (Diehr & Fritsch 2008: 143–145), wie sie auch für die Arbeit mit Mille feuilles bereitgestellt werden. Solche Beobachtungsbogen, die sich auf sprachliche Fertigkeiten, auf sprachliche Mittel, aber auch auf andere Aspekte von Lernerleistungen (Gebrauch der Fremd- bzw. der Schulsprache, flüssiges bzw. fehlerloses Sprechen (*fluency* vs. *accuracy*)) beziehen können, erleichtern die Aufgabe der Lehrperson und ermöglichen längerfristige Aussagen zum Leistungsvermögen der Schülerinnen und Schüler. Kriteriengeleitete Beobachtungsbogen werden den genannten Beobachtungskriterien zweifellos gerecht, insbesondere wenn sie über längere Zeiträume hin geführt werden.

Die formative Evaluation ist allerdings mit einer Herausforderung verbunden. Es sollte gewährleistet sein, dass längerfristig durchgeführte Beobachtungen den Schülerinnen und Schülern zu jedem Zeitpunkt als Evaluationsverfahren bekannt sind. Formative Evaluationen sollten nicht hinter dem Rücken der Lernenden geschehen; die Lehrperson und die Lernenden sollten einen *modus vivendi* finden, der diese Art von Evaluation zulässt.

Summative Evaluation: Punktuelle Bewertung der Schülerleistung durch die Lehrperson

Summative Evaluationsverfahren beziehen sich, wie es die Definition sagt, auf die Messung von Leistungen zu einem bestimmten Zeitpunkt. Die Evaluation sollte aber nicht auf punktuelles sprachliches Wissen (Wortschatz, Grammatik) abheben, sondern versuchen, das Sprachvermögen der Lernenden ganzheitlich zu erfassen. Dieses sollte im Mittelpunkt der Bewertung stehen, weil man nur so der Kompetenzorientierung des modernen Fremdsprachenunterrichts gerecht werden kann. Ausserdem können die über die sprachlichen Kompetenzen hinausgehenden Kompetenzbereiche wie die interkulturellen und strategischen Kompetenzen einbezogen werden. Es ist jedoch einschränkend festzuhalten, dass die Entwicklung von Evaluationsverfahren zu den interkulturellen Kompetenzen zur Zeit noch in den Anfängen steht. Das gilt auch für die formative Evaluation.

Summative Evaluationsverfahren erfreuen sich seitens der Schulbehörden aber auch seitens der einzelnen Lehrpersonen grösserer Beliebtheit, da sie als objektiv gelten und leicht zu administrieren und zu bewerten sind. Sie blicken auf eine lange Tradition zurück. Heute sind es vor allem offene Aufgabenstellungen wie kreatives Schreiben, Erzählen, Berichten, die in den Mittelpunkt der summativen Evaluation gerückt werden, weil sie die sprachlichen Kompetenzen von Lernern besonders gut wiedergeben: Sie sind allerdings auch schwerer durch die Lehrperson zu bewerten. Schwierigkeiten entstehen vor allem dadurch, dass man hier mit der herkömmlichen Evaluationspraxis nicht weiterkommt. Dies gilt insbesondere, wenn mündliche Kompetenzen beurteilt und bewertet werden. Wenn man allerdings entsprechende Kompetenzraster einsetzt, reduziert sich die Schwierigkeit des Evaluationsprozesses beträchtlich. In Mille feuilles finden sich Hilfestellungen zur Bewertung solcher Aufgabenstellungen.

Insgesamt ist festzuhalten, dass die bisher für den Fremdsprachenunterricht entwickelten Evaluationsverfahren der Kompetenzorientierung und der Vielfältigkeit ihrer Lernziele noch nicht gerecht zu werden vermögen. Das gilt insbesondere für die Kompetenzbereiche II und III, wie sie im Lehrplan «Passepartout» ausgewiesen werden.

Evaluation und Reflexion in *Mille feuilles*

Instrumente für die Evaluation und Reflexion

Mille feuilles bietet, wie es der Lehrplan «Passepartout» vorgibt, unterschiedliche Formen der Beurteilung an. So liegen Instrumente für die formative Evaluation durch die Lernenden sowie für die formative und summative Evaluation durch die Lehrperson vor.

Im Vordergrund steht die formative Evaluation. Sie sollte in das tägliche Unterrichtsgeschehen integriert sein und dazu beitragen, die weiteren Lernprozesse zu steuern und zu begünstigen, die Motivation der Lernenden zu erhalten und zu steigern. Gleichzeitig soll sie für die Lehrperson Erkenntnisse ermöglichen, welche die Gestaltung des Unterrichts beeinflussen.

In der formativen wie in der summativen Evaluation sind es mehrheitlich die beiden Kompetenzbereiche I und III, welche beurteilt werden. Sprachhandlungskompetenzen werden beim Bearbeiten von relevanten Aufgabenstellungen erfasst, lernstrategische Kompetenzen vor allem in der Anwendung oder durch Reflexion. Für das Beurteilen und Bewerten von Kompetenzbereich II (Bewusstheit für Sprachen und Kulturen) gibt es noch kaum Formate, welche den Zielsetzungen des interkulturellen Lernens gerecht werden können. Hier herrscht Entwicklungsbedarf, der nur beschränkt von einem einzelnen Lehrmittel geleistet werden kann.

Evaluation und Reflexion sind eng miteinander verknüpft. Die Reflexion ist im Lehrplan «Passepartout» als eine lernstrategische Kompetenz ausgewiesen. In der Evaluation kommt diesem Bereich ein besonderer Stellenwert zu, da die Sprachlernreflexion nicht nur eine zu evaluierende Kompetenz ist, sondern selbst ein Evaluationsinstrument darstellt.
Nachfolgend werden verschiedene Instrumente vorgestellt, welche in der Arbeit mit *Mille feuilles* für die formative sowie für die summative Evaluation eingesetzt werden können.

Instrumente für die formative Evaluation

Formative Evaluation durch die Lernenden

Den Lernenden stehen für die formative oder prozessorientierte Evaluation in einem *parcours* folgende Instrumente zur Verfügung: die Navigationskarte, die Übersicht über die Lernziele und die *revue*. Häufig wird zudem am Ende eines *parcours* ein *zoom* mit Anregungen für Reflexionen angeboten oder ein Hinweis auf das Sprachenportfolio gemacht. Zur Selbst- und Co-Evaluation von Lernergebnissen stehen oft Kriterienraster zur Verfügung, zur selbstständigen Überprüfung des Lernerfolgs manchmal auch eine formative Evaluationsaufgabe. Die genannten Instrumente sowie deren Funktion sind auf dem Übersichtsplakat dargestellt.

Nachfolgend werden einige formative Evaluationsinstrumente von *Mille feuilles* anhand eines Beispiels illustriert.

Zoom

Im *zoom* blicken die Lernenden auf ihre Erfahrungen beim Bearbeiten einzelner Lernziele zurück. Ziel dieser Reflexionsmomente über das Lernen ist es, die eigene Methodenkompetenz, resp. die Techniken, Methoden, Strategien und Einstellungen zum Lernen weiterzuentwickeln – also Lernen zu lernen. Im Sinne des konstruktivistischen Lernverständnisses werden damit Voraussetzungen geschaffen, die eigenen Lernprozesse immer selbstständiger organisieren zu können.

Das Europäische Sprachenportfolio (ESP)

Im *zoom* erhalten die Lernenden hin und wieder Hinweise darauf, wie sie das Sprachenportfolio als Lernbegleiter und zur Dokumentation ihrer Erfahrungen und Lernergebnisse verwenden können. Sie werden angeregt, die eigene Sprachlernbiographie zu dokumentieren, über das Lernen nachzudenken, sich selbst einzuschätzen und erworbene Kompetenzen auszuweisen. Der Vergleich von im Dossier abgelegten Arbeiten ermöglicht ihnen zudem, die eigenen Lernfortschritte wahrzunehmen.

Kriterien- und Kompetenzraster zur Selbst-, Co- und Fremdevaluation

Am Ende einer Lernphase werden die Lernenden angeregt, ihren Lernerfolg einzuschätzen und zu beurteilen. Dazu werden ihnen im *zoom* häufig Kriterien- oder Kompetenzraster zur Verfügung gestellt. Ein besonders wichtiger Moment ist, wenn die eigene Wahrnehmung an der von andern gespiegelt werden kann. So steht häufig zusätzlich ein Raster für die Beurteilung durch Mitschülerinnen und Mitschüler zur Verfügung. Die Selbst- und Co-Evaluation kann durch eine formative Beurteilung der Lehrperson ergänzt werden. (vgl. Kapitel Rollen der Lehrperson) Der Vergleich der verschiedenen Evaluationsresultate unterstützt die Lernenden dabei, ihre Lernergebnisse zunehmend differenzierter zu beurteilen.

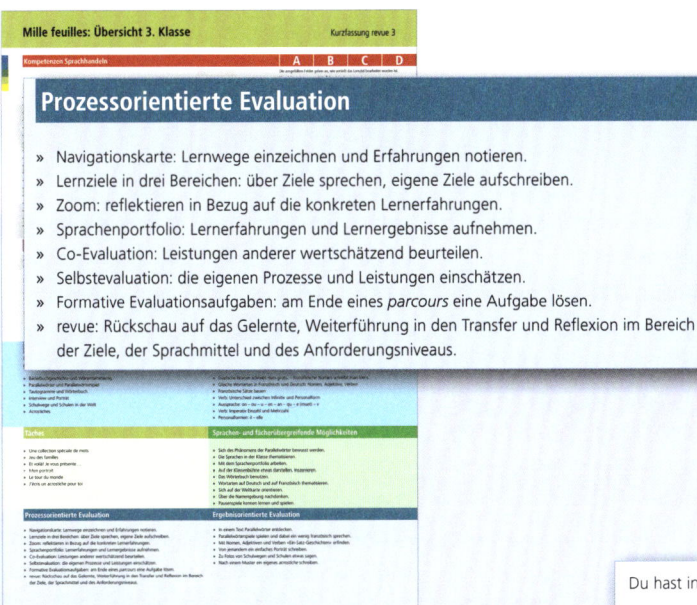

Mille feuilles | **Evaluation und Reflexion** 79

Übersichtsplakat

Die Instrumente zur formativen Evaluation sowie deren Funktion sind auf dem Übersichtsplakat dargestellt.

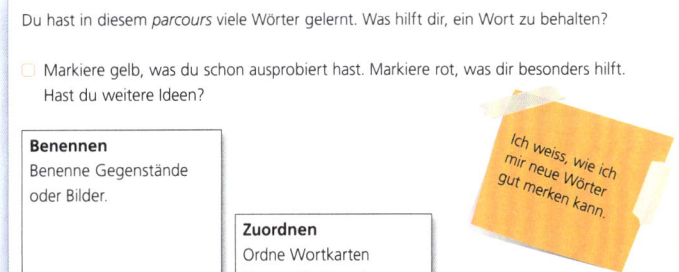

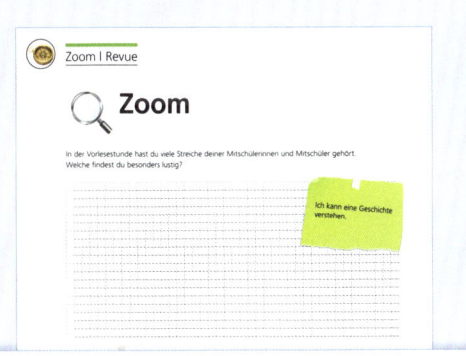

Zoom

In *magazine* 3.3 reflektieren die Lernenden ein lernstrategisches Ziel. Sie geben an, welche der angebotenen Gedächtnisstrategien sie beim Memorieren von Wörtern schon erfolgreich angewendet haben. Zudem entwickeln sie eigene Ideen, wie sie sich Wortschatz merken können.

Das Europäische Sprachenportfolio

In *magazine* 5.2 (Erprobungsfassung) reflektieren die Lernenden auf der Grundlage des Formulars «Nachdenken über mein Sprachenlernen» des ESP II eine eigene schriftliche Arbeit. Sie machen sich unter anderem Gedanken über Lernerfahrungen und Lernfortschritte, über angewendete Strategien und Vorlieben. Zudem ziehen sie aus der Reflexion Schlüsse für eine nächste Arbeit.

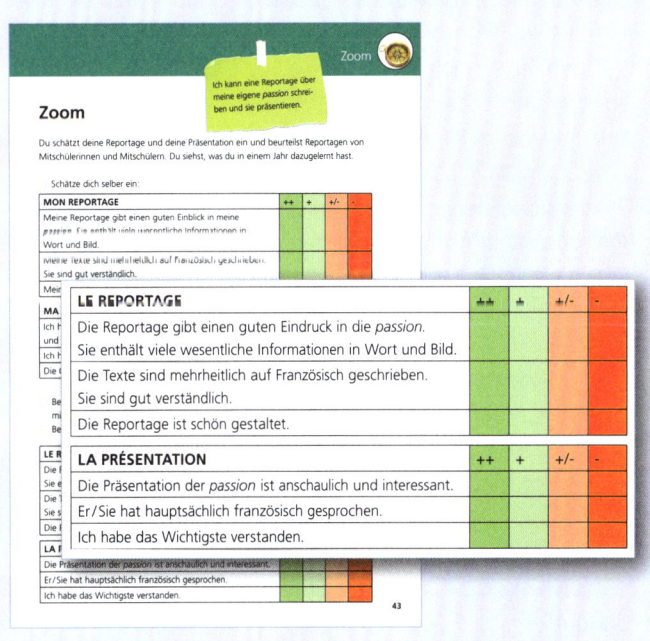

Kriterien- und Kompetenzraster zur Selbst-, Co- und Fremdevaluation

In der *tâche* von *magazine* 4.2 erstellen die Lernenden eine Reportage über die eigene *passion* und stellen diese einer Gruppe von Mitschülerinnen und Mitschülern vor. Im *zoom* beurteilen sie ihre eigene Arbeit mit Hilfe eines Kriterienrasters, der inhaltliche, sprachliche und gestalterische Kriterien berücksichtigt. Die anschliessende Co-Evaluation ermöglicht einerseits, die Einschätzungen zu vergleichen, andererseits wird die eigene Arbeit durch die kriteriengeleitete Rückmeldung der anderen valorisiert.

Revue

Beim Reflektieren über das Lernen der Zielsprache geht es auch darum, eine umfassendere Übersicht über Lernziele, Lernprozesse und Lernergebnisse zu gewinnen. Ein Instrument von *Mille feuilles*, um in diesem Sinne Rückschau auf das Gelernte zu halten, ist die *revue*. Die Lernenden erkennen, an welchen übergeordneten Zielen sie weitergearbeitet haben, unter welchen Bedingungen sie die Ziele erreichen können und welche Ergebnisse von ihnen erwartet werden. Sie sehen die erworbenen Sprachmittel im Überblick und überlegen, in welchen Situationen sie ihre Kompetenzen in den drei Bereichen «Sprachhandeln», «Bewusstheit für Sprachen und Kulturen» und «Lernstrategische Kompetenzen» künftig anwenden können.

Formative Evaluation durch die Lehrperson

Auch der Lehrperson kommt in Bezug auf die formative Evaluation eine wichtige Aufgabe zu. Das kontinuierliche Beobachten und Beurteilen von Lernfortschritten und Verhalten zeigen ihr auf, wo die Schülerinnen und Schüler in ihrem Lernprozess und in ihrer Entwicklung stehen. Auf dieser Grundlage kann sie ihre Rollen als Organisatorin des Klassenzimmergeschehens und als Lernberaterin wahrnehmen, die kommenden Lernprozesse steuern, Schülerinnen und Schüler unterstützen, Vertrauen in ihr Können und in ihre Leistungsfähigkeit zu gewinnen und ihre individuellen Kompetenzen zu entwickeln. Die formative Evaluation ermöglicht zudem prognostische Aussagen über Lernfortschritte.

Instrumente für die summative Evaluation

Für die summative Evaluation stellt *Mille feuilles* verschiedene Instrumente zur Verfügung: exemplarische Aufgabenstellungen, Kriterien- oder Kompetenzraster für die Beurteilung und Bewertungsvorschläge.

Qualitätskriterien für summative Evaluationsaufgaben

Die Aufgabenstellungen für die summative Evaluation berücksichtigen eine Reihe von Qualitätskriterien. Ein übergeordneter Grundsatz ist, dass sie sich an den Aufgabenstellungen in der *tâche* orientieren.

Am Beispiel der Evaluationsaufgabe zu *magazine* 5.2 (Erprobungsfassung) werden nachfolgend sechs Qualitätskriterien für summative Evaluationsaufgaben illustriert, welche auch bei der Erstellung von Evaluationsaufgaben durch Lehrpersonen zu berücksichtigen sind:

Authentizität: Die Lernenden haben die Aufgabe, etwas zu erzählen, das sie an einem bestimmten Tag erlebt haben. Dieser Stimulus veranlasst sie zu authentischen sprachlichen Äusserungen, indem sie etwas Persönliches mitteilen und damit – im Kontext der gestellten Aufgabe – eigene Mitteilungsabsichten verwirklichen können.

Kompetenzorientierung/Handlungsorientierung: In der Aufgabe werden verschiedene Kompetenzen der Lernenden in einer Sprachhandlungssituation überprüft. Beim Schreiben eines eigenen Textes in der Zielsprache transferieren sie die bei der Bearbeitung des *parcours* erworbenen sprachlichen Mittel (Wortschatz, Satzbau, Zeitform *passé composé*) auf einen neuen, persönlich bedeutungsvollen Inhalt und wenden dabei die eingeübten Strategien an (u.a. Wörterbuch, Schreibgrenzen überwinden).

Aufgabenorientierung: Die Evaluationsaufgabe orientiert sich von Inhalt und Format her an der *tâche* und damit an den Grundsätzen der Aufgabenorientierung. Die Lernenden bearbeiten eine Aufgabe, welche es ihnen erlaubt, das Gelernte in einer neuen, bedeutungsvollen Situation anzuwenden. Die Aufgabe ist also nicht auf das Abfragen einzelner Wörter, Satzstrukturen oder grammatikalischer Erscheinungsformen reduziert, sondern prüft sprachliche Mittel und Strategien in der Anwendung.

Wiedererkennungswert: Der Zusammenhang zwischen der Evaluationsaufgabe «Mon journal de bord» und den Inhalten, denen die Lernenden im Inputtext, in den *activités* und in der *tâche* begegnet sind, liegt auf der Hand. In den *activités* haben die Lernenden u.a. einen Ausschnitt aus dem «Carnet de bord» des Protagonisten Greg gelesen, die Skizzen im Inputtext als Verständnishilfe genutzt, Verben mit *avoir* ins *passé composé* gesetzt, einfache Sätze geschrieben und mit Angaben ergänzt, einen eigenen Streich aufgeschrieben, dabei den dreiteiligen Aufbau eines Textes berücksichtigt und bekannte Produktionsstrategien angewandt. All diese Teilaspekte sind in der Aufgabenstellung zur summativen Evaluation sichtbar. Damit wird die Vorgabe des Wiedererkennungswertes eingelöst.

Sinnhaftigkeit: Beim Aufschreiben eines eigenen Erlebnisses in der Evaluation geht es für die Lernenden vornehmlich um den Inhalt. Sie überlegen sich, welches Ereignis sie erzählen möchten, bevor sie es mit Hilfe der erworbenen sprachlichen und strategischen Ressourcen in der Zielsprache zu Papier bringen. Damit erleben sie Sprache in ihrer echten und sinnvollen Funktion als Mittel zur Kommunikation und nicht als Stoff, der dekontextualisiert abgeprüft wird.

Die Beurteilung und Bewertung der Leistungen von Schülerinnen und Schülern

Für die Beurteilung und Bewertung der summativen Evaluationsaufgaben stehen den Lehrpersonen auf der Plattform Beurteilungskriterien – oft in Form eines Kompetenzrasters – zur Verfügung. Die Beurteilungskriterien beziehen sich auf die Ziele des *parcours* und waren bereits für die Bearbeitung der *tâche* leitend.

Mille feuilles | Evaluation und Reflexion

Revue

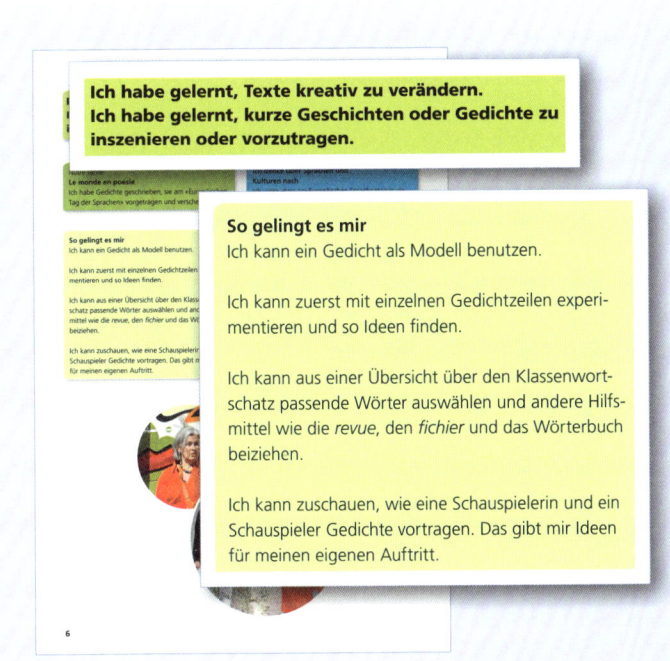

Nach der Bearbeitung des ersten *parcours* von *magazine* 6.2 (Erprobungsfassung) wird den Lernenden in der *revue* unter anderem aufgezeigt, welche übergreifenden Ziele aus dem Bereich «Mit Sprache spielerisch umgehen, etwas darstellen und inszenieren» sie weiter bearbeitet und vertieft haben. Den insgesamt sechs Lernzielbereichen mit ihren globalen Lernzielen begegnen die Lernenden im Verlaufe der Primarschulzeit wiederkehrend und können damit erkennen, wie sich ihre Sprachkompetenzen schrittweise aufbauen (siehe auch Übersichtsplakat). Die Rückschau auf die Ziele in den drei Bereichen «Sprachhandeln», «Bewusstheit für Sprachen und Kulturen» und «Lernstrategische Kompetenzen» führt in den Transfer.

Die Rubrik «So gelingt es mir» gibt den Lernenden Auskunft über das «Wie gut» und «Unter welchen Bedingungen». In diesem Beispiel sehen sie, dass ihnen zum Verfassen und Rezitieren von Gedichten Modelle und Hilfsmittel zur Verfügung stehen und dass dem vorgängigen Experimentieren viel Platz eingeräumt wird. An dieser Stelle werden oft auch Angaben zum Bearbeiten einer Aufgabe in Kooperation oder zu Korrektheitsansprüchen und Fehlertoleranz gemacht. So können die Lernenden erkennen, welche Erwartungen an sie gestellt werden.

Formative Evaluation durch die Lehrperson

Die Reflexionsfähigkeit von Lernenden ist eine wesentliche Voraussetzung dafür, dass Lernprozesse mehr und mehr selbstständig organisiert werden können und erfolgreich verlaufen.

Der abgebildete Kriterienraster aus dem elektronischen *fil rouge* von *Mille feuilles* zeigt eine Möglichkeit auf, wie die Lehrperson das Reflexionsvermögen evaluieren kann. Im Gespräch äussern sich die Lernenden im Anschluss an die Bearbeitung eines *parcours* über ihre Lernerfahrungen und -ergebnisse sowie über ihr Arbeits- und Sozialverhalten. (*fil rouge éléctronique* 3.1)

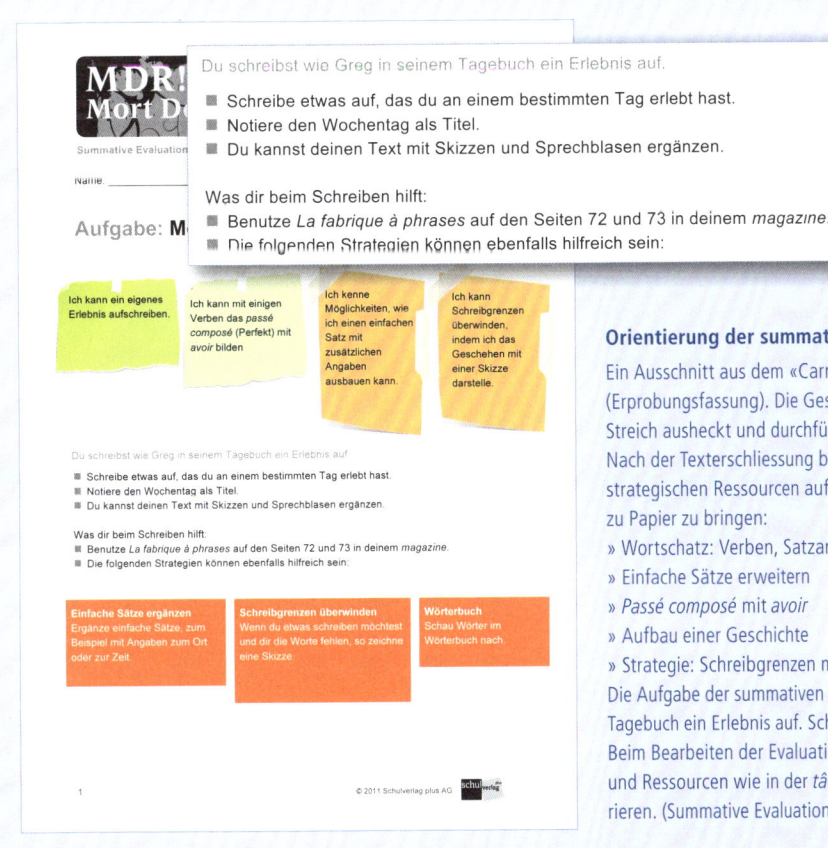

Orientierung der summativen Evaluationsaufgaben an der *tâche*

Ein Ausschnitt aus dem «Carnet de bord de Greg» dient als Inputtext in *magazine* 5.2 (Erprobungsfassung). Die Geschichte erzählt, wie Greg mit seinem Freund zusammen einen Streich ausheckt und durchführt.

Nach der Texterschliessung bauen die Lernenden unter anderem folgende sprachlichen und strategischen Ressourcen auf, welche es ihnen erlauben, in der *tâche* einen eigenen Streich zu Papier zu bringen:

» Wortschatz: Verben, Satzanfänge, Orts- und Zeitangaben
» Einfache Sätze erweitern
» *Passé composé* mit *avoir*
» Aufbau einer Geschichte
» Strategie: Schreibgrenzen mit Hilfe von Skizzen überwinden

Die Aufgabe der summativen Evaluationsaufgabe lautet: «Du schreibst wie Greg in seinem Tagebuch ein Erlebnis auf. Schreibe etwas auf, das du an einem bestimmten Tag erlebt hast.» Beim Bearbeiten der Evaluationsaufgabe müssen die Lernenden die gleichen Kompetenzen und Ressourcen wie in der *tâche* mobilisieren, diese jedoch auf einen neuen Inhalt transferieren. (Summative Evaluationsaufgabe zu *magazine* 5.2 Erprobungsfassung)

Zudem wird ein Bewertungsmassstab vorgeschlagen, welcher übernommen oder bei Bedarf den Gegebenheiten der Klasse angepasst werden kann.

In der Aufgabenstellung zur summativen Evaluation werden den Lernenden die Beurteilungskriterien und der Bewertungsmassstab bekannt gemacht, welche von der Lehrperson vorgängig festgelegt worden sind.

An folgendem Beispiel eines Kompetenzrasters zur Evaluationsaufgabe *magazine* 4.2 (Erprobungsfassung) sollen einige Grundsätze zur Beurteilung aufgezeigt werden.

Aufgabe: Lina – la poule violette (Korrekturraster für die Lehrperson)

	Lernziel sehr gut erreicht	Lernziel gut erreicht	Lernziel erreicht	Lernziel noch nicht erreicht
Punktezahl	4 Punkte	3 Punkte	2 Punkte	1 Punkt
Text				
Text Inhalt	Die Geschichte ist originell, nachvollziehbar und ausgeschmückt.	Die Geschichte ist nachvollziehbar und beinhaltet einzelne Details.	Die Geschichte ist kurz. Sie ist nachvollziehbar.	Die Geschichte ist sehr kurz. Sie ist nur teilweise nachvollziehbar. Manchmal ist das Geschehen zusammenhangslos.
Text Wortschatz	Die Geschichte wird mit vielen verschiedenen, passenden Verben erzählt.	Die Geschichte wird mit verschiedenen passenden Verben erzählt.	Die Geschichte wird mit ein paar passenden Verben erzählt.	Die Geschichte wird mit wenigen, zum Teil passenden Verben erzählt.
Text Mut zum Risiko	Mehrere Passagen sind durch Transfer aus anderen Kontexten übernommen oder neu und selber formuliert.		Einzelne Passagen sind durch Transfer aus anderen Kontexten übernommen oder neu und selber formuliert.	
Text Form	Alle Sätze sind korrekt gebildet. *	Die meisten Sätze sind korrekt gebildet.	Viele Sätze sind korrekt gebildet.	Einzelne, wenige Sätze sind korrekt gebildet.
Präsentation				
Präsentation	Die Geschichte wird sicher, laut und deutlich vorgelesen. Die französische Aussprache ist vollständig korrekt.	Die Geschichte wird laut und deutlich vorgelesen. Die französische Aussprache ist fast immer korrekt.	Der grösste Teil der Geschichte wird deutlich vorgelesen. Die französische Aussprache ist oft korrekt.	Einzelne Textstellen werden deutlich vorgelesen. Die französische Aussprache ist stellenweise korrekt.
Zeichnung				
Zeichnung	Die Zeichnungen illustrieren diese Geschichte passend, aussagekräftig und detailreich.	Die Zeichnungen illustrieren diese Geschichte passend und aussagekräftig.	Die Zeichnungen sind einfach und allgemein. Sie illustrieren diese Geschichte nur beschränkt.	Die Zeichnungen sind sehr einfach. Sie illustrieren diese Geschichte nur rudimentär.

Bewertungsmassstab

24 – 20 Punkte	Lernziel sehr gut erreicht
19 – 15 Punkte	Lernziel gut erreicht
14 – 10 Punkte	Lernziel erreicht
9 – 1 Punkt(e)	Lernziel noch nicht erreicht

* Korrekte Satzbildung
Der Korrektheitsanspruch bezieht sich auf den in *activité* F bewusst gemachten Bau eines einfachen Satzes:
– Der Satz beginnt mit einem Namen oder mit einem Pronomen (*Elle*).
– An zweiter Stelle steht das Verb.
– Ein Satz (Subjekt und Verb) kann mit weiteren Teilen ergänzt werden.
Weitere Ansprüche an die Korrektheit werden noch nicht gestellt (wie zum Beispiel Verbformen, Orthographie, Begleiter…)

» Die Leistungserwartungen werden im Voraus detailliert beschrieben.
» In der Beurteilung werden nicht nur sprachliche, sondern auch inhaltliche, gestalterische oder strategische Kriterien berücksichtigt.
» Die Gewichtung der Kriterien berücksichtigt die Prinzipien der Kompetenzorientierung. Im Zentrum stehen Kriterien, die sich auf Kompetenzen beziehen. Einzelne Ressourcenziele zu Wortschatz, Grammatik oder Aussprache können zwar fokussiert und beurteilt werden, werden aber in der Gesamtbeurteilung weniger gewichtet.
» Der Korrektheitsanspruch wird gemäss GER definiert und ist demnach dem Sprachniveau der Lernenden angepasst. (vgl. Sprachniveau und Fehlerkultur)
» Der Mut zum Risiko wird nicht sanktioniert – im Gegenteil. Wenn Lernende Mitteilungsabsichten verwirklichen, zu denen ihnen die Sprachmittel im Unterricht nicht zur Verfügung gestellt worden sind, wird dies honoriert. Dies geschieht im Wissen darum, dass «Mut zum Risiko» eines der Hauptmerkmale erfolgreicher Lernender ist.

In der summativen Evaluation können jeweils nur einzelne Momente im Lernprozess und einzelne Lerngegenstände fokussiert werden. Die Lernenden lernen noch viel mehr, als es in den einzelnen Zielen ausgewiesen werden kann, und erbringen während ihrer Arbeit an einem *parcours* viele weitere Leistungen, welche im Rahmen einer summativen Beurteilung nicht sichtbar gemacht werden können.

Exkurs: Sprachniveau und Fehlerkultur
Der Gemeinsame Europäische Referenzrahmen gibt nicht nur im Bereich der Sprachhandlungen Auskunft darüber, was Lernende auf einem bestimmten Niveau leisten können, er macht für jedes Niveau auch Aussagen über das Spektrum an Wortschatz und an grammatischen Mustern und Formen. Für die Kompetenz «Schreiben» werden für jedes Niveau zudem die Merkmale bezüglich Orthographie und Textstruktur beschrieben, für die Kompetenz «Sprechen» die Merkmale bezüglich Interaktion und Flüssigkeit. Diese Angaben müssen bei der Evaluation von schriftlichen und mündlichen Sprachkompetenzen leitend sein.

Das bedeutet, dass vor der Beurteilung und Bewertung der Arbeiten von Schülerinnen und Schülern die Erwartungen in Bezug auf deren Qualität definiert werden müssen. Dazu gilt es als Erstes, die Vorgaben des Lehrplans bezüglich des Sprachniveaus zu berücksichtigen.

Als Nächstes sind die Angaben über das «Wie gut» im GER beizuziehen. Lingualevel stellt dazu einen auf der Grundlage des GER erstellten qualitativen Beurteilungsraster zur Verfügung.

Zum Umgang mit Fehlern in der schriftlichen Sprachverwendung
Der Auszug aus dem Beurteilungsraster von Lingualevel auf Seite 84 zeigt Merkmale von Sprachlernenden der verschiedenen Niveaus in Bezug auf grammatische und orthographische Korrektheit.

Schuljahre HarmoS 5/6 (3. Klasse, 4. Klasse) Französisch

	A1.1	A1.2	A2.1	A2.2	B1.1	B1.2	B2
Hörverstehen	■	■					
Leseverstehen	■	■					
Sprechen	■	■					
Schreiben	■						

Schuljahre HarmoS 7/8 (5. Klasse, 6. Klasse) Französisch

	A1.1	A1.2	A2.1	A2.2	B1.1	B1.2	B2
Hörverstehen	■	■	■				
Leseverstehen	■	■	■				
Sprechen	■	■	■				
Schreiben	■	■					

Lehrplan «Passepartout» 2011: 6

	A1.1	A1.2	A2.1	A2.2	B1.1	B1.2
Grammatik	Verwendet einige wenige Formen von Wörtern wie besonders einzelne Konjugationsformen und Pluralmarkierungen, dies aber unsystematisch.	Kann einige wenige einfache grammatische Muster einigermassen korrekt verwenden, z.B. Wortfolge in einfachen Aussagesätzen.	Verwendet häufige Konjugationsformen wichtiger Verben im Präsens, macht dabei aber oft Fehler (z.B. Übergeneralisierung der 3. Person Singular auf andere Personalformen).	Verwendet eine Reihe verschiedener gebräuchlicher Strukturen und Satzmuster (z.B. Infinitivsätze) teilweise korrekt und teilweise mit starken Einflüssen der Erstsprache; bei selteneren Strukturen sind grammatische Fehler recht häufig.	Kann verschiedene Verbformen verwenden, um zeitliche Verhältnisse anzuzeigen, macht dabei aber noch häufig Fehler.	Verfügt über ein breiteres Repertoire häufiger, einfacher grammatischer Muster und Strukturen, z.B. Wortstellung in Aussage- und Fragesätzen, eingeleitete Nebensätze, Negation, und kann diese recht korrekt anwenden.
Orthographie	Kann einige Wörter und kurze Wendungen aufschreiben, geht aber bei der Umsetzung von Lauten in Buchstaben unsystematisch vor bzw. verwendet eigene Regeln dafür.	Kann Wörter und kurze Sätze aus Texten abschreiben, die für ihn/sie wichtig sind, z.B. Einladung, Dankeskarte, Lernplan; kann diese Sätze brauchen, um mit eigenen Wörtern analoge Sätze zu bilden, macht dabei aber oft Fehler.	Kann kürzere Texte zu vertrauten Anlässen (z.B. Einladung, Reaktion auf Einladung) insgesamt einigermassen korrekt schreiben; Rechtschreibfehler können noch ziemlich häufig sein.	Macht auch in kürzeren Texten noch oft Rechtschreibfehler, wie z.B. Verdoppelung, Weglassung oder Verwechslung von Konsonanten, Weglassung von stummen «e», falsche Akzentsetzung; gröbere orthographische Fehler sind selten.	Kann so korrekt schreiben, dass man das Geschriebene meistens verstehen kann; Einflüsse der Erstsprache oder von anderen Sprachen auf die Rechtschreibung können offensichtlich sein, z.B. kilomètre statt kilomètre; prise statt price.	Kann auch längere Texte und Texte über allgemeinere Themen so korrekt schreiben, dass man sie normalerweise leicht lesen kann. Die Zeichensetzung kann nach seinen/ihren Gewohnheiten in der Muttersprache erfolgen.

Lingualevel: Qualitativer Beurteilungsraster und in der Schweiz gültige Skala für die transparente Beurteilung der Kompetenz «Schreiben» (Auszug)

Diese Grundlagen zur Einschätzung der Möglichkeiten und Grenzen einer korrekten schriftlichen Sprachverwendung sollen nicht nur in Bezug auf Beurteilung und Bewertung in der summativen Evaluation, sondern auch im Unterricht leitend sein.

Das bedeutet nun aber nicht, dass die Texte von Lernenden überhaupt nicht korrigiert werden sollen. Es gilt aber einige Überlegungen einzubeziehen:
» Selbstinitiierte und -realisierte Fehlerkorrekturen sind wirkungsvoller als Fremdkorrekturen. Ein Hinweis der Lehrperson kann Lernende dabei unterstützen, Fehler selber zu entdecken und zu korrigieren.
» Der Co-Evaluation kommt auch im Bereich der Fehlerkorrektur eine wichtige Bedeutung zu. Lernende können sich gegenseitig unterstützen, indem sie Texte gegenlesen und auch in Bezug auf formale Aspekte Rückmeldungen geben. Das Trainieren von korrektem Schreiben und sorgfältigem Überprüfen in Partnerarbeit ist als Lehrplanziel ausgewiesen.
» In einem Text sind nicht alle Fehler zu korrigieren, sondern je nur einzelne ausgewählte Phänomene zu berücksichtigen. Dies ermöglicht den Lernenden, die Aufmerksamkeit auf diese Phänomene zu lenken und die Anwendung der korrekten Form zu sichern.
» Die Lehrperson berücksichtigt in ihrer Rolle als Lernbegleiterin den Lernstand der einzelnen Lernenden und korrigiert nur dort, wo es dem Lernprozess des Einzelnen förderlich ist. (vgl. Kapitel Rollen der Lehrperson)

	A1.1	A1.2	A2.1	A2.2	B1.1	B1.2
Korrektheit	Verwendet einige wenige Formen von Wörtern, dies aber kaum nach den Regeln der Zielsprache.	Zeigt nur eine beschränkte Beherrschung von einigen wenigen einfachen grammatischen Strukturen und Satzmustern eines gelernten Repertoires; hat z.B. die Tendenz, Zeitformen zu vermischen oder zu vergessen.	Kann einige vorgefertigte, einfache Strukturen teilweise korrekt verwenden, z.B. Fragen mit Fragewörtern wie «où» bzw. «where», macht aber noch systematisch schwere Fehler.	Kann einige wenige einfache grammatische Muster einigermassen korrekt anwenden, z.B. die Wortfolge in einfachen Aussagesätzen. Verwendet häufige Konjugationsformen wichtiger Verben im Präsens, macht dabei aber oft Fehler.	Verwendet einige sehr gebräuchliche Strukturen wie z.B. Konstruktionen mit Hilfs- oder Modalverben, macht dabei aber noch häufig Fehler.	Verwendet verhältnismässig korrekt eine Reihe verschiedener gebräuchlicher Strukturen und Redeformeln. In längeren Äusserungen und selteneren Strukturen sind grammatische Fehler noch recht häufig.

Lingualevel: Qualitativer Beurteilungsraster und in der Schweiz gültige Skala für die transparente Beurteilung der Kompetenz «Sprechen» (Auszug)

Zum Umgang mit Fehlern in der mündlichen Sprachverwendung

Auch bei der Evaluation von mündlichen Sprachkompetenzen und im Umgang mit Äusserungen von Lernenden im Unterricht gilt es, die Vorgaben des Lehrplans zu berücksichtigen, indem sich die Ansprüche an die Korrektheit an den Merkmalen der entsprechenden Sprachniveaus orientieren. Diese werden im Beurteilungsraster von Lingualevel beschrieben.

Allgemein ist festzuhalten, dass sich der Lernzuwachs nicht durch eine erhöhte Korrektheit zeigt, sondern durch eine erhöhte Komplexität in der Sprachverwendung.

Schlussbemerkungen

Mille feuilles bietet den Lernenden ein reiches Angebot an Instrumenten zur formativen Evaluation an. Damit schafft es Voraussetzungen zur Umsetzung einer konstruktivistischen Lernkultur. Damit Lernende das eigene Lernen verantwortungsvoll in die Hand nehmen, Lernprozesse zunehmend selbstständiger organisieren und effektiver gestalten können, müssen sie in der Lage sein, über ihr Lernen nachzudenken und aus der Reflexion Schlüsse für das weitere Lernen zu ziehen. Die Reflexionsinstrumente von *Mille feuilles* und das Sprachenportfolio leiten sie dazu an, solche lernstrategischen Kompetenzen aufzubauen und zu erweitern. Mit den in *Mille feuilles* angelegten Co-Evaluationen und den formativen Evaluationsinstrumenten für die Lehrperson wird zudem der soziale Kontext und die soziale Interaktion, welche für das Gelingen von Lernprozessen entscheidend sind, in die Evaluation miteinbezogen.

Für die summative Evaluation liegen Aufgabenstellungen vor, welche wichtige Qualitätsmerkmale für eine kompetenzorientierte Beurteilung erfüllen. Sie unterstützen die Lehrpersonen beim Erfassen des Lernstandes ihrer Schülerinnen und Schüler. Dabei stehen den Unterrichtenden für die Beurteilung und Bewertung Kriterien- und Kompetenzraster zur Verfügung. Die Raster werden auch den Lernenden vorgängig in die Hand gegeben. Transparenz in der Evaluationspraxis ermöglicht den Lernenden, Verantwortung für das eigene Lernen zu übernehmen.

Materialien und Medien

Im Kapitel «Inhaltsorientierung» wurde bereits ausführlich darauf eingegangen, dass *Mille feuilles* inhaltsorientiert ist, d. h. dass die Auswahl der Materialien weitgehend durch die kognitive Entwicklung der Lernenden und ihre Interessen bestimmt wird. In diesem Kapitel geht es darum, Materialien aus einer anderen Perspektive, der ihrer Darbietung in gedruckter und elektronischer Form, zu beleuchten. Der Mehrwert des kompakten Medienangebots von *Mille feuilles* soll im Mittelpunkt der Überlegungen dieses Kapitels stehen.

Zum Stellenwert von Materialien und Medien im Fremdsprachenunterricht aus didaktischer Sicht

Decke-Cornill & Küster definieren Medien allgemein wie folgt:

> Medien sind Mittel, Mittler, Vermittler, Brücken. Sie sind nicht primär gegenständlich definiert, sondern funktional. (Decke-Cornill & Küster 2010: 93)

Die Aufgabe von Medien ist also die des Vermittelns von Inhalten zwischen Menschen. Deshalb wird in der Definition auch ihre Funktionalität betont, d. h. sie können jeden Inhalt transportieren und sind kein Garant dafür, dass ein Inhalt sinnvoll ist.

Zu den Materialien für den Unterricht gehören neben dem Lehrwerk eine Vielzahl anderer Medien; sie sind in untenstehender Tabelle zusammengefasst. (Wolff & Quartapelle 2011: 70)

Medien sind integraler Bestandteil jeder Unterrichtsplanung und -analyse, wie bereits von den Vertretern der Berliner Schule der Pädagogik (Heimann, Otto & Schulz 1965) in ihrem Modell von Unterricht (vgl. Abbildung Seite 87) verdeutlicht wurde, in dem **Lernziele, Inhalte, Methoden** und eben **Medien** als Entscheidungsfelder des Unterrichts gleichwertig und aufeinander bezogen dargestellt werden. Das Modell der Berliner Schule macht deutlich, dass Entscheidungen über die Medien nicht losgelöst von den drei anderen Feldern gesehen werden dürfen. Die Wahl der Medien wird bestimmt durch das gesetzte Lernziel, die gewählte Methode und die Inhalte, die vermittelt werden sollen. Auf der anderen Seite beeinflussen die Medien selbst natürlich wiederum die zu wählende Methode, die Inhalte und auch die Lernziele. Dieses Interdependenzverhältnis der Entscheidungen in den vier Unterrichtsfeldern, welches von der Berliner Schule so verständlich und nachvollziehbar herausgearbeitet wurde und für alle möglichen Kombinationen der Felder gilt, definiert natürlich grundsätzlich auch den Stellenwert der Unterrichtsmedien.

Dazu kommen weitere Kriterien: Materialien und Medien dienen nicht nur der Vermittlung von Informationen, sondern sollen die Motivation der Lernenden anregen und ihr Problemlösungsverhalten positiv beeinflussen; sie sollen auch ihr Interesse, über das Material hinaus mit anderen Quellen arbeiten zu wollen, fördern. (Mehisto, im Druck)

Zum Stellenwert von Materialien und Medien im Fremdsprachenunterricht aus lernpsychologischer Sicht

Im Kapitel «Lernerorientierung» wurde bereits darauf hingewiesen, dass Lernende unterschiedlich lernen, d. h. dass es verschiedene Lernertypen und Lernstile gibt. (vgl. insbesondere die Lernertypologie von Piepho) In der Fremdsprachendidaktik begründet man damit die Hinwendung zum Lerner und die Entwicklung von Lernerautonomie. Unterschiedliche Lernertypen und ihre Lernstile werden auch herangezogen, um den Einsatz möglichst vieler verschiedener Medien im Unterricht zu begründen. In der Lernpsychologie ist seit langem bekannt, dass Individuen

MEDIEN	MEDIENARTEN	MÖGLICHE QUELLEN
Texte	Gedruckte Texte aller Art	Zeitung, Zeitschrift, Buch, Internet, Lehrwerk
Grafiken, Tabellen, Karten, Diagramme, Zeitleisten		Fachzeitschrift, Handbuch, Lehrwerk, Internet
Audio	Hörtexte wie Reden, Reportagen	Internet, Datenbanken von Tonträgern, CDs
Bild	Bilder, Bildskizzen, Fotos, Zeichnungen	Handbücher, Datenbanken von Bildern im Internet
Video	Videoclips, Filme, Fernsehsendungen	Internet (Youtube), DVDs
Digitalisierte, interaktive Lernumgebungen		

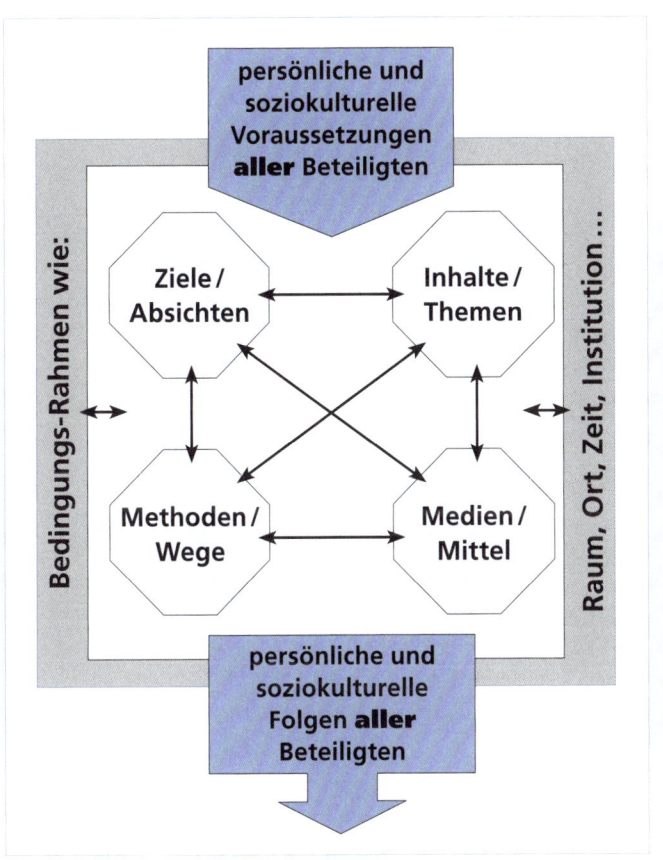

Modell der Berliner Schule (aus Wikipedia)

dazu tendieren, einen speziellen Wahrnehmungskanal bei der Aufnahme von Informationen zu bevorzugen. (Grotjahn 2003: 328)

In anderen Ansätzen (z. B. Kieweg 1996) werden hinsichtlich der Informationsaufnahme noch weitere Lernertypen unterschieden, z. B. die abstrakt-verbalen und die kontakt- bzw. handlungsorientierten Lernenden. Diese und andere Typologien machen, weil sie so unterschiedlich sind, aber auch deutlich, dass sie nicht als absolut zu verstehen sind. Denn die einzelnen Lernenden nehmen nie nur über einen einzigen Kanal, sondern immer ganzheitlich wahr, wobei bestimmte Kanäle individuell stärker, andere hingegen weniger stark eingesetzt werden. Gerade unter Berücksichtigung des letzten Aspekts ergibt sich aus einem ganzheitlichen multimedialen Zugang ein hoher Mehrwert.

Die Neuen Medien (ICT) und ihre Angebote

Die Diskussion um die Neuen Medien, die zu einem wichtigen Bestandteil der Unterrichtsmedien geworden sind, hat schon früh auch in der Schule und insbesondere im schulischen Fremdsprachenunterricht eine Rolle gespielt. Da in *Mille feuilles* die Neuen Medien eine wichtige Rolle spielen, soll auch hier auf sie gesondert eingegangen werden.

In der fachdidaktischen Diskussion erkannte man schon recht früh, dass das Potenzial des Computers in unterschiedlichen Bereichen des Sprachlernens anzusiedeln ist. Neben die **Übungsfunktion**, die anfänglich allein im Mittelpunkt stand, traten die **Werkzeugfunktion** und die **Recherchefunktion**, also Funktionen des Computers, die in der Arbeitswelt von Anfang an eine zentrale Rolle spielten. Zu den Werkzeugfunktionen des Computers zählt man z. B. die Funktion, als intelligente Schreibmaschine dienen oder grössere Datenmengen systematisch ordnen zu können. Ausserdem ermöglicht der Computer als Werkzeug die Übertragung von Briefen und Texten (z. B. E-Mail) und die Interaktion mit anderen (z. B. Skype). Die Recherchefunktion (z. B. Google) ist mit dem Internet, aber auch mit den grossen Datenbanken verbunden, sie ermöglicht es, mit dem Computer Informationen jedweder Art zu finden (Internet) und ihn als Nachschlagewerk zu benutzen. Die Nutzung des Computers in Internetforen, Lernplattformen und Blogs dringt in immer stärkerem Masse auch in das schulische Fremdsprachenlernen ein. Alle drei Funktionen spielen heute im Fremdsprachenunterricht eine wichtige Rolle, sie wurden auch in *Mille feuilles* berücksichtigt.

Die Weiterentwicklung der technischen Möglichkeiten in den letzten Jahren führte zu einer einfacheren Handhabung elektronischer Datenträger wie z. B. der CD/CD-ROM. Für Lehrwerke und Unterrichtsmaterialien ergibt sich daraus die Möglichkeit, das Materialangebot auf diesem Datenträger kompakt anzubieten, so dass es für Lehrpersonen und Schülerinnen und Schüler leichter zu handhaben ist. Eine solche Verschlankung des Lehrangebots wurde auch für *Mille feuilles* angestrebt.

Zur Bewertung von Software für den Unterricht

In der Literatur zum Einsatz der elektronischen Medien im Fremdsprachenunterricht hat es in den letzten beiden Jahrzehnten viele Versuche gegeben, die vorhandene Software auf der Grundlage objektiver Kriterien zu bewerten. Solche Kriterienlisten beschränken sich naturgemäss weitgehend auf Software, die mit einer spezifischen fremdsprachendidaktischen Intention entwickelt wurden und vor allem dazu dienen soll, das Übungsgeschehen zu bereichern. Da auch für *Mille feuilles* Software dieser Art entwickelt wurde, sollen hier wenigstens eine Reihe von Kriterien aufgeführt werden, die nach Auffassung von Medienfachleuten bei der Bestimmung guter Software eine Rolle spielen. Einige dieser Kriterien werden im zweiten Abschnitt dieses Kapitels, in welchem es um Materialien und Medien in *Mille feuilles* geht, wieder aufgegriffen.

Als Beispiel soll die Kriterienliste von Grünewald (2004) herangezogen werden. Er geht von drei Gruppen von Kriterien aus, allgemeine, inhaltliche und multimediale Kriterien. Bei den allgemeinen werden Kriterien wie Einfachheit der Installation und der Handhabung des Programms, ansprechende und übersichtliche grafische Darstellung und umfassende Hilfefunktionen genannt. Besonders hervorgehoben wird das Kriterium der Interaktivität der Software. Zu den eigentlichen inhaltlichen Kriterien gehören Relevanz für den Sprachunterricht, didaktisch sinnvolle Aufbereitung, sachliche Richtigkeit, klare Strukturiertheit. Zu den inhaltlichen gehören auch die didaktisch-methodischen Kriterien, z. B. offene Übungsformen und Variation von Übungstypen, explizite Formulierung von Lernzielen, Rückmeldung zum individuellen Lernniveau und die Differenzierung von Fehlerrückmeldungen. Schliesslich werden bei den multimedialen Kriterien Werkzeuge für die Weiterarbeit, Motivationselemente und sinnvolle Integration der multimedialen Elemente in den Lernprozess genannt. Andere Kriterienlisten heben schwerpunktmässig andere Aspekte hervor.

Abschliessend sollen drei didaktische Aspekte in den Vordergrund gerückt werden, die beim Einsatz der Neuen Medien besonders bedeutsam sind. Mit ihrer Hilfe ist es möglich, Unterricht zu **individualisieren**, zu **differenzieren** und zu **bereichern**.
Die Neuen Medien können, da sie Informationen über verschiedene Wahrnehmungskanäle vermitteln, den unterschiedlichen perzeptuellen Bedürfnissen der individuellen Lernenden Rechnung tragen. Aufgrund ihrer Vielseitigkeit und Flexibilität können sie spezifische Lernbedürfnisse der einzelnen Lernenden berücksichtigen. Damit stellen sie ein vorzügliches **Individualisierungs- und Differenzierungsinstrument** dar. Die Neuen Medien können, da sie Zugang zu einer ungeheuren Vielzahl von Informationen ermöglichen, die schulische Lernumgebung in bisher nicht gekanntem Masse bereichern. Sie können **reiche Lernumgebungen** schaffen, aus welchen die Lernenden bei der Projektarbeit schöpfen und in welchen die einzelnen Lernenden Informationen finden, die sie mit bereits vorhandenem Wissen in Verbindung bringen können. In den ersten Unterrichtsjahren ist es allerdings erforderlich, den Zugang zu diesen Informationsquellen zu regeln, da sonst die Datenmengen die Lernenden überfordern.

Materialien und Medien in *Mille feuilles*

Die Materialien und Medien von *Mille feuilles* sind so gewählt, dass sie die Umsetzung zentraler didaktischer Vorgaben, denen *Mille feuilles* verpflichtet ist, wesentlich unterstützen.

Kern des Angebotes von *Mille feuilles* sind die *magazines*. Sie sind – wie der Name andeutet – eine Art «Fundgrube». Indem sie viele spannende, authentische Informationen über die Welt und die neue Sprache enthalten, entsprechen sie den didaktischen Vorgaben der **Inhaltsorientierung**.

Die *magazines* gehören den Lernenden. Damit ist ihnen erlaubt, in den Texten Wörter zu markieren, Notizen einzufügen, Lernspuren zu hinterlegen.

Lehr- und Lernmaterialien, die einem **konstruktivistischen Lernverständnis** verpflichtet sind, stellen den Lernenden eine reiche Lernumgebung zur Verfügung. Zusätzlich zu den *magazines* erhalten die Lernenden eine CD-ROM. Hier stehen ihnen die vertonten Inputtexte, Filme, Lernsoftware, animierte Bücher, virtuelle Lernumgebungen und Lieder zur Verfügung. Als Zugriffsoberfläche dient eine digitale Kopie des jeweiligen *magazine*.

Das reiche Angebot bietet vielfältige **Differenzierungsmöglichkeiten**. Da diese Materialien den Lernenden jederzeit zur Verfügung stehen, wird damit auch eine der Vorgaben der **Lernerorientierung** eingelöst. Das Prinzip der Lernerorientierung wird auch im *fichier* sichtbar, in dem die Lernenden nicht nur den Klassenwortschatz, sondern auch ihren individuell ausgewählten Wortschatz aufbewahren.

Lernerorientierung setzt die Fähigkeit zu **Reflexion und Selbstevaluation** voraus. Zum Schülermaterial von *Mille feuilles* gehört auch eine *revue*. Hier lassen die Lernenden ihre Lernprozesse Revue passieren, reflektieren über die Lernfortschritte und halten ihre Einsichten schriftlich fest.

Den Lehrpersonen steht ein didaktischer Kommentar – der *fil rouge* – zur Verfügung. Hier finden sie nebst den Vorschlägen zur Umsetzung von *Mille feuilles* im Unterricht auch Angaben zu den jeweils angelegten Lernprozessen und den zu Grunde liegenden didaktischen Konzepten.

In der elektronischen Version des *fil rouge* kann jede Lehrperson ihre Anmerkungen und Dokumente, die sie für ihre Arbeit braucht, an entsprechender Stelle ablegen und so jederzeit darauf zurückgreifen.

Ein Übersichtsplakat gibt unter anderem Auskunft über Inhalte, Ziele und Progression.

Mille feuilles | **Materialien und Medien** 89

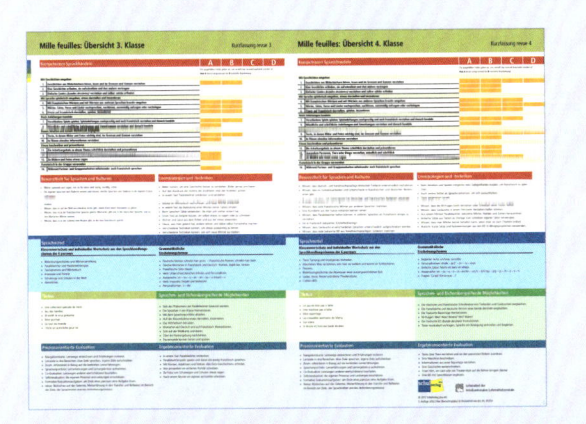

Das Angebot an Lehr- und Lernmaterialien

Den Lernenden stehen pro Jahr drei *magazines* und eine *revue* zur Verfügung. Zu jedem *magazine* gehört eine CD-ROM und eine Audio-CD. Ein weiteres Arbeitsmittel ist die Wortschatzkartei, der sog. *fichier*.

Für die Lehrpersonen gibt es zu jedem *magazine* einen *fil rouge* mit methodisch-didaktischen Kommentaren. Er liegt in gedruckter und elektronischer Form vor. Zudem stehen ein Übersichtsplakat und auf der Plattform zahlreiche Dokumente wie Zeitbedarf, summative Evaluationsaufgaben, Filmtranskriptionen etc. zum Downloaden zur Verfügung.

Zudem sind die Navigationskarten als Plakate erhältlich.

90 Mille feuilles | **Materialien und Medien**

Mit Liedern in die frankophone Kultur eintauchen

Zu Beginn eines *parcours* werden jeweils Chansons zum Hören und Mitsingen angeboten. Sie eröffnen den Lernenden einen emotionalen Zugang zum Thema, zur Zielsprache und zu frankophonem Kulturgut. Im *magazine* «Pas si bête!» führen beispielsweise mehrere amüsante Lieder ins Thema «Tiere» ein. Sie stammen von bekannten Liedermachern aus der Suisse romande und aus Frankreich. Beim Singen festigen die Lernenden die Aussprache und memorieren ganz nebenbei einzelne Wörter und Satzmuster. (*magazine* 4.1)

Mit Filmen das Weltwissen erweitern

In *magazine* 3.3 schauen sich die Lernenden auf der CD-ROM Filme über Kinder in Schulen von Peru, Afrika oder Indien an. Die Filme sind authentisch und von daher sprachlich anspruchsvoll. Zwei der Filme sind als fakultative Angebote gekennzeichnet. Sie sind Teil des in *Mille feuilles* allen Lernenden zugänglichen quantitativen Differenzierungsangebots.

Vertonte Texte hören, lesen, verstehen

In den ersten Französischlektionen hören die Schülerinnen und Schüler die Geschichte «Le monstre de l'alphabet». Auf der CD-ROM von *magazine* 3.1 findet sich das ganze Bilderbuch in animierter und vertonter Form. So können die Lernenden die Geschichte – individuell – so oft hören, wie sie wollen. Mit einer Lupenfunktion können einzelne Wortübersetzungen sichtbar gemacht werden. Je nach Interesse und Motivation holen sich die Lernenden unterschiedlich viel Unterstützung.

Multimediales Lernen mit *Mille feuilles*

Mit der CD-ROM bietet *Mille feuilles* einen multimedialen Zugang zur Zielsprache. Die ICT-Angebote sind sinnvoll in den Lernprozess integriert und entsprechen den Prinzipien eines modernen Fremdsprachenunterrichts. Die Angebote in der 3. bis 6. Klasse haben vorwiegend Übungsfunktion. Sie weisen unterschiedliche Formate auf.

Vertonte Texte und Lieder

Die im *magazine* abgedruckten Lieder sind vertont. Häufig steht auch eine Instrumentalversion zum Mitsingen zur Verfügung.

Die Inputtexte des *magazine* liegen in gesprochener Form vor. Zum Teil sind sie auch in einer vergrösserten Ansicht dargestellt, mit Hintergrundgeräuschen angereichert, animiert und mit Übersetzungshilfen ausgestattet.

Filme

Auf der CD-ROM werden auch Filme angeboten. Das visuelle Erlebnis kann den Zugang zu neuen Inhalten erleichtern. Zudem sind Filme eine attraktive Grundlage zum Aufbau der Hörkompetenz.

Virtuelle Lernumgebungen

Mille feuilles bietet verschiedene virtuelle Lernumgebungen an. Sie ermöglichen sprachliches und inhaltliches Lernen in einem attraktiven Kontext.

Interaktive Lernprogramme

Auf der CD-ROM finden sich auch interaktive Lernprogramme. Diese ermöglichen individuelles intensives Üben. Die Übungsanlagen zeichnen sich dadurch aus, dass sie reich sind und den Lernenden viel Handlungsspielraum lassen. Sie beschränken sich nicht auf reine Zuordnungsübungen oder Lückentexte. Mit der Lernsoftware haben die Lernenden ein Instrument, das geduldig Rückmeldungen gibt und Fehler nicht sanktioniert. Zudem können die Übungen mehrmals wiederholt werden. Der multisensorische Zugang kann zudem die Verankerung von Wortschatz und sprachlichen Strukturen erleichtern.

Mille feuilles | **Materialien und Medien** 91

Wortschatz lernen im virtuellen Klassenzimmer

Im virtuellen Klassenzimmer (*magazine* 3.3) können die Lernenden «herumspazieren». Beim Klicken auf einen Gegenstand lesen und hören sie die französische Bezeichnung. Das Angebot an Wörtern ist so reich, dass die Lernenden je nach Vermögen unterschiedlich viele Wörter in ihren individuellen Wortschatz aufnehmen können. So ergibt sich eine natürliche quantitative Differenzierung. Der von *Mille feuilles* vorgegebene gemeinsame Klassenwortschatz enthält eine kleine Auswahl des hier angebotenen Wortschatzes.

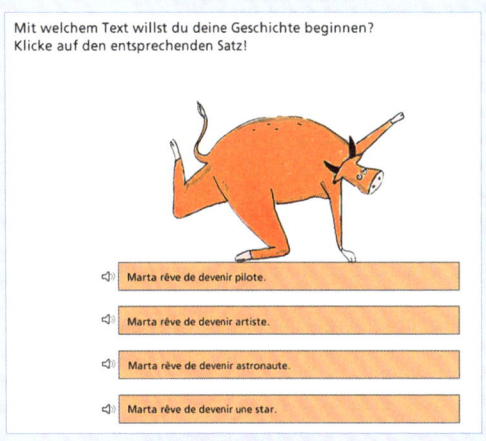

In einer virtuellen Lernumgebung Weltwissen erweitern

In dieser virtuellen Lernumgebung (*magazine* 4.1) tauchen die Lernenden in fremde, faszinierende Welten. Sie durchstreifen die Lebensräume von vielen Tieren, entdecken dabei Tiere und erfahren deren französischen Namen.

Mit Lernsoftware Geschichten erfinden

Dieses Lernprogramm in *magazine* 4.2 hält eine Vielzahl von Geschichten der Kuh Marta bereit. Die Lernenden können sich ihre eigenen Geschichten zusammenstellen, indem sie die Fortsetzung jeweils selber auswählen. Dabei repetieren sie implizit bereits bekannten Wortschatz und üben den Aufbau von einfachen französischen Sätzen ein.

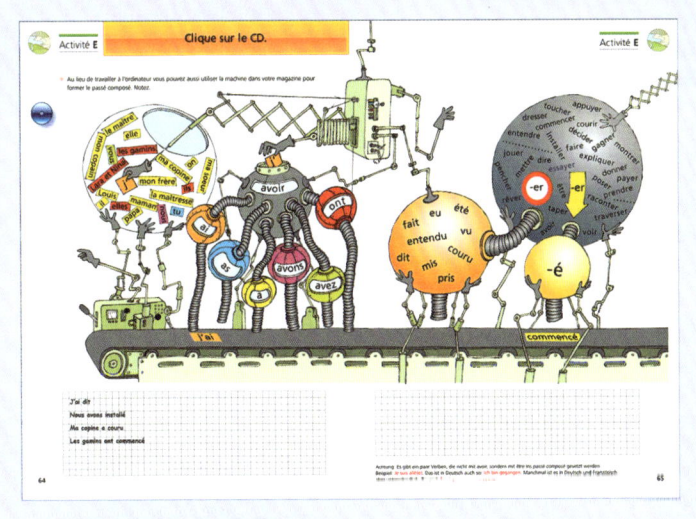

Mit einer Rattermaschine üben

In *magazine* 5.2 (Erprobungsfassung) üben die Lernenden mit Hilfe einer Maschine das *passé composé*. Obwohl der Fokus auf einer definierten sprachlichen Struktur liegt, ist die sprachliche Umgebung komplex. Den zur Verfügung stehenden Subjekten und Verben sind die Lernenden bereits in anderem Kontext begegnet. Die einfache Zuteilung in er-Verben und nicht-er-Verben hilft beim Lösen der Aufgabe. Das Angebot an Kombinationen ist reich. Damit ist die Übungsanlage für alle Lernenden eine Herausforderung.

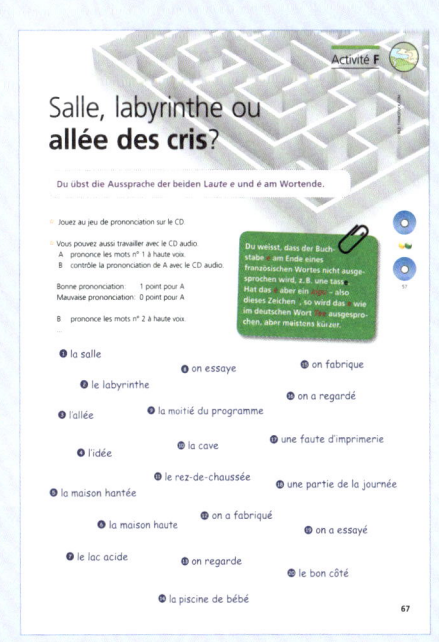

Aussprache üben im Partnerspiel

Unter den interaktiven Lernprogrammen gibt es auch Spiele. In *magazine* 5.2 (Erprobungsfassung) wird die Aussprache der beiden Laute e und é am Wortende fokussiert und intensiv eingeübt. Das Spiel ist so angelegt, dass die Lernenden gegenseitig die Aussprache kontrollieren. Damit wird diese sprachliche Erscheinung – immer in direktem Bezug zum Schriftbild – sowohl produktiv als auch rezeptiv geübt. Die Anlage als Partnerspiel erhöht einerseits die Intensität der Spracharbeit und andererseits die Motivation zum Üben.

Bibliographie

Die folgende Bibliographie ist nach den Kapiteln des Handbuchs gegliedert und bezieht sich auf die dort zitierten Bücher und Aufsätze. Gleichzeitig gibt sie auch Hinweise auf weiterführende Literatur zu den einzelnen Themen. Abschliessend findet sich eine kurze Zusammenstellung einiger allgemeiner neuerer Arbeiten zur Fremdsprachendidaktik. Die Liste hat keinerlei Ansprüche auf Vollständigkeit.

Didaktik der Mehrsprachigkeit

Cathomas, R. & Carigiet, W. (2008): *Top-Chance Mehrsprachigkeit.* Bern: schulverlag plus AG.

Gogolin, I. (1994): *Der monolinguale Habitus der multilingualen Schule.* Münster: Waxmann.

Hufeisen, B. & Neuner, G. (2003): *Mehrsprachigkeitskonzept – Tertiärsprachen – Deutsch nach Englisch.* Strasbourg: Centre européen pour les langues vivantes.

Hutterli, S., Stotz, D. & Zappatore, D. (2008): *Do you parlez andere lingue? Fremdsprachen lernen in der Schule.* Zürich: Pestalozzianum.

Mißler, E. (1999): *Fremdsprachenlernerfahrungen und Lernstrategien: Eine empirische Untersuchung.* Tübingen: Stauffenburg.

Wiater, W. (2006): Didaktik der Mehrsprachigkeit. In: W. Wiater (Hrsg.): *Didaktik der Mehrsprachigkeit. Theoriegrundlagen und Praxismodelle.* München: E. Vögel, 57–72.

Wokusch, S. (2008): Didactique intégrée des langues: la contribution de l'école au plurilinguisme des élèves. *Babylonia* 1/2008, 12–14.

Konstruktivistisches Lernverständnis

Moate, J. (2010): The integrated nature of CLIL. A socio-cultural perspective. *International CLIL Research Journal 3*, 38–45.

Papert, S. (1990): Introduction. In: Harel, I. (Hrsg.): *Constructionist Learning.* Boston: MIT Laboratory, 2–5.

Von Aufschnaiter, S., Fischer, H. E. & Schwedes, H. (1992): Kinder konstruieren Welten: Perspektiven einer konstruktivistischen Physikdidaktik. In: Schmidt, S. J. (Hrsg.): *Kognition und Gesellschaft: Der Diskurs des radikalen Konstruktivismus 2.* Frankfurt/Main: Suhrkamp, 380–424.

Von Glasersfeld, E. (1987): *Wissen, Sprache und Wirklichkeit.* Braunschweig: Vieweg.

Wolff, D. (2002): *Fremdsprachenlernen als Konstruktion: Grundlagen für eine konstruktivistische Fremdsprachendidaktik.* Frankfurt am Main: Lang.

Kompetenzorientierung

Byram, M. (1997): *Teaching and Assessing Intercultural Competence.* Clevedon: Multilingual Matters.

Clark, H. F. (1996): *Using Language.* Cambridge: Cambridge University Press.

Elsner, D., Küster, L. & Viebrock, B. (Hrsg.) (2007): *Fremdsprachenkompetenzen für ein wachsendes Europa. Das Leitziel «Multiliteralität».* Frankfurt am Main: Lang.

Faerch, C. & Kasper, G. (1980): Processes and strategies in foreign language learning and communication. *Interlanguage Studies Bulletin* 5, 47–118.

Hu, A. & Byram, M. (Hrsg) (2009): *Interkulturelle Kompetenz und fremdsprachliches Lernen: Modelle, Empirie, Evaluation = Intercultural competence and foreign language learning: Models, empiricism and assessment (VII–XXV).* Tübingen: Narr.

Le Boterf, G. (2000; 2001; 2004; 2006): *Construire les compétences individuelles et collectives.* Paris: Editions d'organisation. 18 septembre 2010 / CFPD.

Piepho, H.-E. (1974): *Kommunikative Kompetenz als übergeordnetes Lernziel im Englischunterricht.* Dornburg-Frickhofen: Frankonius.

Tesch, B. (Hrsg.) (2010): *Kompetenzorientierung. Lernaufgaben im Fremdsprachenunterricht. Konzeptionelle Grundlagen und eine rekonstruktive Fallstudie zur Unterrichtspraxis (Französisch).* Frankfurt am Main: Lang.

Weinert, F. E. (2001): Vergleichende Leistungsmessung in Schulen. Eine umstrittene Selbstverständlichkeit. In: Weinert, F. E.: *Leistungsmessung in Schulen.* Weinheim: Beltz, 17–31.

Wolff, D. (2009): Einige Anmerkungen zum Kompetenzbegriff vor dem Hintergrund der kommunikativen Kompetenz als übergeordnetem Lernziel im modernen Fremdsprachenunterricht. In: Albl-Mikasa, M., Braun, S., Kalina, S. (Hrsg.): *Dimensionen der Zweitsprachenforschung – Dimensions of Second Language Research. Festschrift für Kurt Kohn.* Tübingen: Narr, 3–16.

Inhaltsorientierung

Groeben, N. (1982): *Leserpsychologie: Textverständnis – Textverständlichkeit.* Münster: Aschendorff.

Widdowson, H. (1990): *Aspects of Language Teaching.* Oxford: Oxford University Press.

Zydatiß, W. (2006): Stehen wir vor einem melt-down der Persönlichkeitsbildung im schulischen Fremdsprachenunterricht? – Vermutlich ja, aber gerade deshalb sollten empirisch erprobte, integrierte Lern- und Überprüfungsaufgaben für diesen Bereich entwickelt werden! In: Bausch, K.-R., Burwitz-Melzer, E., Königs, F. & Krumm, H.-J. (Hrsg.): *Aufgabenorientierung als Aufgabe.* Tübingen: Narr, 256–263.

Handlungsorientierung

Abendroth-Timmer, D., Elsner, D., Lütge, Ch. & Viebrock, B. (Hrsg.) (2009): *Handlungsorientierung im Fokus. Impulse und Perspektiven für den Fremdsprachenunterricht im 21. Jahrhundert.* Frankfurt am Main: Lang.

Decke-Cornill, H. & Küster, L. (2010): *Fremdsprachendidaktik.* Tübingen: Narr.

Legutke, M. (1988): *Lebendiger Englischunterricht: Kommunikative Aufgaben und Projekte für einen schüleraktivierenden Fremdsprachenunterricht.* Bochum: Kamp.

Long, M. (1985): Input and second language acquisition theory. In: Gass, S. & Madden, C. (Hrsg.): *Input in Second Language Acquisition.* Rowley, Mass.: Newbury House, 377–93.

Moate, J. (2010): The integrated nature of CLIL. A socio-cultural perspective. *International CLIL Research Journal* 3, 38–45.

Müller-Hartmann, A. & Schocker-V. Ditfuth M. (Hrsg.) (2008): *Aufgabenorientierung Lernen und Lehren mit Medien.* Frankfurt am Main: Lang. 18. September 2010/DZ

Timm, J.-P. (1998): Entscheidungsfelder des Fremdsprachenunterrichts. In: Timm, J.-P. (Hrsg.): *Englisch lernen und Lehren – Didaktik des Englischunterrichts.* Berlin: Cornelsen, 7–14.

Progression

Diehl, E., Christen, H., Leuenberger, S., Pelvat, I. & Studer, T. (2000): *Grammatikunterricht: Alles für der Katz? – Untersuchungen zum Zweitsprachenerwerb Deutsch.* Tübingen: Niemeyer.

Ellis, R. (1994): *The Study of Second Language Acquisition.* Oxford: Oxford University Press.

Pienemann, M. (1989): Is language teachable? Psycholinguistic experiments and hypotheses. *Applied Linguistics* 10, 52–79.

Quetz, J. (2003): Fremdsprachliches Curriculum. In: Bausch, K.-R., Christ, H. & Krumm, H.-J. (Hrsg.): *Handbuch Fremdsprachenunterricht.* Tübingen: Francke, 121–127.

Witte, A. (2009): Reflexionen zu einer (inter)kulturellen Progression bei der Entwicklung interkultureller Kompetenz im Fremdsprachenlernprozess. In: Hu, A. & Byram, M. (Hrsg.): *Interkulturelle Kompetenz und fremdsprachliches Lernen: Modelle, Empirie, Evaluation.* Tübingen: Narr, 49–68.

Lernerorientierung

Barnes, D. (1976): *From Communication to Curriculum.* Harmondsworth: Penguin.

Benson, P. (1997): The philosophy and politics of learner autonomy. In: Benson, P. & Voller, P. (Hrsg.): *Autonomy and Independence in Language Learning.* London: Longman, 18–34.

Decke-Cornill, H. & Küster. L. (2010): *Fremdsprachendidaktik.* Tübingen: Narr.

Düwell, H. (2003): Fremdsprachenlerner. In: Bausch, K.-R., Christ, H. & Krumm, H.-J. (Hrsg.): *Handbuch Fremdsprachenunterricht.* Tübingen: Francke, 347–352.

Hellmisch, F., Wernke St. (Hrsg.) (2009): *Lernstrategien im Grundschulalter. Konzepte, Befunde und praktische Implikationen.* Stuttgart: Kohlhammer.

Tassinari, M. G. (Hrsg.) (2010): *Autonomes Fremdsprachenlernen. Komponenten, Kompetenzen, Strategien.* Frankfurt am Main: Lang.

Wolff, D. (2003): Lernerautonomie und selbst gesteuertes fremdsprachliches Lernen: Überblick. In: Bausch, K.-R., Christ, H. & Krumm, H.-J. (Hrsg.): *Handbuch Fremdsprachenunterricht.* Tübingen: Francke, 321–326.

Differenzierung

Armstrong, T. (1994): *Multiple Intelligences in the Classroom.* Alexandra (Vermont): Association for Supervision and Curriculum Development.

Bönsch, M. (2000): *Intelligente Unterrichtsstrukturen: Eine Einführung in die Differenzierung.* Baltmannsweiler: Schneider.

Bönsch, M. (2011): *Heterogenität und Differenzierung: Gemeinsames und differenziertes Lernen in heterogenen Lerngruppen.* Baltmannsweiler: Schneider.

Böttger, H. (2005): *Englisch lernen in der Grundschule. Studienband.* Bad Heilbrunn: Julius Klinkhardt.

Ellis, R. (1994): *The Study of Second Language Acquisition.* Oxford: Oxford University Press.

Haß, F. (2006): *Fachdidaktik Englisch: Tradition – Innovation – Praxis.* Berlin: Cornelsen.

Oertner, R. & Montada, L. (2002): *Entwicklungspsychologie: Ein Lehrbuch.* Mannheim: Beltz.

Wolff, D. (2011): Differenzierung – Individualisierung – Förderung: Überlegungen zu einem integrierten Differenzierungskonzept für den Fremdsprachenunterricht. *Babylonia* 4/10, S. 51–56.

Rollen der Lehrperson

Arbeitsgruppe LEGS (2012): *Fortgeführter Englischunterricht in den Klassen 5 und 6.* Soest: Ministerium für Schule und Weiterbildung NRW.

Mercer, N. (1995): *The Guided Construction of Knowledge: Talk amongst Teachers and Learners.* Clevedon: Multilingual Matters.

Roth, G. (2011): *Bildung braucht Persönlichkeit – Wie Lernen gelingt.* Stuttgart: Klett-Cotta.

Watzlawick, P. (1976): *Wie wirklich ist die Wirklichkeit – Wahn, Täuschung, Verstehen.* München: Pieper.

Wehmer, S. (2003): Lernberatung. In: Bausch, K.-R., Christ, H. & Krumm, H.-J. (Hrsg.): *Handbuch Fremdsprachenunterricht.* Tübingen: Francke, 344–346.

Wolff, D. (2003): Lernerautonomie und selbst gesteuertes fremdsprachliches Lernen: Überblick. In: Bausch, K.-R., Christ, H. & Krumm, H.-J. (Hrsg.): *Handbuch Fremdsprachenunterricht.* Tübingen: Francke, 321–326.

Evaluation und Reflexion

Diehr, B. & Fritsch, S. (2008): Mark their Words: *Sprechleistungen im Englischunterricht der Grundschule fördern und bewerten.* Braunschweig: Westermann.

Haß, F. (2006): *Fachdidaktik Englisch: Tradition – Innovation – Praxis.* Berlin: Cornelsen.

Lenz, P. (2008): Integrierte Sprachendidaktik – spezifische Lernziele – vielfältige Beurteilungsmöglichkeiten, *Babylonia* 1/08, 29–34.

Little, D. & Perclová, R. (undatiert): *European Language Portfolio: Guide for Teachers and Teacher Trainers.* Strasbourg: Council of Europe.

Nissen, R. (1982): *Lernmodell und Ausdrucksvermögen im Englischunterricht.* Berlin: Cornelsen.

Piccardo, E., Berchoud, M., Cignatta, T., Mentz, O., Pamula, M. (2011): *Parcours d'évaluation, d'apprentissage et d'enseignement à travers le CECR.* Strasbourg: Conseil de l'Europe.

Stern, Th. (2010): *Förderliche Leistungsbewertung.* Wien: Österreichisches Zentrum für Persönlichkeitsbildung und soziales Lernen, im Auftrag des Bundesministeriums für Unterricht, Kunst und Kultur.

Winter, F. (2008): *Leistungsbewertung. Eine neue Lernkultur braucht einen anderen Umgang mit den Schülerleistungen.* Grundlagen der Schulpädagogik. Band 49 Hohengehren: Schneider.

Wolff, D. & Quartapelle, F. (2011): *CLIL in deutscher Sprache in Italien – Ein Leitfaden.* Mailand: Goethe Institut.

Materialien und Medien

Decke-Cornill, H. & Küster, L. (2010): *Fremdsprachendidaktik.* Tübingen: Narr.

Grotjahn, R. (2003): Lernstile/Lernertypen. In: Bausch, K.-R., Christ, H. & Krumm, H.-J. (Hrsg.): *Handbuch Fremdsprachenunterricht.* Tübingen: Francke, 326–331.

Heimann, P., Otto, C. & Schulz, W. (1965): *Unterricht: Analyse und Planung.* Hannover: Schrödel.

Kieweg, M. (1996): Lerntypengerechte Vermittlungsverfahren zum Zeitensystem. *Der Fremdsprachliche Unterricht/Englisch* 30, 19–25.

Mehisto, P. (2012): *Criteria for producing CLIL learning materials.* (im Druck)

Rösler, D. (2007): *E-Learning Fremdsprachen – Eine kritische Einführung.* Tübingen: Stauffenberg Einführungen. Band 18.

Wolff, D. & Quartapelle, F. (2011): *CLIL in deutscher Sprache in Italien – Ein Leitfaden.* Mailand: Goethe Institut.

Eine Auswahl weiterer Arbeiten zur Fremdsprachendidaktik

Bach, G. & Timm, J.P. (Hrsg.) (2009): *Englischunterricht: Grundlagen und Methoden eines handlungsorientierten Englischunterrichts.* Stuttgart UTB, 4. Auflage.

Bausch, K. R., Burwitz-Melzer, E., Königs, F.G. & Krumm, H.J. (Hrsg.) (2011): *Fremdsprachen lehren und lernen – Rück- und Ausblick.* Giessener Beiträge zur Fremdsprachendidaktik. Tübingen: Narr.

Beacco, J.-C. (2006): *Langues et didactique: L'approche par compétences dans l'enseignement des langues.* Paris: Hatier/Didier.

Hu, A. & Byram, M. (Hrsg.) (2009): *Interkulturelle Kompetenz und fremdsprachliches Lernen: Modelle, Empirie, Evaluation.* Tübingen: Narr.

Fäcke, C. (2010): *Fachdidaktik Französisch. Eine Einführung.* Tübingen: Narr.

Gohard-Radenkovic, A. (Hrsg.) (2005): *Plurilinguisme, interculturalité et didactique des langues étrangères dans un context bilingue.* Bern: Lang.

Hallet, W. & Königs, F. G. (Hrsg.) (2010): *Handbuch Fremdsprachendidaktik.* Velber: Friedrich.

Huver, E. & Springer, C. (2006): *Langues et didactique: L'évaluation en didactique des langues.* Paris: Hatier/Didier.

Lyster, R. (2007): *Learning and Teaching Languages Through Content: A counterbalanced approach.* Amsterdam: John Benjamins.

Nieweler, A. (Hrsg.) (2006): *Fachdidaktik Französisch. Tradition – Innovation – Praxis.* Stuttgart: Klett.

Puren, C., Bertocchini, P. & Costanzo, E. (1998): *Se former en didactique des langues.* Paris: Ellipses Market.

Roche, J. (2008): *Fremdsprachenerwerb – Fremdsprachendidaktik.* Bern: Francke UTB, 2. Auflage.

Schönknecht, G. (Hrsg.) (2011): Lernen fördern: *Deutsch, Mathematik, Englisch, Sachunterricht.* Velber: Friedrich.

Trévisiol-Okamura, P. & Komur-Thilloy, G. (Hrsg.) (2011): *Discours, acquisition et didactique des langues: Les termes d'un dialogue.* Paris: Orizons.

Weitere Referenzdokumente

EDK (2004): *Sprachunterricht in der obligatorischen Schule. Strategie der EDK und Arbeitsplan für die gesamtschweizerische Koordination.* Online unter: www.edk.ch/PDF_Downloads/Presse/REF_B_31-03-2004_d.pdf.

EDK (2008): *Europäisches Sprachenportfolio für 7- bis 11-jährige Kinder; ESP I.* Bern: Schulverlag plus AG.

EDK (2005): *Europäisches Sprachenportfolio; Version für Kinder und Jugendliche von 11 bis 15 Jahren; ESP II.* Bern: Schulverlag plus AG.

BKZ, NW-EDK, EDK-Ost (2007): *Lingualevel; Instrumente zur Evaluation von Fremdsprachenkompetenzen, 5. bis 9. Schuljahr.* Bern: Schulverlag plus.

Passepartout (2009): Online unter: www.passepartout-sprachen.ch.

Passepartout (2010): *Lehrplan Französisch und Englisch.* Online unter: www.passepartout-sprachen.ch/de/inhalt/lehrplan.html.